nomen

Hermann Ploppa

Die Macher hinter den Kulissen

Wie transatlantische Netzwerke heimlich
die Demokratie unterwandern

nomen

Für die Inhalte der verlinkten Webseiten
übernehmen Autor und Verlag keine Verantwortung.

13. Auflage 2023

© Nomen Verlag, Frankfurt am Main 2014
Alle Rechte vorbehalten

www.nomen-verlag.de

Umschlaggestaltung: Blazek Grafik, Frankfurt am Main
Druck und Bindung: Clausen und Bosse, Leck
Printed in Germany

ISBN 978-3-939816-22-5

Inhalt

Ein rauer Wind weht von West	9
Es war einmal – und ist immer noch	15
Die Geburt des Neoliberalismus aus dem Corporate State	32
Runde Tische erobern die Welt	57
Die Atlantik-Brücke als Mutter aller US-Netzwerke in Deutschland	80
Die gut erzogenen Kinder der Amerikaner	99
Deutschland fest in transatlantischer und marktradikaler Hand?	121
Neue Generation – Neue Herausforderungen	143
Zusammenschweißen, was nicht zusammenwachsen will	160
Was tun? Deutschland instandbesetzen!	186
Literaturverzeichnis	194
Register	195

Abkürzungsverzeichnis

ACUE	American Committee for a United Europe
AFL	American Federation of Labor
AI	Atlantische Initiative
AICGS	American Institute for Contemporary German Studies
ATA	Atlantic Treaty Association
BDI	Bundesverband der Deutschen Industrie
BDA	Bundesvereinigung der Deutschen Arbeitgeberverbände
BRT	Business Roundtable
BRUEGEL	Brussels European and Global Economic Laboratory
CEO	Chief Executive Officer
CETA	Comprehensive Economic and Trade Agreement
CFR	Council on Foreign Relations
CHE	Centrum für Hochschulentwicklung
CHK	Centrum für Krankenhausmanagement
CIA	Central Intelligence Agency
CKM	Centrum für Krankenhausmanagement
DAG	Deutsche Atlantische Gesellschaft
DGAP	Deutsche Gesellschaft für Auswärtige Politik
EABC	European American Business Council
ECFR	European Council on Foreign Relations
EIF	European Internet Foundation
ERT	European Round Table of Industrialists
GESA	German European Security Association
GMF	German Marshall Fund of the US
INSM	Initiative Neue Soziale Marktwirtschaft
ISDS	Investor-State Dispute Settlement
IWF	Internationaler Währungsfonds
MAI	Multilaterales Abkommen über Investitionen
MIT	Massachusetts Institute of Technology
NATO	North Atlantic Treaty Organization
NCF	National Civic Federation
NSC	National Security Council

OSS	Office of Strategic Services
SWP	Stiftung Wissenschaft und Politik
TABC	Transatlantic Business Council
TABD	Transatlantic Business Dialogue
TLD	Transatlantic Legislators' Dialogue
TPN	Transatlantic Policy Network
TTIP	Transatlantischen Freihandelsabkommen

Ein rauer Wind weht von West

Die Politik „ ... darf sich nicht abhängig fühlen und sich am Nasenring durch die Manege führen lassen von Banken, von Ratingagenturen oder sprunghaften Medien."
Ex-Bundespräsident Christian Wulff[1]

Es ist schon erstaunlich, wie schnell in den letzten Jahren Politiker an die Macht gekommen sind – und wie schnell sie dann wieder gegangen wurden.

Da ist zum Beispiel unser ehemaliger Bundespräsident Christian Wulff. Jahrelang wurde Wulff von den Medien aufgebaut und gefeiert als großes Talent. Selbst dass er neben seiner Noch-Ehefrau bereits eine Geliebte hatte, wurde ihm nachgesehen. Dann hält Wulff als Bundespräsident ein paar Reden, die so gar nicht zum Mainstream passen: da sagt der christliche Fundamentalist Wulff, auch der Islam sei ein integraler Bestandteil Deutschlands. Die Banken griff er an, vor allem aber die Europäische Zentralbank, weil diese Schuldtitel von Nationalstaaten aufkauften, was sie nicht dürfen.

Und dann sagte der Darling der deutschen Mainstreampresse noch etwas, das man ihm nun gar nicht zugetraut hätte:

„Wer heute die Folgen geplatzter Spekulationsblasen allein mit Geld und Garantien zu mildern versucht, verschiebt die Lasten zur jungen Generation und erschwert ihr die Zukunft. All diejenigen, die das propagieren, handeln nach dem Motto: Nach mir die Sintflut."[2]

Von da an war Wulff nicht mehr der Darling der Mainstreampresse. Es dauerte gar nicht lange, da hagelte es Gerichtsverfahren gegen Wulff. Es handelte sich durchweg um Vorwürfe minderer Explosivität. Die Verfahren wurden längst alle eingestellt oder sie endeten mit einem Freispruch für Wulff. Doch Wulff ist nicht mehr Bundespräsident. Seltsam. Die Delikte, die Wulff zur Last gelegt

---

[1] Wulff hat Angst um die Demokratie in Europa, Focus 24. 8. 2011
[2] Wulff kritisiert Politik und EZB in der Schuldenkrise, Rhein-Zeitung 24. 8. 2011

wurden, könnte man so ziemlich jedem Individuum aus der Kaste der Privilegierten zur Last legen. Es war die Rede von Unverhältnismäßigkeit der staatsanwaltlichen Verfolgung.

Handelte es sich womöglich um einen Komplott gegen Wulff, weil er einige Dinge gesagt hatte, die manche Leute nicht so lustig finden? Wulff hat ein Buch über seine Demontage geschrieben – oder von einem Ghostwriter schreiben lassen –, in dem er aber solchen Vermutungen kein Futter gibt.

Der Pressemensch, der Wulff erst so glamourös zum Supertalent aufgebaut hatte in dem Boulevardblatt *Bild* und ihn dann so spektakulär bloßstellte in demselben Presseorgan, heißt Kai Diekmann. Sowohl Diekmann wie Wulff sind Mitglied in der noblen Gruppe Atlantik-Brücke. Sein Amtsnachfolger Joachim Gauck ist ebenfalls Mitglied in der Atlantik-Brücke.

Schneidig und dynamisch eilte der junge Karl-Theodor Freiherr von und zu Guttenberg an die Spitze der Politiker-Charts. Mit seinem gegelten Haar stiefelte er in Lederjacke und in Begleitung seiner jungen Frau Stefanie zum Heavy Metal Konzert. Cool! Überall wurde der geborene Multimillionär und Forstbesitzer als neuer Messias und Nachfolger von Angela Merkel im Bundeskanzleramt gefeiert. Im Gegensatz zu Wulff hat Guttenberg nie etwas von sich gegeben, was das Missfallen der Mächtigen erregte.

Gegen die Schwadronen der Guttenberg-Fans aus der Mainstreampresse schien kein Kraut gewachsen. Wachsame Bürger fanden jedoch heraus, dass Guttenbergs Doktorarbeit aus unzähligen anderen Texten zusammengestoppelt war. Ein wissenschaftliches Patchwork sozusagen. Man könnte sich vorstellen, dass Guttenberg einen hungernden Akademiker mit der Abfassung einer Doktorarbeit für die eigenen Zwecke beauftragt hat, und der hat ihn mit so einem Mix aus fremden Texten gelinkt und auf diese Weise schnelles Geld verdient. Wie auch immer: es waren im Prinzip politikferne Gründe, die den Medienhype um den jungen Freiherrn gestoppt haben. So war der Erkenntnisgewinn für die Allgemeinheit auch eher mager.

Die Geschichte mit den aufgehenden und rasch wieder verglühenden Politiker-Sternschnuppen wirkt auf uns in etwa wie dumpfer Kopfschmerz: es tut was weh, aber wir wissen nicht genau, wo der Schmerz herkommt. Wir wissen, das kann alles nicht mit rechten Dingen zugehen, hier passiert nichts zufällig, hier wird massiv an einem Rad gedreht. Aber wer dreht? Und wie? Wer gegen wen? Das ist kein behagliches Gefühl in einer Demokratie.

Der Kopfschmerz tritt auch auf, wenn wir Politikerdebatten im Fernsehen oder im Radio verfolgen. Ja, warum um alles in der Welt sind da immer wieder dieselben Experten am Reden? Gibt es nicht viel mehr kluge Leute, die was zum Thema zu sagen hätten? Abwechslung belebt das Geschäft, heißt es doch immer. Aber das gilt nicht im Eintopf unseres Medienalltags. Zu Außen- und Sicherheitspolitik spricht oft der grüne Politiker Omid Nouripour. Auch sein Parteifreund Cem Özdemir ist dabei. Da gibt es gar keine großen inhaltlichen Unterschiede zu dem CDU-Mann Ruprecht Polenz. Irgendwie sind sie sich alle so schrecklich einig, egal zu welcher Partei sie gehören.

Es ist ein Geschrei in den Talkrunden wie beim Kindergeburtstag, wenn es zu viel Kaba-Kakao zu trinken gab. Dennoch sind in den Grundpositionen fast alle einer Meinung. Und die lautet bei außenpolitischen Fragen: zu einem engen Bündnis mit den USA gibt es keine Alternative. Punkt. Nur der uralte, aber immer energetische Peter Scholl-Latour, der mittlerweile leider verstorben ist, durfte mal anderer Meinung sein. Der frankophile Hofnarr war eben von gestern. Und ansonsten: es gibt keine Alternative zu Sozialabbau, Steuersenkungen, Lohnsenkungen, Privatisierung der Renten- und Krankenkassen, Auslagerung von Staatsleistungen an private Firmen und so weiter. Sie kennen das ja aus dem Effeff.

Es gibt einen wenig bekannten Generalnenner dieses eintönigen Chores: nahezu alle diese Leute, fast alle diese Meinungen stammen aus diskreten Netzwerken, von deren Existenz die meisten Mitmenschen noch nichts oder bestenfalls den Namen gehört haben. Oder kennen Sie den Business Roundtable, das European Policy Network, die Körber-Stiftung, den German Marshall Fund of the US, die Atlantische Initiative, die Stiftung Neue Verantwortung, um nur einige wenige Namen aus dem sich rasch weiter metastasierenden Netzwerk zu nennen? Wahrscheinlich nicht. Herumgesprochen hat sich die Kunde von einigen geheimnisvollen logenartigen Honoratiorenklubs wie Atlantik-Brücke, Bilderberger, Trilaterale Kommission oder Aspen-Institut.

Und schon kursieren im Internet unausgereifte Verschwörungstheorien. Wieder einmal werden die oben genannten Namen in Verbindung gebracht mit bösen Verschwörungen der Juden, Aliens, Jesuiten, Templer und Freimaurer. Und weil das Internet auf den ersten Blick nichts weiter hergibt als nur die Namen von Prominenten in Verbindung mit geheimnisvollen Klubs, erschöpft sich die „Recherche" darin, wer mit wem und wann im Herrenklo des New Yorker Waldorf Astoria gewesen ist. Und das ist dann schon der „Beweis" für – wer weiß für was Böses. Der Phantasie sind bezüglich Geheimzirkeln naturgemäß keine Grenzen gesetzt.

Durch Kaffeesatzleserei gerät ein wirklich ernstes Thema in ein schiefes Licht. Denn leider fördert eine vertiefte Analyse der diskreten Netzwerke alarmierende Befunde zutage. Eine Gruppe von Unternehmern, Bankern, Unternehmensberatern, Wirtschaftsanwälten, Politikern, Wissenschaftlern und Medienleuten arbeitet weitgehend im Verborgenen daran, die Bundesrepublik Deutschland unwiderruflich als Juniorpartner an die USA festzuschweißen. Zum anderen geht es darum, Deutschland und Europa nach amerikanischem Modell marktradikal umzukrempeln.

Das bedeutet: der Staat wird herunter gestutzt auf die Funktion, den freien Fluss des Kapitals zu sichern und das Privateigentum zu schützen. Alle anderen Funktionen, die jetzt noch der Staat übernimmt, übernehmen in Zukunft Privatbetriebe. Dieses Projekt vollzieht sich bereits seit Generationen. In geduldiger Kleinarbeit wurden bereits enorme Terraingewinne für die Netzwerke erarbeitet. Das sind heftige Vorwürfe. Es bedarf einer geduldigen Recherchearbeit, um diesen Vorgang angemessen erfassen und beschreiben zu können.

Zunächst wird beleuchtet, wie die Gesellschaft, in der wir leben, strukturiert ist. Welche Weltanschauung liegt der deutschen Gesellschaft zugrunde? Wodurch unterscheidet sie sich fundamental von der amerikanischen Gesellschaft? Ist unser Sozialstaat wirklich nicht mehr zukunftstauglich? Die deutsche Wirtschaftsordnung gründet auf drei Säulen: auf Genossenschaften, auf öffentlich-rechtlicher Ordnung und auf privatem Unternehmertum. Das hat sich in den letzten Wirtschaftskrisen als großer Standortvorteil gerade gegenüber den USA erwiesen.

Im dritten Kapitel geht es um den *Neoliberalismus*. Zunächst wird jedoch analysiert, wie überhaupt – im Vergleich zu Deutschland – die US-Gesellschaft funktioniert. Wenn es auch paradox klingt, war die US-Gesellschaft nach dem Börsencrash von 1929 zunächst organisiert als privatwirtschaftliche Planwirtschaft. Dann jedoch kam als Reaktion auf den *New Deal* des überraschend eigenwilligen Präsidenten Franklin D. Roosevelt die große Kehrtwendung. Die Losung eines kleinen, aber mit der Zeit immer mächtiger werdenden Kreises von Ökonomen hieß: zurück zum Liberalismus des Neunzehnten Jahrhunderts! Modifiziert auf die neue Zeit angewendet, aber auf jeden Fall: so wenig Staat wie möglich.

In der heutigen Zeit ist viel die Rede von *Governance* und wenig von *Government*. Soll heißen: es hat sich auch bei uns zunehmend der angelsächsische Regierungsstil durchgesetzt. Es gibt zwar demokratisch gewählte Regierungen und Parlamente. Aber die Richtlinien der Politik werden an so genannten Runden Tischen gemacht. Eine handverlesene Schar von Wirtschaftslenkern, Wissenschaftlern und Politikern trifft sich in geheimer Runde, diskutiert locker über die anstehenden Aufgaben und was in der Zukunft getan werden muss. Das wird dann an die Politiker herunter gereicht. Diese Politik der Runden Tische ist das Thema des vierten Kapitels.

Wie kam es dazu, dass sich diese Art der diskreten, privatisierten Politik seit dem Bestehen der Bundesrepublik bei uns durchsetzen konnte? Damit befassen sich die Kapitel fünf bis acht. Am Anfang war die Schar der *Transatlantiker* in Deutschland noch überschaubar. Geheimdienste aus den USA mussten massiv anschieben. Doch mit der Zeit gewannen die Transatlantiker eine Schlacht nach der anderen um Einfluss in der Regierung, unter anderem gegen die so genannten „Gaullisten". Die bestehenden transatlantischen Organisationen förderten die Gründung immer neuer Schwesterorganisationen, und die Förderung des Nachwuchses trug immer mehr Früchte. Unabhängig von den traditionellen Netzwerken drängten sich eine Reihe neuer Stiftungen in den inneren Kreis, wie die ungeheuer mächtige Bertelsmann-Stiftung. Der Knoten für marktradikale Privatisierer und USA-Lobbyisten platzte erst so richtig mit dem Fall der Mauer. Durch die Privatisierungsgewinne aus der Abwicklung der DDR entstand eine neue Kaste von Glücksrittern. Die Verspeisung des DDR-Volksvermögens machte Lust auf mehr: nämlich das Volksvermögen der gesamten Bundesrepublik.

Das neunte Kapitel schließlich erweitert den Blick auf Europa. Die europäische Einigung war zunächst ein geopolitisches Vorhaben der USA, um die westeuropäischen Staaten zu immunisieren gegen angebliche Übernahmegelüste der Sowjetunion. Nachdem Westeuropa als Festung gegen den Kommunismus etabliert war, entstand so langsam eine neue Agenda: den Apparat der Europäischen Gemeinschaft und später der Europäischen Union als Werkzeug für die Durchsetzung der marktradikalen Schwächung der Nationalstaaten zu nutzen. Seitdem wacht die EU mit Argusaugen darüber, dass die Nationalstaaten auch brav ihre eigene Amputation durchführen.

Doch schon bevor diese Variante der europäischen Einigung richtig vollendet ist, geht es an die Zwangsvereinigung von Europa mit den USA. Die Eile und Heimlichkeit, in der dies geschieht, lässt es zu, von einem Putschversuch zu reden. Die USA haben überall Kopien ihrer selbst produziert. Es geht darum, diesen angelegten Garten sauber zu halten durch zuverlässige Bündnissysteme, die auch dann noch intakt sind, sollten die USA doch eines Tages mal implodieren.

Die Aktivitäten, Deutschland und Europa auf diese Agenda festzuzurren, sind gerade wegen der Geheimhaltung der Akteure und ihrer Pläne so erfolgreich und widerstandslos durchgeführt worden. Es ist also enorm wichtig, über diese Mechanismen aufzuklären. Im zehnten und letzten Kapitel dieses Buches werden ein paar Gedanken ausgebreitet, wie der oberste Souverän dieser repräsentativen Demokratie, das Volk nämlich, wieder die Oberhand gewinnen könnte und welche Agenda man dem transatlantischmarktradikalen Programm entgegensetzen kann.

Es war einmal – und ist immer noch

"Im Besonderen fällt der öffentlichen Wirtschaft die Aufgabe zu, in Unterstützung der staatlichen Wirtschaftspolitik den Ausgleich gegenüber den durch die private Wirtschaftsbetätigung geschaffenen Einseitigkeiten und Härten herbeizuführen. Unter den gegenwärtigen Verhältnissen soll sie die Kräfte entwickeln, die ein Gegengewicht gegen die großkapitalistischen Monopolisierungstendenzen bilden."

Josef Hoffmann, ehemaliger Hauptgeschäftsführer des Sparkassen- und Giroverbandes Deutschland

„There is no Alternative!", es gibt keine Alternative zum sozialen Kahlschlag des Marktradikalismus!

So verkündete es Anfang der Achtzigerjahre die „Eiserne Lady" Margaret „Maggie" Thatcher unverkennbar britisch näselnd der eifrig mitschreibenden Presse. Die resolute Dame kündigte jegliche Schonung der unteren Gesellschaftsschichten auf, zwang die dereinst starke Bergarbeitergewerkschaft in die Knie, verscherbelte Staatsbetriebe für 'n Appel und 'n Ei. Im verschärften globalisierten Wettkampf um Marktanteile könne man sich keine Kultur des Mitgefühls und der Rücksichtnahme mehr leisten. Die Radikalrasur der Frau Thatcher hat im Laufe der Jahrzehnte immer mehr Nachahmer gefunden. Fast scheint es, als gäbe es tatsächlich nichts anderes mehr als die bitteren Pillen des Neoliberalismus.

Es fand sich jedoch ein Häuflein Aufrechter, zusammengesetzt aus Alt-Achtundsechzigern und jungen Leuten, die sagten: Doch, es gibt Alternativen zum TINA-Syndrom („There Is No Alternative!"). Sie organisierten sich in der Gruppe Attac. In Seminaren und Kongressen hält man Ausschau nach Alternativen zum zerstörerischen Neoliberalismus. Hier erfährt man Interessantes über das Bioenergiedorf Jühnde bei Göttingen oder die Energiegenossenschaft Schönau im Schwarzwald. Dann gibt es Regionalwährungen wie den Chiemgauer, wo das Geld nicht als Spekulationskapital auf Amokfahrt gehen kann, sondern allein den Menschen im Chiemgau dient.

Das ist alles wunderschön und durchaus zukunftweisend. Was ich aber nie verstanden habe: warum sagt kein Mensch aus dieser Alternativwelt, dass wir in Deutschland, der Schweiz, Österreich und Skandinavien schon seit über hundert Jahren über Kräfte und Strukturen verfügen, die so ganz anders sind als der Radikalkapitalismus angloamerikanischer Prägung?

Die Alternative zum Neoliberalismus ist keineswegs ein Nischen-Phänomen einer Handvoll Exzentriker mit Studienabschluss.

Die Wirtschaft besteht in Deutschland aus drei Teilen: neben dem privatwirtschaftlichen Sektor mit seiner Profitorientierung haben wir den öffentlich-rechtlichen Sektor und dazu als dritte Komponente die zahlreichen Genossenschaften. Daran zu erinnern, mag zunächst wie Nachhilfeunterricht in Staatsbürgerkunde klingen. Jedoch sind diese Binsenweisheiten aus dem Bewusstsein der Bevölkerung verdrängt worden. Es wird so getan, als seien diese Errungenschaften, die unsere Vorfahren in geduldiger Kleinarbeit in die Welt gebracht haben, überflüssige Blinddärme, die man mal eben so weg operieren kann.

Ein Beispiel: Da werden in einem Handstreich öffentliche Landesbanken liquidiert. „Wozu brauchen wir DIE denn?", fragt sich dann auch die Öffentlichkeit und applaudiert. Da werden unfähige Landesbankchefs wie Dirk Jens Nonnenmacher vorgeführt, und mit ihrer Entmachtung werden auch gleich deren Opfer, die dem Volk gehörenden Landesbanken nämlich, mit entsorgt. Wie ist so viel Unwissenheit möglich? Landesbanken sind nämlich nicht um ihrer selbst willen da. Landesbanken sollen Geld für die Wirtschaft aus der Region bereitstellen. Geld, das Privatbanken, die den großen internationalen Konzernen verpflichtet sind, nicht zur Verfügung stellen wollen. Landesbanken sind ein Schutzdeich gegen die Übernahme einer ganzen Region durch übermächtige Konzerne!

Dasselbe gilt für Sparkassen oder Raiffeisenbanken. Es gäbe in Deutschland schon lange keine bäuerliche Landwirtschaft mehr, wenn nicht Genossenschaftsbanken den Bauern in schwierigen Zeiten Geld vorstrecken würden. Wir hätten dann schon lange keine kleinen Äcker mehr mit ihren Schutzräumen für vielfältige Flora und Fauna. Sondern riesige agroindustrielle Monokulturen wie in den USA. Im Mittelwesten der USA werden Landschaften nämlich einfach verbraucht, bis sie unwiderruflich ruiniert sind. Dann ziehen die Farmer weiter. Oklahoma ist schon seit den Dreißigerjahren des letzten Jahrhunderts ausgelaugt und wird als „Sandbüchse der USA" belächelt. Oklahoma ist seitdem ein Schauplatz sich abwechselnder Naturkatastrophen. Und das Gleiche zeichnet sich auch für andere US-Bundesstaaten ab.

In Deutschland ist noch Platz und flüssiges Kapital da für kleinräumige Landwirtschaft. Saftige Äcker und Wiesen führen uns vor Augen, was wir an unserer so ganz anders gearteten Wirtschaftsform immer noch haben. Lassen wir uns durch das immer gleiche Lied vom Vorbild Amerika, das uns die Mainstreampresse unermüdlich vorsingt, nicht die Sinne vernebeln: unser Modell der Dreiteilung der Wirtschaft ist eindeutig dem angloamerikanischen Marktradikalismus überlegen! Überlegen, wenn wir den Menschen und seine natürlichen Bedürfnisse in den Mittelpunkt stellen und nicht die optimalen Profitmöglichkeiten einiger weniger Elitemenschen.

Unsere belächelte „Konsensgesellschaft"

Die Segnungen der Dreiteilung sind uns ja auch nicht durch einen feudalen Gnadenakt zugefallen. Die Arbeiterbewegung hat Kolossales geleistet mit ihren Arbeiterbildungsvereinen, Konsumgenossenschaften, Gewerkschaften und Wohnungsbaugenossenschaften. Die Bauern haben sich zusammengetan, gemeinsam Saatgut eingekauft und gemeinsam ihre Ernteerträge vermarktet. Hinzu kommt der glückliche Umstand, dass diese Basisbewegungen tatkräftige Unterstützung aus dem aufgeklärten Bildungsbürgertum erhielten. Hermann Schulze-Delitzsch stellte den jungen Genossenschaftsgründern seine Kenntnisse in der Organisation und Verwaltung zur Verfügung. Und er betrieb mächtig Lobbyarbeit für die neue Bewegung bei den Mächtigen im Preußen des Neunzehnten Jahrhunderts. Friedrich Wilhelm Raiffeisen tat dasselbe aus christlichem Antrieb, Ferdinand Lassalle aus sozialistischer Perspektive.

Die Obrigkeit in Preußen benötigte gewiss eine gehörige Zeit, bis der Groschen gefallen war. Bis man in Berlin begriff, dass man sich den Ast absägt, auf dem man sitzt, wenn man den unteren Ständen nicht entgegenkommt. Doch schon 1869 wurde ganz offiziell ein Gesetz angenommen, das den Genossenschaften einen anerkannten Platz in der preußischen Gesellschaft garantierte. Und die Initiative zu öffentlich-rechtlichen Sparkassen ging sogar von preußischen Ministerialbeamten aus. „Kleinvieh macht auch Mist", wird man sich wohl gedacht haben. Die „Sparbüchse des kleinen Mannes" ermöglichte segensreiche Investitionen in der Region, aus der das Geld stammte. Das Ersparte kam den Leuten direkt wieder zugute, zum Beispiel durch saubere Straßen mit Abwasserkanälen. Das gestiegene Bewusstsein für Hygiene und das Wissen um die Gefahr durch Bakterien verlängerte die Lebenserwartung und verbesserte die Lebensqualität.

Es herrschte in den aufgeklärten Kreisen des deutschen Adels durchaus eine Sensibilität für die Probleme der unteren Schichten, wie man sie in gehobenen Kreisen der USA und Englands nie wahrgenommen hat. Als im Jahre 1888 in Westdeutschland schwere Auseinandersetzungen zwischen streikenden Bergarbeitern und Streitkräften auszubrechen drohten, griff der gerade ins Amt gekommene blutjunge Kaiser Wilhelm II., der Nationalökonomie studiert hatte, in das Geschehen ein. Der Kaiser traf sich mit Delegierten der Bergarbeiter. Er forderte Bismarck auf, Gesetze zur Begrenzung der Arbeitszeit und für den Arbeitsschutz auf den Weg zu bringen. Bismarck entgegnete dem Kaiser, was auch Otto Graf Lambsdorff nicht anders gesagt hätte: wir verlieren unseren Wettbewerbsvorteil, wenn wir den Arbeitern zu sehr entgegen kommen. Woraufhin Wilhelm eine internationale Konferenz in Paris einberufen ließ, auf der die Arbeitszeit und die Sicherheitsnormen international verbindlich geregelt werden sollten.[3] Wenn auch jene Konferenz keine sichtbaren Ergebnisse zeitigen sollte, so ist Wilhelms Initiative trotzdem bemerkenswert. Von Wilhelms Großmutter, Königin Victoria von England, oder vom amerikanischen Präsidenten ging niemals eine solche Initiative aus.

Zu dieser von neoliberalen Milchbärten als „Konsenskultur" mokant belächelten Sensibilität der deutschen Regenten gehört auch folgende Episode: Kaiser Wilhelm wagte es im Jahre 1890, die Ikone Bismarck fristlos zu feuern, weil dieser einen Bürger-

---

[3] Otto von Bismarck: Gedanken und Erinnerungen, Band 3, Stuttgart und Berlin 1922, S. 69ff.

krieg von oben gegen die Arbeiterbewegung auf den Weg bringen wollte. Seit jenem Zeitpunkt hatte Kaiser Wilhelm II. in den angloamerikanischen Oligarchien eine durchweg negative Presse. Und Bismarck ist zum Heiligen der Neoliberalen erhoben worden. Die bereits erwähnte Maggie Thatcher bekam in Anlehnung an den „Eisernen Kanzler" Bismarck von der neoliberalen Presse den Ehrentitel „Eiserne Lady" verliehen.

In Deutschland war bis in die Achtzigerjahre des Zwanzigsten Jahrhunderts klar, dass in den Kernbereichen des gesellschaftlichen Lebens das Profitprinzip nichts zu suchen hat. Ich liste im Folgenden der Kürze halber einmal die bedeutendsten Wohltaten unserer bespöttelten „Konsenskultur" auf, die vor dem Profitstreben geschützt waren:

- Bildung, Forschung und Lehre
- Gesundheit und Versorgung der Schwachen
- Öffentliche Personenbeförderung
- Öffentliche Infrastruktur: Straßen, Schienennetze, Stromtrassen, Telefonleitungen, Post
- kommunale Stadtwerke
- öffentlicher Wohnungsbau
- existentielle Vorsorge durch Renten- und Krankenkassen
- Justiz, Polizei und Strafvollzug.

Unschwer erkennen wir, dass bis auf den letzten Punkt alle Bereiche dem Zugriff der profitorientierten Privatwirtschaft ausgeliefert sind. Und bei genauerem Hinsehen bleibt bislang nur die Justiz in staatlichen Händen. Unsere Polizisten tragen mittlerweile keine friedfertigen grünen Uniformen mehr. Mit den neuen schwarzen Uniformen sehen die verbeamteten Ordnungshüter nicht nur ungleich martialischer aus. Zudem sind sie jetzt von den privat bezahlten Sicherheitsmännern, den so genannten „Schwarzen Sheriffs" auf den ersten Blick nicht mehr zu unterscheiden. In England wird bereits über die Privatisierung der Polizei laut nachgedacht.

Der Strafvollzug wird auch in Deutschland privatisiert. Es gibt in Hessen und in Mecklenburg-Vorpommern zwei privat betriebene Gefängnisse. Die Privatisierung der Gefängnisse in den USA führte übrigens zu einer Vermehrung der Gefängnisinsassen um den Faktor elf: von 1970 bis heute nahm die Anzahl der Strafgefangenen von damals 200 000 auf heute 2,2 Millionen zu! Der Gefängnisindustrie ergebene Politiker ließen immer neue Straftatbestände in das Gesetzbuch hineinschreiben, um die Gefängnisse und Arbeitslager immer weiter aufzufüllen.[4]

Viele Zitadellen des Sozialstaats sind bereits vom Dauerbeschuss der neoliberalen Sturmtruppen stark gezeichnet. Doch geschleift sind sie noch nicht. Unsere Daseinsvorsorge zum Beispiel erfreut sich trotz aller Störmanöver noch guter Gesundheit. Gerade nach den Finanzdesastern der letzten Jahre wollen viele Leute zurück in die gesetzlichen Krankenkassen. So hielten die gesetzlichen Krankenkassen im Jahre 2013 einen Marktanteil von 86,5 Prozent, die privaten Versicherungen lediglich von 11 Prozent.[5] Die gesetzlichen Krankenkassen verfügen über ein enormes Geldvolumen, was man daran ermessen kann, dass sie 2012 über 300 Milliarden Euro an Leistungen ausgezahlt haben.[6] Diese Potenz möchten sich private Finanzhaie gerne aneignen. Und so sind die von ihren marktradikalen Einflüsterern beeinflussten Politiker fest entschlossen, trotz zu erwartender höherer Versorgungsansprüche an die gesetzlichen Krankenkassen den Beitragssatz zu senken und auf niedrigem Niveau festzunageln.[7]

Das alles frei nach Shakespeare: Ist es auch Schwachsinn, so hat es doch Methode!

---

[4] Hermann Ploppa: Im Strudel der Gefängnisindustrie, Telepolis 27. 12. 2007, http://www.heise.de/tp/artikel/26/26902/1.html

[5] Angaben nach Verband der Ersatzkassen:
http://www.vdek.com/presse/daten/b_ versicherte.html.
Ergibt in der Summe 97,5 Prozent Versicherte. Demzufolge müsste es immer noch 2,5 Prozent Nichtversicherte in Deutschland geben, trotz Versicherungspflicht für alle Bundesbürger.

[6] Laut Statistischem Bundesamt:
https://www.destatis.de/DE/PresseService/Presse/Pressemitteilungen/2014/04/PD14_126_23611.html

[7] Tagesschau online 26.3.2014:
http://www.tagesschau.de/inland/krankenkassenreform100.html

Was wir an unserer öffentlichen Wirtschaft haben

Wer Verwandte oder Bekannte hat, die in die USA ausgewandert sind, fühlt sich manchmal etwas klein und mickrig, wenn diese neuen US-Bürger damit angeben, was für hohe Gehälter sie dort beziehen. Gewiss, wer jung, flexibel und kerngesund ist, kann in den USA schnell viel Geld verdienen. Aber wehe, es geht irgendetwas schief! Ein Unfall, eine ernstere Krankheit oder auch ein Knick in der Konjunktur der US-Wirtschaft können aus Menschen des gehobenen Mittelstandes schnell Obdachlose machen. Denn für die eigene Daseinsabsicherung muss man selber sorgen. Und das geht richtig ins Geld. „Wird schon irgendwie gut gehen!", sagen sich viele Amerikaner und sparen sich die Vorsorge.

So kommt es, dass der Finanzcrash von 2008 eine massenhafte Obdachlosigkeit in den USA verursacht hat. Menschen aus der Mittelschicht mussten von gestern auf heute ihre schicken Häuser räumen und in Zeltlager vor den großen Städten überwechseln. Entlassene Autoarbeiter in Detroit mussten Kartoffeln anpflanzen, um nicht zu verhungern.

Es ist davon auszugehen, dass unsere Opel-Arbeiter in Bochum, deren Werk geschlossen wurde, nicht auf der Straße schlafen und auch keine Kartoffeln im Stadtpark anbauen müssen. Sie haben über Jahre in die Arbeitslosenversicherung eingezahlt und bekommen jetzt ihren Anteil wieder. Sie müssen auch nicht ihr Häuschen verkaufen und im VW-Bus nach Baden-Württemberg fahren, im Auto hausen und ihre Arbeitskraft jedem anbieten, der gerade des Weges kommt. Vielmehr werden der Bund und das Land Nordrhein-Westfalen zusammen mit dem „Mutter"konzern General Motors Pläne zur Weiterbeschäftigung in der Region oder eine Vorruhestandsregelung für die dreieinhalbtausend Opelaner erarbeiten.

Während in den USA Rentner bei Wal Mart Regale befüllen müssen, um nicht zu verhungern, hat man bei uns von dem Finanzcrash von 2008 im Alltag nicht viel bemerkt. Es herrscht eben in Deutschland, in der Schweiz, in Österreich und in Skandinavien immer noch eine viel menschlichere Sozialkultur als in den Paradiesen des Neoliberalismus, namentlich in den USA oder England. Der Staat ist bei uns trotz Merkel, Gabriel und Co. immer noch eine Gestaltungsmacht.

Genossenschaften sind die wichtigsten Finanzpartner der Bundesbürger. Mehr als jemals zuvor. Nach dem offensichtlichen Versagen der Privatbanken im Börsencrash 2008 sind die Leute in Scharen zu den Sparkassen, Raiffeisen-, Volks- und Spardabanken übergelaufen. 17 Millionen Bundesbürger sind Genossenschaftler bei diesen Banken. Ungefähr zwei Drittel der Bundesbürger wickeln ihre Geldbewegungen über diese Banken ab. Hier kann man zwar nicht über Nacht Millionär werden. Aber das Geld ist absolut sicher angelegt und bleibt in der Region.

Genossenschaften und öffentlich-rechtliche Einrichtungen sind im Prinzip immun gegen die Auswüchse des Kapitalismus. Von ihrer Struktur her werden Gelder aus der Region in die Region reinvestiert. Risikospekulationen sind im Prinzip ausgeschlossen. Mein Onkel Dr. Josef Hoffmann war von 1924 bis 1933 und dann wieder von 1947 bis 1966 Hauptgeschäftsführer des öffentlich-rechtlichen Sparkassen- und Giroverbandes. Den Plänen der Nazis, das immense Kapital der Sparkassen der Kriegswirtschaft zuzuführen, hatte sich Hoffmann entgegengestellt und musste deswegen für 14 Jahre seinen Posten räumen. Und was er über die Aufgaben der Sparkassen zu sagen hat, sollte in goldenen Lettern in sämtlichen Sparkassen aushängen:

„Im Besonderen fällt der öffentlichen Wirtschaft die Aufgabe zu, in Unterstützung der staatlichen Wirtschaftspolitik den Ausgleich gegenüber den durch die private Wirtschaftsbetätigung geschaffenen Einseitigkeiten und Härten herbeizuführen. Unter den gegenwärtigen Verhältnissen soll sie die Kräfte entwickeln, die ein Gegengewicht gegen die großkapitalistischen Monopolisierungstendenzen bilden."[8]

Der Sparkassendirektor und seine schlüpfrigen Aktien

Dr. Hoffmann ist schon lange außer Diensten. Es ist anzunehmen, dass ihm heutzutage nicht die Nazis, sondern die neoliberalen Seilschaften das Arbeiten unmöglich machen würden. So mancher Sparkassenfunktionär träumt nämlich heutzutage davon, seine regionale Sparbüchse zum „Global Player" aufzupusten.

---

[8] Josef Hoffmann: Der Weg der Sparkassenpolitik, Stuttgart 1966, S. 32

So auch Frerich Eilts, ehemaliger Direktor der Flensburger Stadtparkasse, die im Jahre 2008 nach 189-jährigem Bestehen ihr Leben aushauchte.[9] Herr Eilts hatte die Öffentlichkeit beeindruckt mit einem schwindelerregenden Wachstum der Flensburger Sparkasse. So war auch nicht recht zu verstehen, dass im Februar 2008 der Flensburger Oberbürgermeister an die Öffentlichkeit trat und die rasche Fusion der Flensburger Sparkasse mit der Nord-Ostsee Sparkasse, kurz: Nospa, bekanntgab. Erst mit der Zeit kam in kleinen Häppchen ans Tageslicht, dass die Flensburger Stadtsparkasse vollständig pleite war und durch eine Notoperation in der Nospa aufgehen musste, um die Einlagen der Kunden zu retten.

Direktor Eilts hatte seine Sparkasse schlicht zweckentfremdet. Anstatt solide die Einlagen seiner Kunden in den regionalen Geldkreislauf einzuspeisen und in kleinen Portionen zu streuen, hatte er Großkredite auch außerhalb der Region vergeben und damit ein so genanntes „Klumpenrisiko" auf die Schultern der Bank geladen. Soll heißen: er hatte das Geld an einige wenige Kunden gegeben. Wenn die dann ins Straucheln kommen, strauchelt sofort auch die Kredit gebende Bank. Eilts hatte zudem weit mehr Geld verliehen, als die Bank überhaupt an Einlagen hatte. Das musste er von außen holen. Alles Dinge, die für eine Sparkasse grundsätzlich tabu sind.

Und an dieser Stelle muss man leider sagen: alle diese Verstöße gegen die guten Sitten öffentlicher Geldbewirtschaftung sind nur möglich, wenn die Öffentlichkeit schläft. Wenn die Aufsichtsorgane aus Bequemlichkeit alles abnicken. Warum hatte die Stadtregierung von Flensburg als Vertreter der Flensburger Bürgerschaft, denen die Sparkasse ja schließlich gehört, kein Veto eingelegt, als Eilts einen Megakredit an den Erotikkonzern Beate Uhse auf den Weg brachte? Als Sicherheit für die Kredite bot der Konzern nur ein Aktienpaket an, das sich in den Händen des Besitzers Ulrich Rotermund befand und das nie zuvor den Crashtest an der Börse absolviert hatte. Als Rotermund dann ein Aktienpaket auf den

---

[9] Die Ereignisse und Hintergründe rund um den Kollaps der Flensburger Stadtsparkasse kann man in einem Dossier auf der Webseite der Bürgerliste Wir-in-Flensburg nachlesen:
http://www.wir-in-flensburg.de/unsere-themen/flensburger-juwele/flensburger-sparkasse-pleite

Markt warf, stürzte der Kurs der Erotik-Aktie ins Bodenlose von 200 Euro auf 35 Cent.

Erst nachdem die Flensburger Stadtsparkasse in der Nospa aufgegangen war, erfuhr die Öffentlichkeit Scheibchen für Scheibchen, dass die Flensburger Sparkasse einen gigantischen Schuldenberg von 181 Millionen Euro in die Ehe mit der Nospa eingebracht hatte. Nun geriet auch die Nospa in Schieflage. Das Flensburger Stadtparlament, in das nach den Kommunalwahlen eine basisorientierte Bürgerliste „Wir-in-Flensburg" als stärkste Fraktion eingezogen war, setzte keinen parlamentarischen Untersuchungsausschuss ein, sondern lediglich eine „Arbeitsgruppe" unter Vorsitz des frisch gewählten WIF-Stadtpräsidenten Christian Dewanger. Die AG hatte keine Befugnisse, Akteneinsicht einzufordern oder Akteure des Skandals zum Erscheinen vor der Arbeitsgruppe zu zwingen.

Unglaublich: gewählte Vertreter der Flensburger Bürgerschaft, die die legitimen Eigentümer der Sparkasse sind, dürfen keinen Einblick nehmen in die Akten ihrer eigenen Firma!

Den Mitgliedern der Arbeitsgruppe blieb nur übrig, jenen Personen zu danken, die freiwillig zu erscheinen geruhten. Die Amateurpolitiker ließen sich, auf Deutsch gesagt, einseifen. Der Abschlussbericht bringt dafür Verständnis auf, dass Sparkassendirektor Eilts und seine Mitstreiter sich von der Börseneuphorie mitreißen ließen und findet lobende Worte für Oberbürgermeister Tscheuschner, der erst im Amt war, als das Kind schon in den Brunnen gefallen war, nämlich im Jahre 2005. Kein Wort darüber, dass Tscheuschner dann noch gute vier Jahre die heranreifende Erkenntnis, dass die Flensburger Sparkasse gerade untergeht, für sich behalten und die Motive für die Fusion allein mit Synergie-Effekten begründet hat. Die Arbeitsgruppe kam zu folgendem Urteil: „Jedenfalls waren die damaligen Geschäfte mit dem herkömmlichen Geschäft einer Sparkasse, die für die Kreditversorgung des regionalen Mittelstands sorgen soll, allenfalls teilweise zu vereinbaren."[10]

Ich habe diese Posse aus dem hohen Norden deswegen so ausführlich geschildert, weil man hier sehen kann, wie weit sich Sparkassenchefs von den Grundsätzen der öffentlich-rechtlichen Geld-

---

[10] ebd.

wirtschaft entfernt haben; sich quasi nur noch als Artgenossen der Ackermann, Fitschen und Co. von der Deutschen Bank wähnen. Und wie ihnen dieser Größenwahn und Verrat an der Sparkassenidee leicht gemacht wird durch eine Öffentlichkeit, die aufgrund jahrzehntelanger Gehirnwäsche längst vergessen hat, wozu die deutsche Dreiteilung der Wirtschaft eigentlich gut ist. Die Ratsmitglieder aus der Sparkassen-Arbeitsgruppe sind schlicht zu gutmütig, um ihre Bürgerrechte mit einem energischen Faustschlag auf den Tisch zu verteidigen.

Die wackeren Bürgersleut' können sich einfach nicht vorstellen, wie abgebrüht und skrupellos die Gegenseite zuschlagen kann. Wie strategisch hier vorgegangen wird: getrennt marschieren, vereint zuschlagen. Das werde ich jetzt in einem weit größer dimensionierten Maßstab aufzeigen.

Genossenschaftsbanken auf der Todesliste der neoliberalen Seilschaften

Wir erfuhren aus den Nachrichten bereits ausführlich, wie es großen öffentlich-rechtlichen Banken ergangen ist. Die WestLB hat das ihr anvertraute Geld unter anderem bei umweltzerstörenden Projekten in der Dritten Welt verloren und ist jetzt von der Bildfläche verschwunden. Die meisten Landesbanken sind im Kern ruiniert und stehen als Förderer der regionalen Wirtschaft nicht länger zur Verfügung.

In ruhigerem Fahrwasser schwimmen bislang noch die Genossenschaftsbanken. Doch auch hier werden die Messer bereits gewetzt. Die Messer kommen diesmal aus der Europäischen Union. Die europäischen Bankenaufsichtsbehörden bekommen nämlich neue Regulierungsinstrumente für die nationalen Kreditinstitute an die Hand. Angeblich möchte man nach den Finanzkatastrophen der letzten Jahre jetzt alles besser machen. Die Banken sollen mehr Einlagen bereithalten im Verhältnis zu den Krediten, die sie gewinnbringend vergeben. Jede noch so unbedeutende Maßnahme einer Bank soll zudem bürokratisch penibel dokumentiert werden.

Regelwerke wie Basel II und Basel III geben haarklein vor, wie Banken immer Treu' und Redlichkeit üben sollen.[11]

Das alles klingt ja recht löblich und ergibt bei privaten, renditeorientierten Bankhäusern durchaus einen Sinn. Leider spielt die europäische Aufsichtsbürokratie blinde Kuh, wenn sie auch öffentlich-rechtliche und genossenschaftliche Banken in dieses neue Regelwerk mit einbezieht. Bei privaten Bankhäusern, die in globalem Maßstab agieren, wo Kredite oft anonym vergeben werden; da ist es recht und billig, die Kredithändler an die kurze Leine zu nehmen. Ganz anders sieht es bei öffentlich-rechtlichen Sparkassen sowie Raiffeisen- und Volksbanken aus. Die Mitarbeiter der Raiffeisenkassen agieren in einer überschaubaren Region, sie kennen ihre Kunden persönlich und werden mit ihnen zusammen älter. Wenn der selbständige Dachdeckermeister Material einkaufen muss für einen Großauftrag, dann wird sein Partner von der Raiffeisenbank nach kurzem Gespräch das nötige Geld schnell bewilligen.

Doch damit, so suggerieren manche Studien, könnte es bald vorbei sein. Wenn die neuen Verordnungen europaweit durchgepeitscht werden, könnte der Verwaltungsaufwand derart zunehmen, dass viele kleine Banken fusionieren müssen, Mitarbeiter entlassen werden und statt Filialen im Dorf nur noch Geldautomaten stehen. Wenn überhaupt. Wo ist da auf lange Sicht noch der Unterschied zu den Direktbanken, die schon jetzt günstigere Konditionen anbieten, da sie ohne Filialen zentral und online ihre Kredite vergeben? Werden Sparkassen, Raiffeisen- und Volksbanken gezwungen, zu anonymen Online-Banken zu mutieren?

Wieder einmal haben sich unsere Volksvertreter einen Tiefschlaf gegönnt. Dabei ist es doch offenkundig, dass wesentliche Filetstücke unserer Lebensqualität, unseres menschlichen Miteinanders, unserer Kultur ohne erkennbare Notwendigkeit auf dem Brüsseler Altar geopfert werden. Warum haben Politiker, die sich ja angeblich für die Belange des Mittelstandes einsetzen, diese administrative Hinrichtung unserer Lebensgrundlagen nicht verhindert? Man hätte sich energisch für eine Gesetzgebung stark machen

---

[11] Brüsseler Bürokraten gefährden Volksbanken, Handelsblatt, 2. 8. 2013, http://www.handelsblatt.com/unternehmen/banken/genossenschaftsbanken-bruesseler-buerokraten-gefaehrden-volksbanken/8586672.html

müssen, die zwischen privaten und öffentlichen Banken Unterschiede kennt.

Das Mitgefühl des Fuchses für das flügellahme Huhn

Die DZ Bank ist in einem schicken futuristischen Hochhauskomplex in Frankfurt am Main untergebracht, eingebettet zwischen bombastischen Wolkenkratzern privater Banken. Die DZ Bank ist sozusagen Herz und Hirn der 900 Genossenschaftsbanken mit 12 000 Filialen in Deutschland. Die DZ Bank vertritt die Kreditgenossenschaften nach außen, stellt internationale Kontakte her, reguliert Geldströme zwischen den einzelnen unabhängigen Genossenschaftsbanken.

Auf der Webseite der DZ Bank findet man allerdings keine Stellungnahmen zu den bedrohlichen neuen EU-Regulierungen öffentlicher Banken.[12] Dafür kann man sehr viel über Aktienkurse erfahren, viele beflissene Anglizismen sollen den Stallgeruch einer stinknormalen Universalbank vermitteln. Und dann erfährt man, dass die DZ Bank seit einem extra dafür abgesegneten Bundesgesetz aus dem Jahre 1998 gar keine Genossenschaft mehr ist, sondern eine Aktiengesellschaft! Der Kopf ist sozusagen vom genossenschaftlichen Rumpf abgetrennt. Noch gehören die Aktien der DZ Bank den vielen Genossenschaftsbanken. Ihre Dienstleistungen gewährt die DZ Bank jetzt ihren „Kunden", den Genossenschaften.

Führungskräfte rekrutiert die DZ Bank nicht mehr allein aus der genossenschaftlichen Szene. So genannte „Headhunter" – zu Deutsch: Kopfjäger – heuern für eine stolze Provision Banker aus privaten Bankhäusern an. Ob diese Bosse wohl eine innere Beziehung zum Genossenschaftsgedanken entwickeln können und – wollen? Thomas Duhnkrack hat seine Karriere bei der Deutschen Bank begonnen, bevor er zur DZ Bank überwechselte, wo er bis 2009 blieb. Jetzt arbeitet er wieder privat bei der Lloyd Funds AG. Zudem ist Duhnkrack bei der Atlantik-Brücke aufgetaucht.[13] Chefvolkswirt der DZ Bank ist Stefan Bielmeier, der 14 Jahre bei der Deutschen Bank arbeitete, bevor er 2010 bei der DZ Bank einstieg.

---

[12] https://www.dzbank.de/
[13] http://www.atlantik-bruecke.org/w/files/dokumente/jb-0910-final.pdf

Die Nummer eins bei der DZ Bank ist Wolfgang Kirsch, der im Jahre 2002 von der Deutschen Bank zur DZ Bank überwechselte. Man ließ ihn nur ungern von einem Kopfjäger abwerben, wie es in den Verlautbarungen heißt. Ganz nebenbei: Just hat ihn ein Presseclub zum „European Banker of the Year 2013" gewählt.[14] Ob Wolfgang Kirsch die genossenschaftlichen Interessen gut vertritt? Zweifel sind angebracht. Seitdem Kirsch der DZ Bank vorsteht, taucht diese Bank immer öfter als Sponsor neoliberaler und transatlantischer Veranstaltungen auf.

Die proamerikanische Lobbyorganisation Atlantik-Brücke, die wir noch vorstellen wollen, veranstaltete am 8. Februar 2011 ihre zwölfte Arthur Burns Memorial Lecture,[15] eine alljährlich abgehaltene Lobrede auf die enge Bindung Deutschlands an die USA. Der Redner war kein Geringerer als Karl-Theodor zu Guttenberg, damals noch Bundesverteidigungsminister und Träger eines ihm kurz danach aberkannten Doktortitels. Guttenberg plädierte für eine bedingungslose Gefolgstreue gegenüber den USA und erteilte allen Bestrebungen nach außenpolitischer Unabhängigkeit eine klare Absage. Jene Rede wurde vor 250 Mitgliedern und Gästen der Atlantik-Brücke in den Räumen der Frankfurter Zentrale der DZ Bank gehalten. Gastgeber war DZ-Chef Wolfgang Kirsch, der stolz neben Guttenberg steht – wie man auf der Webseite der Atlantik-Brücke bestaunen kann.

Wie kommt der Direktor einer Genossenschaftsbank dazu, neoliberalen Feinden der Genossenschaftsbanken die Räume der DZ Bank zur Verfügung zu stellen? Kirsch ist nicht nur der transatlantisch-neoliberalen Atlantik-Brücke sehr verbunden. Der DZ-Banker befindet sich noch weiter im Zentrum transatlantischer Netzwerke. Die Webseite der Trilateral Commission nennt Wolfgang Kirsch als festes Mitglied ihrer deutschen Gruppe.[16] Die Trilateral Commission wurde von David Rockefeller gegründet und verbindet neoliberale proamerikanische Spitzenkräfte aus den Kontinen-

---

[14] http://www.malekigroup.com/de/MalekiGroup.html?sub=news&newsId=139
[15] http://www.atlantik-bruecke.org/programme/vortrags-und-diskussions-veranstaltungen/archiv/burns-lecture-zu-guttenberg-1/?pic=2&gal=gal_0
[16] http://www.trilateral.org/download/file/EU_list_12-13%281%29.pdf

ten Amerika, Asien und Europa im Einsatz für eine grenzenlose Welt des freien Handels der großen Konzerne.

Ob Konzernlobbyist Kirsch nun der richtige Mann ist, um den Dachverband der Genossenschaftsbanken durch die Wellen gischtenden Fahrwassers zu lotsen, die schon absehbar sind? Da hat nämlich im Auftrag einiger Regionalbanken ein Professor Nolte mit seiner Beratungsfirma 4p Consulting ein Gutachten erstellt, dessen Inhalt bislang nicht veröffentlicht wurde. Dessen Befunde man aber umso eifriger in die Presse lanciert.[17] Demzufolge werden im Jahre 2018 zwei Drittel aller Regionalbanken nicht mehr rentabel arbeiten. Die Regionalbanken könnten mit ihren Zinsen nicht mehr gegen die Onlinebanken konkurrieren. Die strengeren Regeln der EU-Aufsicht würden den bürokratischen Aufwand so erhöhen, dass kleine Banken die Lasten nicht mehr schultern könnten. Drittens würden die Kunden immer kürzere Fristen für ihre Geldeinlagen wünschen, während sie gleichzeitig aber weiterhin langfristige Kredite frei Haus bekommen möchten. Viertens würde sich der hohe Personalaufwand bei Regionalbanken definitiv nicht mehr rentieren.

Prognosen sind schon viele gegeben worden. Es kann aber auch ganz anders kommen. Trotzdem gingen quasi auf Knopfdruck sofort an höchster Stelle gewisse Lichter an, wie das *Handelsblatt* berichtete: „Die europäische und die Bundespolitik alarmieren diese Erkenntnisse: EZB-Chef Mario Draghi und IWF-Chefin Christine Lagarde haben das Thema bereits auf dem Zettel. Die Bundesbank überprüft die ‚Zukunftsfähigkeit des Geschäftsmodells deutscher Regionalinstitute'. Regierungskreise bestätigen dem *Handelsblatt*, dass der Ausschuss für Finanzstabilität ‚mögliche Rückwirkungen des Niedrigzinsumfeldes mit Blick auf mögliche Gefährdungen' bei Sparkassen und Volksbanken eingehend analysiert."[18]

Frage: was geht dieses Thema den IWF an? Welche Bevormundung maßen sich die internationalen Finanzbürokraten hier eigentlich an? „Auf dem Zettel" klingt bedrohlich. EZB-Chef Mario

---

[17] Die Krise der Musterschüler, Handelsblatt 3. 1.2014,
http://www.handelsblatt.com/unternehmen/banken/regionalbanken-die-krise-der-musterschueler/9281686.html
[18] ebd.

Draghi ist sicher kein Freund der Genossenschaften. Er war bei der Privatbank Goldman Sachs tätig, bevor er in den öffentlichen Sektor überwechselte. Draghi ist immer noch ständiges Mitglied in der von David Rockefeller gegründeten Banklobbyorganisation *Group of Thirty*, sozusagen einer Schwesterorganisation der Trilateral Commission.[19] Und IWF-Chefin Lagarde arbeitete als Wirtschaftsanwältin für die US-Sozietät Baker & McKenzie, bevor sie in den öffentlichen Sektor überwechselte.[20] Die Anteilnahme dieser Damen und Herren an den vermeintlichen Problemen der deutschen Regionalbanken ist der Anteilnahme des Fuchses an flügellahmen Hühnern nicht unähnlich.

So sieht es auch der Wirtschaftswissenschaftler Reinhard Schmidt von der Goethe Universität Frankfurt: „Auf europäischer Ebene wird dem deutschen Sparkassen- und Genossenschaftsbanken-System nicht viel Verständnis entgegengebracht. Ich sehe erneut harte Attacken gegen das Drei-Säulen-System kommen – und eine Vereinheitlichung in Richtung börsennotierte Großbanken fände ich bedauerlich. Auf drei Beinen steht es sich sicherer als auf zweien. ... Wenn ich richtig verunsichert wäre, dann würde ich mein Geld zu einer Sparkasse tragen. Das empfindet man in Brüssel noch immer als Wettbewerbsverzerrung."[21]

Wir können aus den gezeigten Beispielen klar erkennen: von Hause aus sind die nicht-kapitalistischen Wirtschaftszweige unkaputtbar. Es müssen erst Kräfte einsickern in die intakten Organismen, um sie durch Zweckentfremdung systematisch zu zerstören. Das klingt ungeheuerlich und nach Verschwörung. Dennoch werden wir in den folgenden Kapiteln die Akteure und Netzwerke näher kennenlernen, deren erklärtes Ziel die Welt eines enthemmten Privatkapitalismus ist. Ohne Grenzen für den Handel. Ohne demokratisch legitimierten Staat, dessen Bürger womöglich andere Ziele verfolgen könnten als die Erzielung größtmöglichen Profits für ganz wenige Individuen.

---

[19] http://www.group30.org/members.shtml
[20] http://www.bakermckenzie.com/hpchristinelagarde/
[21] http://www.springerprofessional.de/biodiversitaet-im-finanzsystem-nicht-gefaehrden/3276026.html

Rettet die Biodiversität unserer Gesellschaft!

Ich hätte Beispiele aus anderen Bereichen der Gesellschaft – aus Gesundheit, Bildung, Sozialarbeit oder öffentlicher Infrastruktur – ausführlich darlegen können, wo genau dieselben Methoden zur Verarmung unserer so reichen Gesellschaftskultur angewandt werden. Die Monokultur des nackten Profits ist das Ziel dieser Seilschaften. Das macht die Menschen mürbe und führt zur inneren Kündigung von Millionen begabter Mitarbeiter. Unter dem Strich haben wir jetzt eine Pfuschkultur des: „Es wird schon irgendwie gut gehen!"

Unter der Diktatur des Neoliberalismus erinnert so vieles an die Endzeit der DDR: eine Explosion der Bürokratie, deren papierene und digitale Ausscheidungen immer nichtssagender werden, weil nicht gesagt werden darf, was gesagt werden muss: es läuft alles schief. Unerfahrene Dummbeutel werden in Führungspositionen gehievt von irgendeiner unsichtbaren Seilschaft. Dummbeutel, die sich von erfahrenen Mitarbeitern nichts sagen lassen und täglich einen neuen Arbeitsplan nach dem anderen anschleppen, der auch wieder die Arbeit nur schwerer macht. Dummbeutel, die die Mitarbeiter überwachen bis zur absoluten Schamlosigkeit. Kein Mensch kann gesund bleiben unter dieser unwürdigen Distanzlosigkeit.

Und so wird unsere immer noch so wunderbar vielfältige Lebenswelt im alten Europa immer weiter verwüstet. Es erinnert nicht nur mich an die Zerstörung des tropischen Regenwaldes. So schnell wird aus Karstland nicht wieder ein saftiger Regenwald. Lassen wir den bereits zitierten Professor Reinhard Schmidt dieses Kapitel abschließen: „Ich sehe ... die Gefahr eines Verlusts an Diversität. Das ist wie bei der Umwelt: Meist fällt erst nach ihrem Aussterben auf, wozu eine Spezies gut war. Vielleicht stellt sich erst in vierzig oder fünfzig Jahren heraus, wozu es gut war, die Gattungen der Sparkassen und Genossenschaftsbanken zu erhalten. Wir sollten diese Biodiversität im Finanzsystem nicht gefährden. Vielleicht sind ja gerade diese Säulen der Bankenwelt dauerhafter als die Shareholder-Value-getriebenen Großbanken."[22]

---

[22] ebd.

Die Geburt des Neoliberalismus aus dem Corporate State

„Eine freie Gesellschaft benötigt eine bestimmte Moral, die sich letztlich auf die Erhaltung des Lebens beschränkt: nicht auf die Erhaltung allen Lebens, denn es könnte notwendig werden, das eine oder andere Leben zu opfern zugunsten der Rettung einer größeren Anzahl anderen Lebens. Die einzig gültigen moralischen Maßstäbe für die ‚Kalkulation des Lebens' können daher nur sein: das Privateigentum und der Vertrag."
Friedrich August von Hayek, Theoretiker des Marktradikalismus

Die Vereinigten Staaten von Amerika entfalteten sich im 19. Jahrhundert von der Ostküste wie eine Dampfwalze nach Westen und sogen im Süden große Teile des Nachbarstaates Mexiko auf. Gigantische Völkerwanderungen ergossen sich über ein noch naturbelassenes Land. Hier war sich jeder selbst der Nächste, und die verschiedenen eingewanderten Völker wetteiferten um den Erfolg im Selbsthilfe-Bauherrenmodell.

In dieser Situation konzentrierte sich im Zeitraffer unvorstellbarer Reichtum. Gleichzeitig mussten Arbeitgeber auf die Empfindlichkeiten ihrer Mitarbeiter keinerlei Rücksicht nehmen. Denn wenn eine Belegschaft aufbegehrte, wurde sie umgehend entlassen und gegen neue Mitarbeiter ausgetauscht. Es standen genug Neuankömmlinge aus Europa bereit. Bemühungen der kleinen Leute, Gewerkschaften und Genossenschaften zu bilden, gab es auch in den USA reichlich. Jedoch wurden sie brutal niedergeschlagen. Die sozialen Gegensätze traten in einer Nacktheit auf wie sonst nirgendwo anders.

Deswegen ist es auch kein Wunder, dass sich bereits Ende des 19. Jahrhunderts Konzerne zu Kartellen verdichteten. Der entfesselte freie Wettbewerb hatte sich selber abgeschafft. Das Antitrustgesetz mit Namen Sherman Antitrust Act sollte Kartelle verhindern und zurückbauen. Bis auf die berühmte Zerschlagung des Ölkonzerns Standard Oil, der eine Monopolstellung aufgebaut hatte, in einige Dutzend neue Gesellschaften haben Staat und Parlament nicht viel gegen die Machtzusammenballung der Wirtschaft zustande gebracht. Stattdessen wurden mithilfe des Sherman Antitrust Act freie Gewerkschaften mit empfindlichen Geldbußen belegt.

Einigen Konzernherren wurde dennoch klar, dass Karl Marx vielleicht nicht ganz Unrecht haben könnte, wenn er sagte, die immer größere Polarisierung der Klassen würde unweigerlich zur Aufhebung des Kapitalismus führen. Es waren die Rockefellers, Morgans und Carnegies, die Intellektuelle für sich arbeiten ließen, um der Revolution vorzubeugen. Um den Druck aus dem Kessel zu nehmen, bevor es richtig knallt.

Der Ölmagnat John D. Rockefeller war de facto Mehrheitseigner der privaten Universität von Chicago. Von der Universität Chicago gingen Impulse aus, Sozialfürsorge privat zu organisieren.[23] Die Chicago Civic Federation wurde gegründet und Bürgerhäuser eingerichtet mit Versammlungsräumen für die ärmere Bevölkerung von Chicago. Hier standen Bäder, Duschen und Waschplätze bereit. Sozialarbeiter und Millionärsgattinnen kümmerten sich um alleinerziehende Mütter und Prostituierte.

Die Erfolge in Chicago führten zu einer USA-weiten Ausdehnung des Konzeptes in der National Civic Federation (NCF). Im Vorstand der NCF fanden sich Repräsentanten der führenden Stahl-, Öl- und Bankkonzerne sowie profilierte Intellektuelle. In Arbeitsgruppen dachten die NCF-Vertreter nach über einen gesetzlichen Mindestlohn, über Spielregeln bei Tarifverhandlungen oder auch über ein Kartellgesetz. All diese Entwürfe waren zurecht geschneidert nach Gusto der Unternehmer, in der eindeutigen Absicht, Initiativen aus der Arbeiterbewegung zuvor zu kommen. Die NCF wurde rasch zum Gravitationspunkt für Minderheitengruppen und für die Gewerkschaft American Federation of Labor (AFL). Es gab zwar auch echte Gewerkschaften wie die Industrial Workers of the World (IWW). Doch die Unternehmer in der NCF setzten durch, dass in ihren Betrieben nur Mitglieder der AFL beschäftigt

---

[23] Die folgenden Erläuterungen und Zitate stützen sich auf die Studie von James Weinstein: The Corporate Ideal in the Liberal State 1900-1918, Boston 1968, sowie Hermann Ploppa: Hitlers Amerikanische Lehrer, Sterup 2008, S. 69ff.

werden. Die AFL mit ihrem auf Lebenszeit gewählten Vorsitzenden Samuel Gompers versteht sich als rechte Hand der Bosse. Der enge Berater des US-Präsidenten Theodore Roosevelt, Mark Hanna, war auch im Vorstand der NCF. Er bezeichnete die Gewerkschaftsfunktionäre zutreffend als „Erste Offiziere der Industriekapitäne".

Hier zeigt sich wieder die beeindruckende Fähigkeit US-amerikanischer Unternehmer, das Potential für Revolten rechtzeitig zu erkennen und die Protestpotentiale einzuhegen. Bald hatte die NCF Organisationen für Farmer, Arbeiter, Mittelstand und für ethnische Minderheiten unter ihrer Kontrolle.

Alles war in privater Hand, was in Europa Sache öffentlich-rechtlicher, genossenschaftlicher oder staatlicher Instanzen war. Allerdings in erheblich bescheideneren Größenordnungen und absolut auf die Bedürfnisse der Konzerne zugeschnitten.

Hat ein Privatmann zum Beispiel so viel Geld angehäuft, wie er es in tausend Leben nicht verbrauchen kann, dann gibt er einen beträchtlichen Teil seines Vermögens an eine von ihm gegründete Stiftung. Das Geld muss nicht versteuert werden und geht nicht in Erbstreitigkeiten verloren. Der großmütige Spender verleiht der Stiftung seinen Namen. Er bestimmt, welche edlen Zwecke seine Schöpfung verfolgen soll. Für die Nachwelt ist der Geber als Gutmensch für immer in Erinnerung. Mögen die Zeitgenossen John D. Rockefeller auch als „Räuberbaron" geschmäht haben – nachfolgende Generationen wissen vielleicht eher die gute Behandlung in einer Klinik der Rockefeller-Stiftung zu preisen. Die Rockefeller-Stiftung ging 1913 in New York mit dem beachtlichen Kapital von 100 Millionen Dollar an den Start. Der Stahlfabrikant Andrew Carnegie hatte seine Stiftung 1903 mit 10 Millionen Dollar ausgestattet.

Klingt löblich. Wenigstens ein paar Brosamen fallen vom Tische der Herren. Dennoch hat auch das Stiftungswesen so sein Geschmäckle: das Stiftungsgeld ist der Solidargemeinschaft als Steuereinnahme vorenthalten. Nicht die Öffentlichkeit entscheidet demokratisch, wie das Geld eingesetzt wird. Vielmehr entscheidet der Industriemagnat nach eigenem Gutdünken wie ein Kurfürst, wo das Geld eingesetzt wird.

Die Rockefeller-Stiftung und die Carnegie Institution haben einen Teil des Geldes, das sie der Steuerbehörde ganz legal vorenthielten, beispielsweise für Forschung in Eugenik eingesetzt. Eugenik will das Erbgut der Menschheit veredeln – durch gezielte Zuchtwahl, das heißt durch Ausschluss von Menschen aus der Fortpflanzung mithilfe von Sterilisation oder Einsperrung. Die Eugenik war dank der tatkräftigen Finanzierung der oben genannten Stiftungen in den Zwanzigerjahren in den USA der Mainstream.[24] Und wenn heutzutage die Melinda und Bill Gates Stiftung mehr Geld für Forschung in Genmanipulationen an Pflanzen ausgibt, als es ein Staat kann, dann ist das ein im demokratischen Sinne mehr als bedenklicher Rückfall in feudalistische Machtvollkommenheit.

Auch in der Kommunalpolitik war die Privatisierung Anfang des 20. Jahrhunderts bereits weit vorangeschritten. Das ging so weit, dass viele Kommunen zunehmend nicht mehr von demokratisch gewählten Stadtregierungen geführt wurden, sondern von Managern, die vom Unternehmerverband NAM bestimmt wurden. *Commission Government* nannte man das. Bisweilen residierte der Bürgermeister oder Stadtmanager, wie er genannt wurde, nicht mehr im Rathaus, sondern im Sitz der Industrie- und Handelskammer.

Und: haben wir nicht in letzter Zeit in unserer Presse auch schon Sätze gehört, wie sie bereits 1896 John H. Patterson, seines Zeichens Präsident der National Cash Register Company, von sich zu geben wusste:

„... eine Stadt ist ein großes Geschäftsunternehmen, dessen Aktienbesitzer ihre Bürger sind. ... kommunale Angelegenheiten werden nach streng geschäftsmäßigen Grundlagen geführt ... nicht von Parteipolitikern ... sondern von Männern, die in Geschäftsführung und Sozialwissenschaften ausgebildet sind."[25]

Heute werden viele Kommunen der USA in dieser Art geführt.

---

[24] Ploppa, a. a. O., S. 119ff.
[25] Weinstein, a. a. O., S. 93

Der Erste Weltkrieg und die kapitalistische Planwirtschaft

Die Formierung der US-Gesellschaft durch die National Civic Federation war schon weit vorangeschritten. Doch der Eintritt der USA in den Ersten Weltkrieg sollte diese korporative Gleichschaltung noch einmal wesentlich beschleunigen. Die damals einflussreichste Privatbank der USA, J. P. Morgan nämlich, hatte Frankreich und England von Anfang des Krieges an gigantische Summen geliehen, in der sicheren Annahme, die beiden Länder würden Deutschland schnell niederringen.[26] Doch der Krieg zog sich über Jahre hin, und 1916 waren Frankreich und England de facto pleite. Die USA mussten gegen den Willen der eigenen Bevölkerung in den Krieg gegen die Achsenmächte ziehen, um die faulen Kredite und damit das Bankhaus Morgan sowie letztendlich auch die gesamte Wirtschaft der USA zu retten.

Deswegen sind die dann folgenden Kriegsanstrengungen der USA mit heißer Nadel gestrickt worden. Improvisation pur. Doch die Herausforderungen des Krieges stellten sich letztlich als wirkungsvolle Katalysatoren der formierten korporativen US-Wirtschaft heraus. Das Volk sollte strammstehen für die propagierte „Military Preparedness", die militärische Einsatzbereitschaft. Die formierten Unternehmer profilierten sich entsprechend durch „Industrial Preparedness", die industrielle Einsatzbereitschaft. Das von den Konzernchefs dominierte Committee on Industrial Preparedness erfasste 30 000 Unternehmen landesweit. Welche Arbeiter sind für die Produktion unverzichtbar und welche kann man unbesorgt an die Front schicken? Wie schnell und durchgreifend können Betriebe auf Kriegsproduktion umgestellt werden? Diese Fragen stellten sich eine ganze Reihe neuer privater Behörden, wie der General Munitions Board oder der War Industries Board.

Hier wurde die erste Planwirtschaft der Moderne aus der Taufe gehoben – nicht sozialistisch, sondern radikal-kapitalistisch. Denn die Planungsbehörden waren eher privater Natur, mit Unterstützung der Regierung. Eine Art von öffentlich-privater Partnerschaft, wie unsere neoliberalen Zeitgenossen sagen würden. Das stieß nicht immer auf Gegenliebe. Die Kartell-Planwirtschaftler wollten

---

[26] Ploppa, a. a. O., S. 85ff.

beispielsweise der Schuhindustrie vier standardisierte Schuhmodelle bis ins Detail vorschreiben. Der billigste Treter sollte „Liberty Shoe", also „Freiheitsschuh" heißen. Diese Zumutung konnten die Schuh-Hersteller dann doch erfolgreich abwenden.

Dennoch haben Wallstreet-Banker in den Ausschüssen kleineren Unternehmen im Handstreich das Lebenslicht ausgepustet, indem sie deren Produktion als nicht kriegswichtig einstuften und ihnen damit die Zuteilung von Rohstoffen abschnitten. Die Kapitalkonzentration wurde auf diese Weise künstlich von oben her beschleunigt.

Roosevelt: Ein bisschen mehr Europa in Amerika kann nicht schaden

Nach dem Ersten Weltkrieg regierten für zwölf Jahre nicht mehr die Demokraten, sondern die Republikaner. Die Präsidenten Harding, Coolidge und Hoover fuhren die Gestaltung der Außenpolitik auf ein Mindestmaß herab und überließen die Wirtschafts- und Sozialpolitik den Konzernen. Dieses Laissez-faire, dieses lässige Laufenlassen, führte bekanntlich zu dem verheerenden Börsencrash von 1929. Der Finanzkapitalismus hatte sich selber an die Wand gefahren.

So kam auch von den Bankern kein nennenswerter Widerstand, als der neue Präsident, der Demokrat Franklin Delano Roosevelt, ab 1933 die wild gewordene Finanzwelt mit eisernen Regulierungen an die Kandare nahm. Roosevelt sollte in den folgenden zwölf Jahren den Kapitalismus vor sich selbst retten.

Um das zu erreichen, übernahm Roosevelt viele nützliche Elemente aus Europa. Der Staat trat jetzt als aktiver Gestalter der Wirtschaft auf. Mit dem *New Deal* finanzierte die Bundesregierung in Washington Hunderttausende von neuen Arbeitsplätzen im ganzen Land. Die Leute verfügten jetzt wieder über Bargeld, mit dem sie sich etwas kauften, so dass nun auch der Mittelstand wieder Geld einnahm und sich die staatlichen Kassen mit frischen Steuergeldern füllten. Diese wundersame Geldvermehrung hatte der englische Ökonom John Maynard Keynes vorgeschlagen und damit zunächst in seiner Ökonomenzunft für blankes Entsetzen gesorgt.

Die „New Dealer" packten längst fällige Infrastrukturprogramme an. Straßen, Staudämme oder auch Naturschutzgebiete entstanden. Roosevelt und seine Mitstreiter stärkten die Rechte von Farmern, Arbeitern und Verbrauchern. Intellektuelle und Künstler verdienten endlich wieder gutes Geld mit Regierungsaufträgen. Der Präsident wandte sich in Radioansprachen, den so genannten Kamingesprächen, direkt an das Volk und erläuterte seinen Mitbürgern einmal in der Woche seine Absichten. Für die Roosevelt-Administration waren die US-Bürger keine dumme manipulierbare Masse.

Die Oligarchen ließen diesen vollkommen ungewöhnlichen Präsidenten, der aus der allerfeinsten High Society stammte, eine Zeit lang gewähren. Ihr Standesgenosse hatte ja schließlich das Vertrauen in die Banken und in die Industrie zurück gebracht. Umso nervöser scharrten die Konzernherren mit den Füßen, als Roosevelt nach dem ersten New Deal – was so viel heißt wie: die Karten neu mischen – den zweiten, noch ehrgeizigeren New Deal auflegte. Helles Entsetzen brach schließlich aus, als Roosevelt die Wiederwahl 1936 mit einem Erdrutschsieg für sich entscheiden konnte. Ein überzeugendes Mandat, das der geplanten Stärkung der staatlichen Gestaltungsmacht natürlich ein viel größeres Gewicht verlieh. Zum ersten Mal in der Geschichte der USA war ein Präsident durch hohe Wahlbeteiligung mit einer echten Stimmenmehrheit gewählt worden! So ein starkes Gegengewicht gegen die Übermacht des Kapitals hat in jüngerer Vergangenheit nur Hugo Chavez in Venezuela erlangt.

Es dauerte nicht lange, bis die Oligarchie zurückschoss. Fernsehen gab es noch nicht. Aber fast alle privaten Rundfunkstationen und fast alle Zeitungen machten von morgens bis abends Roosevelts Umverteilungspolitik von oben nach unten und seine Stärkung des öffentlichen Sektors nach europäischem Vorbild madig. Trotzdem begriffen die Oligarchen schnell: Roosevelt und seine Koalition der kleinen Leute würde man noch eine verdammt lange Zeit ertragen müssen. Hier half nur das Bohren dicker Bretter. Stück für Stück müsste man den Einfluss des Staates zurückfahren. Aber nur meckern und bohren reichte nicht aus, das war klar. Die Mächtigen und Reichen der USA mussten dem Gesellschaftsentwurf Roosevelts und seiner Partner eine kapitalistische Utopie entgegensetzen.

Als erste große Bühne der schönen neuen Welt des Konsumkapitalismus bot sich die Weltausstellung in New York im Jahre 1939 an.[27] Inmitten der Pavillons fremder Gastländer mit ihrer Exotik stand als Zentrum und konkurrenzloser Blickfang ein Ensemble, bestehend aus einem schlanken Obelisk von 212 Meter Höhe und daneben einer gigantischen Kugel mit dem beziehungsreichen Namen „Democracity". Im Innern dieses Domes ein Diorama. Von einer Galerie aus sahen die erstaunen Besucher auf das großformatige Modell einer futuristischen Kulturlandschaft aus dem Jahre 1960: Moderne Hochhäuser, eingebettet in Gärten; 16-spurige Autobahnen; stressfreie Autofahrt dank Verkehrsleitsystemen; schöne Wohnhäuser schmiegten sich an Hänge. Der Elektrokonzern Westinghouse präsentierte auf einer eigenen Bühne seinen Roboter Electro, der sich gerne mal eine Zigarette anzünden ließ. Fernsehen; Videotelefonie; Softeis. Solche schier utopischen Annehmlichkeiten versprach die schöne neue Welt, in der urbane Modernität und Demokratie eine harmonische Einheit bilden sollten.

Der Kapitalismus hatte sich nach einer schweren Krise endlich neu erfunden. Roosevelt verbesserte die Situation der einfachen Leute. Dahinter konnte und wollte man nicht zurückgehen. Vielmehr sollte das Erreichte jetzt überboten werden. Jeder sollte bald ein Auto und ein Häuschen im Grünen haben. Allerdings war der neue Mensch nur gedacht als passiver Konsument und nicht als mitgestaltender Bürger. Adressat des konsumistischen Glücksversprechens war nicht der Verstand, sondern das Unbewusste und die Sinnlichkeit.

Ausgedacht hatten sich die schöne neue Welt der Democracity schlaue Leute aus der Werbe- und Public-Relations-Branche. Einer von ihnen war Edward Bernays[28], der auch das Wort Democracity

---

[27] Sehr aufschlussreich ist die BBC-Dokumentation von Adam Curtis: The Century of the Self, Teil 1,
http://www.dailymotion.com/video/xtg209_the-century-of-the-self-teil-1-deutsch-german_school ab Min. 41:52
[28] Über Edward Bernays siehe:
http://usacontrol.wordpress.com/2008/07/21/edward-bernays-der-vater-der-massenmanipulation/

ersonnen hatte. Bernays war der Neffe von Sigmund Freud. Er hatte schnell die Potentiale des Unbewussten für erfolgreiche Verkaufsstrategien erkannt. Die Frauen hatte der Werbestratege als Konsumenten für Zigaretten gewinnen können, indem er das Qualmen von Glimmstengeln als Frauenemanzipation gesellschaftsfähig gemacht hatte. Männer sind erst richtige Männer, wenn sie über die vervielfachten Motorkräfte eines Autos herrschen können. Die Verführungskraft der Werbestrategen, ihre Ansprache an das Unbewusste sollte über Roosevelts Appell an den logischen Verstand letztendlich den Sieg davontragen.

Die Geburtsstunde des Neoliberalismus

Die Wallstreet-Oligarchen um Rockefeller, Harriman oder Morgan wollten Roosevelts starken Staat so schnell wie möglich wieder loswerden. Sie wollten dann doch lieber wieder den guten alten liberalen Nachtwächterstaat, der das Eigentum schützt, den freien Kapitalfluss garantiert und ansonsten die Äuglein zumacht. Jedoch hatten sie mittlerweile Geister aus der Flasche geholt, die sich nicht einfach mal eben so zurückwinken ließen.

Denn die politische Landkarte hatte sich seit dem Ersten Weltkrieg erheblich verändert. Italien war 1922 unter die Knute des Mussolini-Faschismus geraten, woran die Wall Street alles andere als unbeteiligt gewesen war. Das Bankhaus J. P. Morgan gewährte Mussolini 1926 einen Megakredit von 100 Millionen Dollar.[29] Zudem liehen die Wallstreet-Banker ihm einen ihrer besten Wirtschaftsanwälte, John McCloy, für ein Jahr aus, damit er den Duce bei der sinnvollen Anlage des Geldes beraten sollte.[30] Und dass sich ab 1933 US-Konzernmanager bei Hitler die Klinke in die Hand reichten, wurde nicht nur vom damaligen US-Botschafter in Berlin William E. Dodd bemerkt.[31]

Auch die Beziehung der US-Wirtschaft zur Sowjetunion war in jenen Jahren außerordentlich fruchtbringend. Die Bolschewiken

---

[29] Ron Chernow: The House of Morgan – An American Banking Dynasty and the Rise of Modern Finance, New York 2010
[30] Walter Isaacson/Evan Thomas: The Wise Men – Six Friends and the World they made, New York 1986, S. 122
[31] William E. Dodd/Martha Dodd: Ambassador Dodd's Diary, New York 1941

wurden zunächst tatkräftig bekämpft. Denn sie waren ja von den deutschen Kriegsdiktatoren Hindenburg und Ludendorff an die Macht geschubst worden, um Ruhe an der deutschen Ostfront zu schaffen. Als die Bolschewisten aber nach einem aufreibenden Bürgerkrieg fest im Sattel saßen, fanden die US-Oligarchen zunehmend Gefallen an den „roten Zaren". Letztere hatten sich, um es in den Worten der Geostrategen zu sagen, zu einem verlässlichen Ordnungsfaktor in der Region entwickelt.

Das ermutigte Rockefellers Standard Oil, über einen lukrativen Liefervertrag mit der sowjetischen Ölförderfirma Azneft den rasant steigenden Bedarf an fossilen Brennstoffen in den Industrieländern zu decken. Die Sowjetunion war in den Zwanziger- und Dreißigerjahren für die USA das, was heute Saudi-Arabien ist: ein zuverlässiger Rohstofflieferant mit Untertanen, die frei von jeglichen Bürgerrechten sind und von den reichlich fließenden Öleinnahmen schier gar nichts abbekommen. Henry Ford baute deswegen auch Autofabriken in der UdSSR und Averell Harriman konnte im Arbeiter- und Bauernparadies Mangan abbauen und exportieren lassen. Die Elite der USA war auch sonst von dem Planwirtschaftsmodell der Sowjetunion sehr angetan. So ergab eine Umfrage an der Elite-Uni Harvard unter Studienabsolventen im Jahre 1926, dass 32 Prozent der Befragten von der UdSSR begeistert waren.[32]

Das war allerdings alles schön weit weg. Dass nun ausgerechnet Franklin Delano Roosevelt mitten im Herzland des Kapitalismus mehr Demokratie wagte, indem er den Staat in Stellung brachte gegen die Allmacht der Oligarchen, das fanden Letztere nun allerdings gar nicht mehr witzig.

Und: den Konsumkapitalismus zu versprechen, wie er auf der New Yorker Weltausstellung 1939 so schön bunt und locker vorgeführt wurde, das alleine reicht auch nicht aus. Denn um die Entscheidungsträger in Politik, Medien und Kultur auf eine Antithese zum New Deal umzupolen, bedurfte es dessen, was man heute so schön „Diskurshoheit" nennt.

Das heißt in der Praxis: Professoren an den Universitäten müssen mit dem Gewicht ihrer Autorität in dicken Büchern und in Vorträgen und Seminaren die neue Lehre verkünden. Jahrgangsring

---

[32] Isaacson/Thomas, a. a. O., S. 94

um Jahrgangsring von Studenten inhaliert die neue Weisheit und streut sie dann aus in ihren praktischen Berufen als Politiker, Journalisten, Verbandschefs, Geschäftsführer, Prediger. Andere Zöglinge promovieren oder habilitieren bei den Professoren, und so keimt der Samen der Doktorväter zu großen Sippen einer neuen wissenschaftlichen Schule heran. Und so langsam wird aus den Weisheiten der Professoren immer konkretere praktische Politik. Der Ökonom John Maynard Keynes sagte einmal, die Praktiker der Jetztzeit seien die Sklaven längst verstorbener Professoren.

Natürlich konnten sich die Wallstreet-Banker nicht einfach Professoren kaufen und ihnen sagen: „Verkünde meine Lehre!" Da traf es sich gut, dass es etliche Intellektuelle gab, die als Linke, als Sozialisten oder gar als Moskau-Kommunisten angefangen hatten und nun, vollends enttäuscht von der neuen Heilslehre und im Eifer der Konvertiten, den Oligarchen geradewegs zuliefen wie ausgehungerte Katzen.

James Burnham war Trotzkist, bevor er zum Urvater der amerikanischen Neokonservativen mutierte. 1941 trat Burnham mit dem Bestseller *The Managerial Revolution* an die Öffentlichkeit.[33] Der Exlinke schlug Alarm: an die Stelle kreativer Unternehmer, die ihre Umwelt umkrempelten wie dereinst Edison oder Ford, würde nunmehr überall auf der Welt die neue Kaste der Manager das Steuer übernehmen. Egal ob im Sowjetkommunismus, ob im Hitlerfaschismus oder in Roosevelts New Deal: graue unpersönliche Apparatschiks übernähmen die Macht, und die Unternehmer würden nur noch als passive Rentiers ihre Einnahmen genießen. Der Kapitalismus sei am Ende und würde einem technokratischen Einheitsbrei Platz machen müssen.

Der Managementberater Peter Drucker schrieb das Buch *The End of the Economic Man*.[34] Drucker prophezeite das Ende ökonomisch motivierter Aktivitäten. Angesichts des weltweiten Aufkommens von staatsbürokratischen Systemen sah auch der enttäuschte Sozialist George Orwell die Götterdämmerung des Liberalismus in seinem Roman *1984*. Der Soziologe Walter Lippmann begann seine Laufbahn als Linker und hatte seine Enttäuschungser-

---

[33] James Burnham: The Managerial Revolution, New York 1941
[34] Peter F. Drucker: The End of the Economic Man, London 1939

lebnisse bereits hinter sich, als er schon vor dem Ersten Weltkrieg zu einem antidemokratisch elitären Chefideologen der Wallstreet wurde. Lippmann verfasste für Präsident Wilson die berühmten 14 Punkte, mit denen der amerikanische Präsident die Nachkriegsordnung in Europa festklopfen wollte. 1920 schrieb Lippmann das Manifest der elitären Massenmanipulation, sein legendäres Buch *Public Opinion*, auf das wir später noch zu sprechen kommen.

Lippmann ist der wichtigste Ideologe des amerikanischen Finanzkapitalismus im 20. Jahrhundert, noch einflussreicher und nachhaltiger als Henry Kissinger oder Zbigniew Brzeziński. Denn Lippmann hat nicht nur das Selbstverständnis des amerikanischen Elitismus und das Konzept für eine Neuordnung Europas nach dem Ersten Weltkrieg formuliert. Lippmann ist obendrein der Erfinder des Neoliberalismus. Nichts weniger als das. Während der Chor der Klagemänner um Burnham keine diskursfähigen Theorieversatzstücke liefern konnte, hat Lippmanns Bestseller *The Good Society* aus dem Jahre 1937 eine nachhaltige Wirkung bis in die Jetztzeit erlangt.[35]

Der Liberalismus war nach dem großen Börsenkrach von 1929 nicht sehr gut angesehen in der Öffentlichkeit. Er wurde gleich gesetzt mit der Philosophie des Laissez-faire: dass der Staat sich nämlich aus allen wirtschaftlichen Aktivitäten rauszuhalten habe. Lippmann wusste, dass er einen solchen Liberalismus den Leuten nicht mehr verkaufen konnte. Also verkündete er: das Laissez-faire war doch nur in einer ganz bestimmten Situation in der Vergangenheit angesagt. Ein verantwortungsbewusster moderner Liberalismus teilt dem Staat wichtige Aufgaben zu. Der Staat soll sich sehr wohl um Bildung und Erziehung kümmern und sogar eine Steuerprogression durchsetzen, die das Geld von oben nach unten verteilt, sagt Lippmann.

Absolut unakzeptabel für zukünftige Gesellschaftsentwürfe sei die Planwirtschaft, wie sie in der Sowjetunion oder in Hitlerdeutschland praktiziert wurde. Diese Systeme würden zwangsläufig implodieren. Denn die kapitalistische Wirtschaft neige zu immer größerer Arbeitsteilung und Komplexität. Und das Entwick-

---

[35] Walter Lippmann: The Good Society, New York 1937. Zitiert wird im Folgenden die deutsche Ausgabe: Die Gesellschaft freier Menschen, Bern 1946.

lungstempo nehme so drastisch zu, dass ein Plan schon veraltet sei, wenn er in Kraft tritt. Eigentlich funktioniere eine Planwirtschaft nur in Kriegs- und Mangelzeiten. In Friedenszeiten stiegen die Bedürfnisse der Massen immer weiter, und die Planwirtschaft gerate immer mehr ins Hintertreffen, wenn es um die Befriedigung dieser Bedürfnisse gehe. Was man den Leuten in der eigenen Planwirtschaft nicht geben könne, müsse man sich durch Eroberungskriege von außen holen. Deswegen führe Planwirtschaft zwangsläufig immer in einen Krieg.

Und was nun Roosevelt und seinen New Deal angeht: Lippmann bezeichnet ihn als „gemäßigten Kollektivismus". Roosevelt stütze sich auf „Interessenhaufen"; man würde heute sagen, ein Bündnis von unterschiedlichen gesellschaftlichen Gruppen, die alle nur ihre Partikularinteressen im Sinn hätten. Der Fehler des New Deal sei, in der Rücksichtnahme auf seine Bündnispartner ähnlich gelähmt und unflexibel zu handeln wie die „richtigen" Planwirtschaften in Übersee.

Und wie schon bei Lippmanns früheren Arbeiten wird eine Abneigung gegen die unteren Schichten erkennbar: wenn die Menschen draußen im Lande mit der zunehmenden Komplexität nicht mehr fertig werden, dann revoltieren sie. Deswegen müssten die unteren Schichten quasi für die zunehmende Komplexität umprogrammiert werden:

„Da ist die ungelöste Aufgabe der Erziehung großer Bevölkerungsmassen, der Ausrüstung der Menschen für ein Leben, in dem sie sich spezialisieren und doch die Fähigkeit behalten müssen, ihre Spezialität zu wechseln. Die Wirtschaft der Arbeitsteilung erfordert, dass diese eugenischen und erzieherischen Probleme mit Erfolg angepackt werden. ... Die Wirtschaft erfordert, dass die eugenischen Qualitäten und die Ausrüstung der Menschen für den Lebenskampf nicht nur in irgendeinem minimalen Wirkungsgrad erhalten bleiben, sondern dauernd verbessert werden."[36]

Dabei bleibt die Frage offen: wer soll denn nun eigentlich die „eugenischen und erzieherischen Probleme mit Erfolg" anpacken? Selbst erklärte Eliten oder der Staat? Erstaunlich auch das Wort „eugenisch". Als die Eugenik in den USA ihre große Zeit hatte, in

---

[36] a. a. O., S. 283

den Zwanzigerjahren, hatte Lippmann sich energisch gegen eugenische Maßnahmen ausgesprochen. Ende der Dreißigerjahre, als sich die Rockefeller-Stiftung und die Carnegie Institution aus der Eugenik zurückziehen, spricht sich Lippmann plötzlich für Eugenik aus. Offenkundig will der Neoliberale Lippmann die Menschen aus den unteren Schichten biologischen Umstrukturierungen aussetzen, um sie fit für den wirtschaftlichen Wandel zu machen! Es klingt auch nicht sehr anheimelnd, wenn Lippmann andeutet, der Liberalismus habe „nichts Geringeres vor als die Umstellung der Menschheit auf eine neue Lebensweise."[37]

Bahnbrechend für eine Neudefinition des Liberalismus in Zeiten des New Deal ist die Einschätzung der internationalen Arbeitsteilung und zunehmenden gegenseitigen Abhängigkeit der nationalen Wirtschaften: Eigentlich seien die Nationalstaaten schon latent dabei, in einer grenzenlosen Weltwirtschaft aufzugehen.

„Es war die historische Sendung des Liberalismus, die Bedeutung der Arbeitsteilung zu entdecken. Seine noch nicht erfüllte Aufgabe ist es, zu zeigen, wie Gesetz und Staatspolitik am besten dieser Produktionsweise anzupassen sind, die die Arbeit der Menschen spezialisiert und damit in zunehmendem Maße eine gegenseitige Abhängigkeit der Einzel- und Gemeinwesen der ganzen Welt voneinander schafft."[38]

Damit erhielten die Liberalen endlich wieder eine Vision: nämlich eine grenzenlose Weltwirtschaft, in der alle Bürger dieser Welt gar nicht mehr in der Lage sind, Kriege zu führen, weil das einem Selbstmord gleichkäme. Wo alle Lebensbereiche so eng miteinander verzahnt sind, dass niemand mehr ohne die wirtschaftliche Tätigkeit der anderen auf dem Globus leben kann. Eine friedliche Welt der Arbeitsteilung. Aber definitiv keine demokratische Welt. Hätte man, so Lippmann, in den USA eine Demokratie getreu nach Buchstaben gehabt, wäre man wohl nie so weit gekommen, wie man jetzt war:

„Wären sie[39] wirklich im Sinne ihrer konfusen Kritiker ‚Demokraten' gewesen, dann wäre Amerika einem Aufruhr und ei-

---

[37] a. a. O., S. 308
[38] a. a. O., S. 239
[39] die Verfassungsväter

ner Ohnmacht ausgeliefert gewesen, die aus ihm nicht ein Gelobtes Land, sondern ein riesiges Mazedonien gemacht hätte."[40]

Und an anderer Stelle:

„Die Amerikaner waren nie von ganzem Herzen der Überzeugung, dass die Demokratie so ganz ohne Gefahr für die Welt sei."[41]

„Die Amerikaner" – wer immer das auch gewesen sein soll.

Wir fassen noch mal zusammen: der Staat soll nach Lippmann durchaus gestalterisch und sozialpolitisch in die Gesellschaft eingreifen. Ein Nachtwächterstaat des Laissez-faire schwebt Lippmann nicht vor. Aber Staat und Eliten sollen ihre Bürger so umbauen, dass sie sich den Anforderungen größerer Arbeitsteilung und verfeinerter Komplexität anpassen können. Am Ende des Anpassungsweges steht, so kann man Lippmanns Äußerungen entnehmen, die Auflösung der Nationalstaaten in einer großen Weltgesellschaft. Ein bisschen Demokratie ist dort vorgesehen, aber bitte nicht zu viel.

Und wie alle wirklich einflussreichen Texte der Weltgeschichte lässt auch Lippmanns *Good Society* viele Fragen unbeantwortet, was den unterschiedlichsten Fraktionen Platz lässt, ihn für sich zu reklamieren.

Mont Pèlerin Society: Der totale Sieg der Saurier

Lippmanns *Good Society* löst ein Pfingstwunder aus. Die in alle Welt zerstreuten demoralisierten Wirtschaftsliberalen entwickeln plötzlich ein neues Sendungsbewusstsein.

Schon im August des Jahres 1938 lädt der Philosoph Louis Rougier Walter Lippmann zu einem Kolloquium nach Paris ein. Und 26 Denker aus Amerika und Europa folgen gerne der Einladung. Aus dem amerikanischen Exil kommt der österreichische Ökonom Friedrich August von Hayek. Aus dem türkischen Exil die Deutschen Wilhelm Röpke und Alexander Rüstow. Und der neue Messias des Liberalismus Walter Lippmann hält in Paris persönlich das Impulsreferat. Lippmann prägt für die Systeme der Planwirtschaft den griffigen Terminus „Totalitarismus", und stellt

---

[40] Lippmann, a. a. O., S. 330
[41] a. a. O., S. 340

ihm das zusammen geschweißte Begriffspaar „freier Markt – Demokratie" entgegen. Lippmann ist eben ein begabter Public-Relations-Fachmann.

Dass das neue Baby nicht auf den kompromittierten Namen „Liberalismus" getauft werden darf, ist Konsens in Paris. Also, wie nun? „Positiver Liberalismus", oder „Sozialer Liberalismus"? Alexander Rüstow wirft den Begriff „Neoliberalismus" in die Runde. Der Neoliberalismus soll sich vom alten Liberalismus durch eine neue soziale Sensibilität unterscheiden. Rüstows Vorschlag wird angenommen.

Lippmann in seinem Referat: wir brauchen einen langen Atem. Die Durchsetzung der neuen Heilslehre ist ein „langwieriges Werk". Sein Zuhörer von Hayek inhaliert Lippmanns Botschaft tief. Einige Jahre später denkt Hayek laut darüber nach, wie der Neoliberalismus in einem generationenübergreifenden Projekt die Oberhoheit oder Hegemonie über die Gesellschaft gewinnen kann. Er beobachtet, wie „sozialistische" Denker zunächst ein Netzwerk von Intellektuellen gebildet hätten und dann die neue Lehre immer mehr in die Gesellschaft eingesickert sei:

„Die Erfahrung legt nahe, dass, wenn einmal diese Phase erreicht ist, es nur noch eine Frage der Zeit ist, bis jene Ansichten, die jetzt von Intellektuellen vertreten werden, die vorherrschende Strömung in der Politik darstellen. ... Was für den zeitgenössischen Beobachter wie ein Kampf miteinander ringender Interessen erscheint, ist in Wirklichkeit schon lange entschieden als ein Kampf der Ideen in kleinen Zirkeln."[42]

Ein grundlegender Mentalitätswandel ist unerlässlich. Hayek stellt fest:

---

[42] Zitiert nach Dieter Plehwe/Bernhard Walpen: Wissenschaftliche und wissenschaftspolitische Produktionsweisen im Neoliberalismus. Es handelt sich um Beiträge der Mont Pèlerin Society und marktradikaler Think Tanks zur Hegemoniegewinnung und -erhaltung:
http://www.google.de/url?sa=t&rct=j&q=&esrc=s&source=web&cd=1&sqi=2&ved=0CCAQFjAA&url=http%3A%2F%2Fprokla.com%2FVolltexte%2F115plehwe.rtf&ei=43qsU8CZBMT4ygPj94KwDA&usg=AFQjCNEhtKsbxgeygUHSjKrrltQ08FFFTg&sig2=s6XuUn9kKguJWiwRdfSVvg&bvm=bv.69837884,d.bGE
Übersetzung der englischsprachigen Zitate: Hermann Ploppa. Der Artikel ist in seiner Darstellung der generationenübergreifenden Programmatik wesentlich für das Verständnis des Neoliberalismus.

„'... dass die wichtigste Veränderung, die weitreichende Regierungskontrolle produziert, eine psychologische Änderung, eine Wandlung im Charakter des Volkes darstellt. Das ist notwendigerweise ein langsamer Prozess, ein Vorgang, der sich nicht über ein paar Jahre erstreckt, sondern möglicherweise über eine oder zwei Generationen. ... In dieser langen Sicht müssen wir unsere Aufgabe betrachten. Wir müssen uns mit den Meinungen befassen, die sich verbreiten müssen, wenn eine freie Gesellschaft erhalten oder wiederhergestellt werden soll, nicht mit dem, was im Augenblick durchführbar scheint."'[43]

Man weiß nun, was zu tun ist. Jedoch kommt der Zweite Weltkrieg dazwischen, und die Neoliberalen können sich einstweilen nicht treffen. Nachdem die Waffen verstummt sind, nimmt Friedrich August von Hayek den Faden wieder auf. Hayek ist ein prominenter Wirtschaftswissenschaftler der so genannten Österreichischen Schule. Diese Fraktion mag staatliche Eingriffe in die Wirtschaft ganz und gar nicht. Mittelpunkt der Österreichischen Schule war Ludwig Edler von Mises. Der hatte in seinem Grundlagenwerk *Die Gemeinwirtschaft* im Jahre 1922 bereits die Planwirtschaft als nicht praktikabel verurteilt. In der Planwirtschaft werde die Möglichkeit vereitelt, durch freie Preisbildung zu erfahren, wie begehrt und marktfähig eine Ware eigentlich ist. Aufgrund dieser mangelnden Information produziere staatliche Intervention in das Marktgeschehen immer neue Engpässe, auf die der Staat mit erneuten Interventionen reagieren müsse. Staatliche Intervention produziere nur immer mehr Armut – ein Effekt der so genannten Interventionsspirale.

Die Österreichische oder auch Wiener Schule um von Mises war extrem einflussreich, weil zu Füßen des Edlen nicht nur Ökonomen, sondern auch Soziologen und Philosophen saßen: Wittgenstein, Popper, Frege oder auch Albert Einstein.

Hayek war bereits 1931 zur London School of Economics gewechselt und profilierte sich als Gegenspieler von John Maynard Keynes. Im Krieg hatte sich Hayek auf die Linie von Lippmann eingestimmt und in dem Buch *The Road to Serfdom* – zu Deutsch: *Der Weg zur Knechtschaft* – dargelegt, dass Faschismus und Nati-

---

[43] a. a. O., S. 8

onalsozialismus konsequente Weiterentwicklungen des Sozialismus darstellten.

1947 findet Hayek einen schweizerischen Unternehmer, der ihm das Geld locker macht, um in dem Örtchen Mont Pèlerin in der Nähe des westschweizerischen Ortes Vevey eine Neuauflage des Pariser Treffens von 1938 zu veranstalten. Inspirator Walter Lippmann ist dieses Mal nicht anwesend. Aber Wilhelm Röpke und Alexander Rüstow sind wieder dabei. Und viele neue Gesichter, zum Beispiel ein kleines Männchen mit Hornbrille – Milton Friedman. Oder ein gewisser Ludwig Erhard, damals noch schlank. Und neben diesem Alfred Müller-Armack. Und ein Weißhaariger mit stechendem Blick durch die Nickelbrille: Walter Eucken. Ein buntes Häuflein also.

Was verbindet diese Leute? Ganz einfach: die Abneigung gegen die Planwirtschaft. Die Planwirtschaft Hitlers und Görings war niedergerungen, ebenso der italienische Faschismus. Dafür breitete sich der Plankommunismus der Sowjetunion weltweit aus, und auch die europäischen Nationen kapitalistischer Prägung unterlagen in der Not der Nachkriegsjahre einer Art von Planwirtschaft, erzwungen durch die Mangelsituation. Das Häuflein Ökonomen auf dem Mont Pèlerin schaute herab auf eine Götterdämmerung des freien Marktes. Das schweißt zunächst einmal zusammen.

Heute sind in der Mont Pelerin Society 500 Wirtschaftsexperten versammelt. Im diskreten Kampf um die Vorherrschaft des Neoliberalismus durchdringen diese Ökonomen unzählige einflussreiche Institutionen weltweit. Aus den zaghaften Abwehrkämpfern gegen die Planwirtschaft ist heute eine angriffslustige Truppe geworden, die die Früchte ihrer zähen generationenübergreifenden Wühlarbeit genießen kann. Und sie hat im Vollzug von Walter Lippmanns Agenda „nichts Geringeres vor als die Umstellung der Menschheit auf eine neue Lebensweise."

Beobachter des Neoliberalismus stellen fest, dass unter dieser Heilslehre sehr unterschiedliche Positionen versammelt sind. Ist das nun eine Schwäche oder ein Stärke des Neoliberalismus? Die einen sagen, der Neoliberalismus wird an seiner Inkonsistenz zu Grunde gehen. Die anderen sagen, alle Neoliberalen folgen ein und derselben Agenda und haben sich nur aus taktischen Gründen verschieden aufgestellt, nach dem Motto: getrennt marschieren, vereint schlagen.[44]

Es gab von Anfang an in der Geheimloge des Neoliberalismus, der Mont-Pèlerin-Gesellschaft, neben der gemeinsamen Abneigung gegen jede Form der Planwirtschaft doch auch ganz schwerwiegende Differenzen. Schauen wir uns mal die in letzter Zeit wieder öfter beschworenen Geister des deutschen „Ordoliberalismus" an. Mit Ludwig Erhard als Wirtschaftsminister hatten wir ja gleich von Anfang der Bundesrepublik an einen waschechten Neoliberalen ganz an der Spitze – und wir haben das über Jahrzehnte gar nicht bemerkt! Unter Erhard ging es den Arbeitern immer besser – viel mehr Lohn und am Samstag nicht mehr arbeiten. Die Renten und die Krankenversicherung baute „der Dicke mit der Zigarre" aus. Und schwache Betriebe wurden mit Subventionen künstlich am Leben gehalten, um Arbeitsplätze zu retten. Und Mont-Pèlerin-Mitglied Alfred Müller-Armack hat Erhard als dessen Staatssekretär dabei tatkräftig unterstützt.

Die deutschen Mitglieder der ersten Generation in der Mont Pelerin Society unterschieden sich deutlich von ihren österreichischen und amerikanischen „Logenbrüdern".

Da ist zum Beispiel Wilhelm Röpke. Röpke lehrte unter anderem in Marburg an der Lahn. Als die Nazis kamen, nahm der streitbare Röpke kein Blatt vor den Mund und besetzte dann lieber einen Lehrstuhl an der Universität Istanbul. Dort fühlte er sich allerdings nicht wohl, so dass er 1937 an das Genfer Hochschulinstitut für internationale Studien überwechselte. Nach dem Krieg lehrte er dann wieder in Deutschland.

Röpkes Lehre ist in sich widersprüchlich. Er propagiert einen Dritten Weg zwischen Kapitalismus und Sozialismus, einen „ökonomischen Humanismus". Ganz im Sinne heutiger Globalisierungskritiker fordert Röpke eine dezentrale regionale Wirtschaftsform und hat in diesem Sinne auch gegen die europäische Einigung Stellung bezogen, die nach seiner Meinung von oben aufgepfropft würde, anstatt langsam von unten nach oben zusammen zu wachsen. Der weltmännische Liebhaber italienischer Sportwagen und ausgedehnter Fernreisen pries die idylische Welt der Landwirt-

---

[44] a. a. O.

schaft, predigte christliche Nächstenliebe, während er gleichzeitig gegen Sozialhilfe stänkerte.

Röpke war 1960 als Nachfolger von Hayek zum Präsidenten der Mont-Pèlerin-Gesellschaft gewählt worden. Allerdings hatten die Intrigen durch die Marktradikalen um Friedman und Hayek gegen die soften Deutschen ein solches Maß angenommen, dass Röpke schon 1961 wütend den Vorsitz niederlegte und aus der neoliberalen Loge austrat. Damit überließ er den Marktradikalen kampflos das Feld.

Das war sicher nicht schön für seinen Mitstreiter Alexander Rüstow. Denn auch Rüstow unterschied sich in seinen Grundüberzeugungen wesentlich von seinen amerikanischen Mitstreitern. Nach dem Ersten Weltkrieg arbeitete er im Reichswirtschaftsministerium als Aufseher der Kartelle. Rüstow war schwer frustriert, weil er in seinem Kampf gegen die Kartelle so wenig Unterstützung durch die SPD erhielt. Trotzdem gilt er als der „Vater der Kartellverordnung" von 1923. Und er lernte Lobbyisten hassen wie die Pest.

Angesichts der Sisyphusarbeit in der Behörde verdiente Rüstow von 1924 an sein Brot lieber als Geschäftsführer in einem Verband für Maschinenbau. 1932 wurde es brenzlig. Um Hitler und seine potenten Geldgeber aus der Wirtschaft von der Macht fernzuhalten, hatte General Kurt von Schleicher eine linke Koalition für eine alternative Regierung zusammengestellt. In der Kabinettsliste war Rüstow, der Kartellknacker, als Wirtschaftsminister vorgesehen. Von Schleicher wurde von den Nazis erschossen. Rüstow zog es vor, nach Istanbul an die dortige Universität zu wechseln. Mit seinem Leidensgenossen Röpke konnte er im türkischen Exil unter den Dämpfen der Wasserpfeifen über einen humanen Kapitalismus für die Zeit nach der Naziherrschaft diskutieren.

Die deutschen Neoliberalen der ersten Stunde waren definitiv aus einem anderen Holz geschnitzt als ihre amerikanischen Mitstreiter. Mit diesen hatten sie lediglich die richtige Erkenntnis gemeinsam, dass man wirtschaftliche Aktivitäten nicht durch Planwirtschaft auf dem Verordnungswege regulieren kann. Nichts jedoch lag Rüstow, Röpke, Erhard oder Müller-Armack ferner, als die deutsche Dreiteilung der Wirtschaft in privatwirtschaftliche, genossenschaftliche und öffentlich-rechtliche Säulen mutwillig zu zertrümmern.

Alexander Rüstow hat immer bedauert, kein Copyright für seine Namensschöpfung „Neoliberalismus" angemeldet zu haben. Damit gehen jetzt Leute hausieren, die etwas völlig anderes im Sinn haben als der Namensgeber. Von Hayek hielt Rüstow nun gar nichts. So schrieb er an Röpke: Hayek und „sein Meister Mises gehören in Spiritus gesetzt ins Museum als eines der letzten überlebenden Exemplare jener sonst ausgestorbenen Gattung von Liberalen, die die gegenwärtige Katastrophe heraufbeschworen haben."[45] Und Röpke bekräftigte, Hayek und seine Mitstreiter seien „Paleo-Liberale". „Paleos" ist altgriechisch und bedeutet so viel wie: „urtümlich, extrem alt". Also sozusagen: Saurier-Liberalismus. Nun haben aber die Saurier den Neoliberalismus an sich gerissen. Die Saurier haben den totalen Sieg davon getragen.

Von den guten alten Ordoliberalen deutscher Schule ist nichts übrig geblieben. Über den heutigen Zustand der Ordoliberalen oder der Freiburger Schule, wie man diese Fraktion auch nennt, urteilt ein angesehenes Wirtschaftslexikon: „Die Lehren der Freiburger Schule sehen sich heute weniger mit offenen Anfeindungen als vielmehr einer schleichenden Verdrängung oder vereinnahmenden Verharmlosung konfrontiert, die sie wissenschaftlich in den Bereich der Dogmengeschichte und politisch in den Bereich unverbindlicher Sonntagsreden zu verweisen droht."[46]

Sturmtruppen für den Nackt-Kapitalismus: Friedman und Co.

Die deutschen Ordoliberalen waren integre Einzelkämpfer und keine taktisch aufeinander abgestimmte Mannschaft, die koordiniert angreift. Sie hatten keine konsistente Philosophie. Jeder Ordoliberale hatte sein ganz persönliches Flickwerk an Theorien ohne Anschlussfähigkeit zu anderen Ordoliberalen. Hinter ihnen stand keine starke Gemeinschaft von Geldgebern und Seilschaften.

---

[45] Katrin Meyer-Rust: Alexander Rüstow – Geschichtsdeutung und liberales Engagement, Stuttgart 1993, S. 69
[46] http://wirtschaftslexikon.gabler.de/Archiv/7246/freiburger-schule-v8.html

Da spielen die amerikanisch-österreichischen Marktradikalen um Hayek und Friedman in einer ganz anderen Liga. Mit der London School of Economics in London und den zehn großen Privatuniversitäten in den USA fanden die Marktradikalen ein gut ausgebautes Netzwerk vor, auf dem sie sich mühelos ausbreiten konnten. Die Mannschaft der Marktradikalen mit ihren Flügelstürmern Hayek und Friedman wurde mit Sponsorengeldern nur so überschüttet. Allein der Unternehmer Richard Mellon Scaife hat für das konservative Rollback der Saurier und ihrer evangelikalen Bündnispartner 600 Millionen Dollar aus seiner Portokasse beigesteuert.[47]

Doch zunächst gab es einen empfindlichen Rückschlag für die Marktradikalen. Denn in den Sechziger- und Siebzigerjahren des letzten Jahrhunderts besannen sich die Industriestaaten für eine gewisse Zeit auf den Keynesianismus. Nach zwölf Jahren innenpolitischer Abstinenz unter den Präsidenten Truman und Eisenhower geht der für den ermordeten Kennedy ins Amt gelangte Präsident Johnson daran, die Dinge fertig zu stellen, die von Roosevelts New Deal noch liegen geblieben waren: die Sanierung der Slums in den Großstädten; die Gleichberechtigung von Afroamerikanern und Juden – kurzum, die Integration der noch draußen Gebliebenen in die „Great Society". Dafür wirft der Staat viel Geld in den Wirtschaftskreislauf. Die Neoliberalen um Milton Friedman scharen sich um Johnsons Herausforderer bei der Präsidentschaftswahl 1964, den rechtsradikalen Barry Goldwater. Und wie schon Roosevelt, so gewinnt auch Johnson in einem Erdrutschsieg. Was beweist, dass US-Präsidenten die besten Wahlergebnisse erzielen, wenn sie eine Politik für die Mehrheit der Bevölkerung machen.

In Deutschland muss der neoliberale Bundeskanzler Ludwig Erhard seinen Platz 1966 räumen, unter anderem weil zum ersten Mal in der Geschichte der Bundesrepublik Deutschland eine Rezession eintritt, in deren Folge 600 000 Menschen arbeitslos werden, was damals – das mache man sich mal klar – zu großer Beunruhigung führte. Der neue Wirtschaftsminister Karl Schiller kurbelt die Konjunktur mit staatlichen Geldspritzen an, die der Finanzmi-

---

[47] John Micklethwait/Adrian Wooldridge: The Right Nation – Conservative Power in America, New York 2004, S. 78

nister und CSU-Rechtsaußen Franz Josef Strauß mit großer Überzeugung bewilligt.

Während dessen wühlen und netzwerken die Marktradikalen unerschrocken weiter. Sie wissen ja, dass sie ihr Ziel vielleicht erst in ein oder zwei Generationen erreichen werden.

Ausgangspunkt ist, wir lernten es schon, die Universität. Denn wieder einmal ist Rockefellers Privatuni in Chicago Ausgangspunkt einer mächtigen Umwälzung. 1946 heuert Milton Friedman an der Rockefeller-Universität an. Friedman ist von Hause aus Monetarist. Er führt die meisten Krisen des Kapitalismus auf eine unsachgemäße Steuerung der Geldmengen durch die Zentralbanken zurück. Ansonsten predigt Friedman: die Wirtschaft funktioniert auch keinen Deut anders als die Natur. Die Natur reguliert sich selber und findet nach jeder Turbulenz von selber wieder ihr Gleichgewicht. Also: am besten gar nicht in das Gleichgewicht der Wirtschaft eingreifen. Dann regelt sich alles wieder von selbst. Und das bedeutet als Empfehlung an die Politik: nichts anderes machen, als das freie Spiel der Kräfte in der Wirtschaft unterstützen; das Eigentum und die Vertragssicherheit garantieren. Der Staat muss sich von allen Staatsbetrieben trennen. Der Staat darf die Wirtschaft nicht mit Finanzspritzen ankurbeln in Zeiten der Rezession. Der Staat darf extreme Einkommensungleichheiten in der Gesellschaft nicht abmildern. Denn all diese und andere staatliche Eingriffe machen das Leiden noch schlimmer.

Glaubt man den enthusiastischen Erzählungen seiner Mitstreiter und Jünger von der Chicago-Uni, so muss der kleine Mann eine elektrisierende Wirkung ausgeübt haben. Als er einmal eine E-Mail von Friedman erhalten habe – so erzählt einer seiner Jünger – habe er sich gefühlt wie Moses auf dem Berg, als Gott ihm über die Schulter gestrichen habe. Friedman versteht es, seine simplen Weisheiten in populären Büchern und Fernsehsendungen den Menschen draußen im Lande schmackhaft zu machen.

Das generationenübergreifende Projekt des Marktradikalismus, von dem Hayek schon gesprochen hat, spult sich mit planmäßiger Genauigkeit von der Universität Chicago und der Mont-Pèlerin-Gesellschaft aus ab: Man muss zunächst in einer überschaubaren nationalen Wirtschaft empirisch testen, ob Friedmans Nackt-

Kapitalismus wirklich funktioniert, oder ob man noch ein wenig daran feilen muss. Um sodann das marktradikale Modell weltweit durchzusetzen.

Als Versuchskaninchen sind die Bürger des lateinamerikanischen Staates Chile ausgewählt worden. In aller Ruhe werden an der Universität Chicago in den Fünfziger- und Sechzigerjahren chilenische Nachwuchsökonomen ausgebildet. Die Katholische Universität von Santiago de Chile fungiert als Partneruniversität, wo die marktradikalen Kader sich durch weitere Studenten multiplizieren. Der Putsch am 11. September 1973 wird allgemein als geostrategische Eindämmung gegen einen Linksruck Lateinamerikas interpretiert. Das mag richtig sein. Viel wichtiger ist aber, dass die Diktatur unter General Pinochet das Volk der Chilenen stillhält, um ungestört ein marktradikales Laborexperiment durchzuführen. Eine brutale Vergewaltigung und Demütigung.

Es wird in der Pinochet-Ära weit über jede Schmerzgrenze hinaus privatisiert. Die Schutzzölle, mit denen die Chilenen sich unabhängig machen wollten von der Dominanz der nördlichen Industriestaaten, werden auf ein Minimum heruntergefahren. Ein Fall von Zwangs-Globalisierung. Das auf dem deutschen Prinzip der Umlagefinanzierung basierende Rentensystem wird auf Kapitaldeckung umgestellt, um dem internationalen Finanzkapital neues Risikogeld zuzuführen.

Milton Friedman jubelt: eine faschistische Junta lässt Freihandel zu! Und er besucht Pinochet. Auch Hayek besucht den General. Eine Regionaltagung der Mont Pelerin Society findet in Pinochets Chile statt, und Hayek sagt dort:

„Eine freie Gesellschaft benötigt eine bestimmte Moral, die sich letztlich auf die Erhaltung des Lebens beschränkt: nicht auf die Erhaltung allen Lebens, denn es könnte notwendig werden, das eine oder andere Leben zu opfern zugunsten der Rettung einer größeren Anzahl anderen Lebens. Die einzig gültigen moralischen Maßstäbe für die ‚Kalkulation des Lebens' können daher nur sein: das Privateigentum und der Vertrag."[48]

Nachdem die Marktradikalen ihre Experimente an lebenden wehrlosen Opfern gemacht haben, stellt man fest: die angerichteten

---

[48] Plehwe/Walpen, a. a. O., S. 29

Verwüstungen führen nicht automatisch zum vollständigen Exitus der nationalen Wirtschaft. Nun werden die Versuche in Großbritannien durch Maggie Thatcher und in den USA unter Ronald Reagan durchgezogen – mit den allseits bekannten Ergebnissen.

Nur Deutschland erweist sich nach wie vor als harte Nuss für die Marktradikalen. Zu stark sind in Deutschland die genossenschaftlichen und öffentlich-rechtlichen Strukturen. Wir haben aber schon im vorherigen Kapitel gesehen, wie die Marktradikalen die gewachsenen Strukturen der Solidarität infiltrieren, um durch geplanten Missbrauch diese Einrichtungen in den Ruin zu treiben.

Transatlantische Netzwerke und marktradikale Seilschaften sind nicht hundertprozentig identisch. Die keynesianische Episode in den Sechziger- und Siebzigerjahren des letzten Jahrhunderts wurde von den transatlantischen Netzwerken durchaus mitgetragen und nach außen hin vertreten. Augenblicklich finden wir aber eine beinahe hundertprozentige Übereinstimmung von Neoliberalen und Transatlantikern vor. Nur der Wirtschaftsnobelpreisträger und Princeton-Ökonom Paul Krugman hält zu Keynes und ist trotzdem in David Rockefellers Lobbyzirkel „Group of Thirty" vertreten.

Nachdem wir nun gesehen haben, wie unterschiedlich angloamerikanische und kontinentaleuropäische Demokratien funktionieren, beleuchten wir im nächsten Kapitel die gleichermaßen elitären wie diskreten Netzwerke angloamerikanischer Governance.

Runde Tische erobern die Welt

„Ich bin geistlos, aber das Geld ist der wirkliche Geist aller Dinge, wie sollte sein Besitzer geistlos sein? Zudem kann er sich die geistreichen Leute kaufen, und wer die Macht über die Geistreichen hat, ist der nicht geistreicher als der Geistreiche?"

Karl Marx[49]

Runde Tische kennen wir aus der Endzeit der DDR. Damals saßen Vertreter aus allen möglichen gesellschaftlichen Gruppen, politische Amts- und kirchliche Würdenträger an einem Runden Tisch. Noch ein paar von denen, die den Arbeiter- und Bauernstaat gerade eben an die Wand gefahren hatten, zusammen mit denen, die derweil die Faust in der Tasche geballt hatten und auch nichts daran ändern konnten. Mittlerweile gibt es auch in unseren Kommunen Runde Tische. Wenn eine neue Straße gebaut werden soll, sitzen Interessenvertreter der Radfahrer mit am Tisch und bekommen dann nach viel Sitzfleisch vielleicht ihren Radweg genehmigt.

An Runden Tischen sitzen aber auch Herrschaften ganz anderen Kalibers. Milliardäre, Regierungschefs oder auch Medienmogule. Die kleinen Leute bekommen das oft gar nicht mit. Denn die großen Herren haben es nicht sonderlich eilig, den kleinen Leuten mitzuteilen, dass sie gerade an Runden Tischen sitzen und Entscheidungen von großer Tragweite treffen.

Es fing damit an, dass sich in England ein diskreter Herrenclub „Round Table" nannte. Das war in der Zeit zwischen Jahrhundertwende und dem Ersten Weltkrieg. Die Herrschaften um Lord Kitchener hatten sich ihre Sporen in den britischen Kolonien verdient. Auch der liberale Premierminister Lloyd George gehörte zu diesem illustren Kreis. Es ging darum, die Herrschaft der englisch sprechenden Völker in der Welt zu erhalten und auszubauen. Unter Umgehung des Parlamentes legten die hohen Herren die Grundzü-

---

[49] Karl Marx: Ökonomisch-philosophische Manuskripte (1844), Leipzig 1974, S. 223

ge und Strategien der englischen Politik fest. Nach dem Ersten Weltkrieg bekam die Männerrunde einen seriösen institutionellen Rahmen in Form des Royal Institute of International Affairs, besser bekannt als Chatham House. Heute ein gigantischer Think Tank und ein Diskussionsforum rund um die englische Außenpolitik.

Aber die ganz große Weltpolitik wird ja schon längst nicht mehr in London gemacht, sondern in Washington und New York. Schon Ende des 19. Jahrhunderts dachten kluge Köpfe in den USA über die zukünftige Rolle Amerikas in der Welt nach. Das spanische Imperium hatte man in einigen Scharmützeln zusammengefaltet. Die Philippinen, Kuba und Puerto Rico waren der Siegespreis. 1908 stellte Archibald Cary Coolidge in einem Buch fest, dass dem Vormarsch der USA zur dominanten Weltmacht nur „die energetischen Deutschen" im Wege stünden.[50]

Während die USA sich anschickten, Deutschland im Ersten Weltkrieg den vernichtenden Kinnhaken zu verpassen, gründeten Coolidge und Freunde 1917 den Runden Tisch mit Namen „The Inquiry". „Inquiry" bedeutet: Anfrage, Untersuchung, Recherche. Bislang regierten nämlich die Präsidenten der USA weitgehend intuitiv nach ihrem persönlichen Gutdünken. Damit ist jetzt Schluss. Ein Stab von Wissenschaftlern verschiedener Disziplinen soll recherchieren, bevor die Regierung in Aktion tritt. Rechercheleiter ist unser Freund Walter Lippmann, den wir schon als Inspirator des Neoliberalismus kennen.

The Inquiry schaut beispielsweise nach, welche Ethnien im Vielvölkerstaat Österreich-Ungarn nach Unabhängigkeit streben. Unter dem Motto der Selbstbestimmung der Völker lässt sich nach der Kapitulation der Achsenmächte das Donaureich elegant filetieren. Die berühmten 14 Punkte von Präsident Wilson, geschrieben von seinem Ghostwriter Lippmann, erweisen sich als durchschlagender Public-Relations-Erfolg.

Als es den Kuchen Europa neu zu verteilen gilt, treffen sich die Leute von der Inquiry als offizielle Delegation ihres Präsidenten Wilson mit den Round-Table-Leuten aus England. Da der Geschichtsprofessor Wilson dann doch lieber seine Politik ganz allein

---

[50] Archibald Cary Coolidge: The United States as a World Power, New York 1912 (zuerst 1908), S. 204

aus seinem privaten Ärmel schüttelt, tauschen sich die gefrusteten amerikanischen und englischen Politikberater am Rande der Konferenz aus. Schnell sind sie sich einig, in Zukunft die Außenpolitik selber in die Hand zu nehmen, und zwar als amerikanisch-englischer transatlantischer Think Tank. Daraus wird dann aber doch nichts. Stattdessen gründen Banker, Konzernmanager und Politikberater 1920 in London das bereits erwähnte Royal Institute of International Affairs und in New York 1921 den Rat für Auswärtige Beziehungen, den Council on Foreign Relations (CFR). Die Leute um Präsident Wilson wollen jetzt eine Weltarchitektur nach ihrem Bilde schaffen.

Die Menschen draußen im Lande wollen ihnen nicht folgen. Der Krieg und der ganze damit verbundene Stress sind ihnen jetzt genug. Sie wählen den Republikaner Warren Gamaliel Harding mit überwältigender Mehrheit zum neuen Präsidenten. Hardings Erfolgsmotto lautete: „Back to Normalcy", also: zurück in das normale Alltagsleben.

Außenpolitische Entscheidungen beispielsweise für Deutschland treffen von nun an Banker, allen voran aus dem Hause J. P. Morgan. Und jene Banker treffen sich im New Yorker Council on Foreign Relations. Die Banker und Industriellen wollen Deutschland wieder auf die Beine bringen, um den ehemaligen Kriegsgegner in ihr fein gesponnenes Finanzsystem einzuweben. Also soll die US-Regierung aufhören, Deutschland zu schikanieren. Und: der US-Präsident möge bitte schleunigst die Sowjetunion anerkennen. Das ist Herzenssache für die Council-Männer. Denn nur so kommen sie wieder an ihre verlorenen Besitztümer heran. Und die Bolschewiken brauchen Geld und bieten daher dem Council-Banker Averell Harriman Manganvorkommen in der UdSSR zum Ausbeuten zu absoluten Vorzugskonditionen an.

Herrenmenschen: Lob der Ungleichheit

Schauen wir uns jetzt einmal an, wie die auserlesenen Elitemenschen aus dem Council ihre Rolle und ihren Status in der Gesellschaft sehen, anhand von Selbstzeugnissen aus der handverlesenen Elite.

Außenpolitik sei ein viel zu komplexes und dynamisches Phänomen, als dass ein Hillbilly-Hinterwäldler aus Kentucky da irgendwie mitreden könnte, finden die hohen Herren. Man kann gar nicht anders, als anspruchsvollere Themen, die die Gemeinschaft betreffen, in exklusiven Zirkeln zu diskutieren und zu entscheiden. Die Kunst besteht darin, die getroffene Entscheidung dem dummen Volk richtig zu vermitteln, oder wie man heutzutage nebulös formuliert: zu „kommunizieren". Übertreibung? Bitteschön, im Folgenden ein paar Kostproben.

Der führende Intellektuelle an der Wende zum 20. Jahrhundert in den USA ist der Soziologieprofessor Edward Alsworth Ross. Sein Weltbild entspricht einer damals typischen amerikanischen Mischung aus Populismus, Rassismus und Eugenik. Sein wissenschaftliches Standardwerk aus dem Jahre 1901 hat den schönen Namen *Social Control*. Und der Titel verheißt nicht zu viel, wie folgende Passage zeigt: „Das Geheimnis der Ordnung ist nicht geeignet, von jedem Dach ausposaunt zu werden. Der weise Soziologe ... wird das moralische System zu sehr schätzen, als dass er es in seiner Nacktheit enthüllt. Er wird zu Erwachsenen sprechen, nicht zur Jugend. Er wird nicht dem ‚Personal', dem Penner oder dem Gefängnisinsassen erklären, wie sie verwaltet werden." Und weiter: „... alle großen zivilisierenden und das Niveau anhebenden Aufgaben müssen auserwählten Männern anvertraut werden, die abseits [des Volkes] organisiert sind, und die ihre Anweisungen von einer zentralen unabhängigen Quelle erhalten. Missionsleitungen im Auslandseinsatz sehen es als klug an, die eingeborenen Arbeiter verantwortlich zu machen gegenüber den Missionaren und nicht gegenüber ihren eingeborenen Herden."[51]

Nicholas Murray Butler war jahrzehntelang Präsident der privaten Columbia-Universität in New York, die er unter die zehn Spitzen-Unis in den USA geführt hatte. Butler war der Inbegriff des Wissenschaftsfunktionärs mit schier unüberschaubaren Vernetzungen in ganz Amerika. Er hat so ziemlich alle Ehrenmedaillen des Wissenschaftsbetriebs verliehen bekommen. Sein Credo 1907:

„Gerechtigkeit erfordert Ungleichheit als eine Bedingung von Freiheit und als Mittel, jeden zu belohnen entsprechend seiner

---

[51] a. a. O., S. 54

Verdienste und Leistungen. ... Am wenigsten kann eine Demokratie auf Erfolg hoffen ohne eine eigene Elite. ... Der Dreh- und Angelpunkt der Demokratie ist die naturgegebene Ungleichheit; ihr Ideal die Auslese der Geeignetsten. ... Freiheit ist weit wertvoller als Gleichheit und die beiden zerstören sich gegenseitig. ... Die primitive und verhängnisvolle Ansicht, dass alle Bürger genau gleich geeignet sind für ein öffentliches Amt, ist kein Glaubenssatz der Demokratie, sondern der Ochlokratie, also der Herrschaft des Mobs."[52]

Und schließlich noch im kleinen Rundgang durch die Geisteswelt der US-Elite unser Freund Walter Lippmann. Lippmann ist der Vordenker dieser Regierungskunst durch intransparente Elitenetzwerke, die man heute so schön mit dem Begriff Governance umhüllt. Lippmann kommt nicht so borniert daher wie Ross oder Butler. Er kennt sich aus mit Freuds Psychoanalyse und mit den modernen Soziologen. In seinem Buch *Public Opinion* von 1920 spricht er dem Normalbürger, aber auch dem Kongressabgeordneten, die Fähigkeit ab, die Realität angemessen zu erkennen. Und auch die nationale Regierung werde immer weniger in der Lage sein, die immer komplizierteren Sachverhalte zu erfassen.

Nach Lippmann soll ein „Social Set", also ein kleiner Männerkreis in informeller Runde am knisternden Kamin oder auch auf dem Golfplatz die großen Entscheidungen auskungeln. Nun, diesen Social Set gibt es in den USA schon lange. Die Reichsten und Mächtigsten bleiben so exklusiv unter sich wie sonst kaum woanders auf der Welt. Gymnasien wie Groton machen die Elitesprösslinge fit für ein Leben als Herrscher. In den privaten Eliteuniversitäten, wo ein Semester so viel kostet wie ein Mittelklassewagen, bleibt man unter sich.

Man kann überall nachlesen, dass es für den jungen Studenten aus der Elite nicht darauf ankommt, viel Fachwissen anzuhäufen. Entscheidend ist vielmehr, dass der künftige Elitemensch Netzwerke aufbaut und seinen Herrenmenschen-Habitus perfektioniert. Innerhalb der Unis gibt es dann noch die geheimen Männerbünde, unseren Burschenschaften ähnlich, aber wesentlich exklusiver. Wer hier aufgenommen wird, der hat es geschafft. Denn nach dem Stu-

---

[52] a. a. O., S. 56

dium sorgen die älteren Jahrgänge dieses Männerbundes dafür, dass der Frischling sofort in gute Positionen gehievt wird – gerade so, wie bei uns in den Burschenschaften die „Alten Herren" die „Füchse" protegieren.

Zu Lippmanns Zeit nimmt die Bevölkerungszahl in den USA spürbar zu. Die Städte füllen sich. Und die Masse artikuliert sich und fordert bisweilen Rechte ein. Theoretisch kann jeder Bürger der USA und auch jeder Einwanderer vom Tellerwäscher zum Millionär aufsteigen. Damit aber gerade das nicht passiert, muss sich die Elite trickreich gegen die Massen abschotten. Und deswegen ist es auch erklärte Notwendigkeit, mehr als früher im Geheimen zu wirken, was Lippmann aber in seinem der Allgemeinheit zugänglichen Buch *Public Opinion* ganz ungeniert ausposaunt:

„Die gemeinsamen Angelegenheiten ... können nur durch eine spezialisierte Klasse geregelt werden, deren persönlicher Horizont über lokale Grenzen hinausgeht. Diese Klasse ist nicht rechenschaftspflichtig, denn sie entscheidet aufgrund von Informationen, die nicht Gemeingut sind, in Situationen, die die Öffentlichkeit nicht in ihrem großen Zusammenhang begreift; und diese Klasse kann nur zur Rechenschaft gezogen werden, nachdem die Tatsachen vollendet sind."

Und weiter:

„... die Männer, die gerade an der Macht sind, scheitern nicht allein, wenn sie den Willen des Volkes berücksichtigen wollen, weil in den meisten Fragen überhaupt kein [solcher] Wille existiert. Sie üben ihre Befugnisse aus aufgrund von Informationen, die der Wählerschaft verborgen sind."[53]

Lippmanns Social Set, die diskrete kleine Gruppe, die tatsächlich das Sagen hat, potenziert ihre Wirkung durch zwei Mittel: den „Drehtür-Effekt" („Revolving Door Effect") und durch das „Interlocking Directorate", wofür es im Deutschen keinen Ausdruck gibt, vielleicht trifft es am ehesten: „Ämterhäufung".

Drehtüreffekt: der Elitemensch wechselt ganz locker zwischen Führungsposten verschiedenster Sektoren hin und her. Ist einmal Staatssekretär in der Bundesregierung, im nächsten Moment Dekan

---

[53] a. a. O., S. 58

einer Uni, dann vielleicht im Vorstand eines Rüstungskonzerns. Man kann sagen, was man will: persönliche Bindungen sind immer noch, oder heute mehr denn je, das Entscheidende bei gesellschaftlichen Weichenstellungen. Die Ziele, auf die sich ein kleiner exklusiver Klüngel verständigt hat, werden schnell durch alle Führungsebenen mithilfe der Drehtür-Männer kommuniziert und in die Tat umgesetzt, ohne dass die demokratische Öffentlichkeit etwas davon erfährt. Zudem hat ein Elitemensch möglicherweise eine Unzahl von Aufsichtsratssitzen, Vorstandsposten in Politik, Bildung und Kultur, wo er den Institutionen die Agenda seines Rudels aufprägen kann – das ist das Interlocking Directorate.

Paradebeispiel für den Drehtür-Elitemann ist Council-on-Foreign-Relations-Mitglied John McCloy. Nach dem Ersten Weltkrieg heuert McCloy als Wirtschaftsanwalt in der Wall Street an. In dieser Eigenschaft fädelt er einen 110 Millionen-Dollar-Kredit für Deutschland ein, berät das neue Chemiekonglomerat IG Farben; dann hilft er Mussolini, wie schon erwähnt, eine Reihe von Megakrediten nutzbringend anzulegen. Bei der Olympiade 1936 in Berlin sitzt er neben Rudolf Hess und Hermann Göring in der Ehrenloge, angeblich, weil er in einer Schadensersatzklage gegen Deutschland prozessiert. Ab 1941 ist er dann stellvertretender Kriegsminister und verhindert, dass die Eisenbahngleise nach Auschwitz sowie die Brennöfen bombardiert werden. Nach Kriegsende besetzt McCloy nacheinander folgende Spitzenpositionen: Wall-Street-Anwalt, Chef der Weltbank, Hochkommissar für das besetzte Deutschland, Vorstand der Chase Manhattan Bank, Vorstand bei Mercedes Benz USA, Gulf Oil, United Fruit Company, AT&T, Westinghouse Electric und E. R., Squibb & Sons. Zur Entspannung stand er der Ford Foundation vor. Und dass wir das vor lauter Namen nicht vergessen: er war Präsident des Council on Foreign Relations. Dann hat McCloy in der Warren Commission die Begleitumstände des Attentates auf John F. Kennedy erforscht.

Wird einem bei dieser Aufzählung nicht schwindelig? Im Council treffen sich lauter solche Netzwerker. So ist es möglich, auf eine Handvoll gleichgesinnte Personen extrem viel Einfluss zu konzentrieren. Trotzdem gibt es beim Council und ähnlich gelagerten Insiderclubs eine Art von Kastensystem. Ganz oben stehen unstreitig dank ihrer Geldmacht die Inhaber und Manager der großen Konzerne und Banken. Viele unter diesen sind das, was ich Scharniernetzwerker nenne: Alpharüden des Kapitals, die an mehreren schwergewichtigen Runden Tischen Führer sind und die die verschiedenen Runden Tische durch ihre Person verbinden.

Wie funktioniert der CFR?

Hier finden sich zum einen die Theoretiker und Ideologen des Council. Manche steigen auf in die innere Artusrunde, wie Henry Kissinger oder Zbigniew Brzeziński, obwohl sie – verglichen mit den Konzernherren und Bankern – über kein nennenswertes Kapital verfügen. Und dann kommen die Leute, die Krysmanski die „Domestiken der Superreichen"[54] nennt: Spitzenpolitiker, Universitätspräsidenten, Verbandschefs, Medienleute und weniger wichtige Manager. Diese Leute sind in der Regel Mitglieder auf Lebenszeit. Schließlich gibt es noch Mitglieder, die sind erst mal für fünf Jahre Mitglieder auf Probe. Bewähren sie sich, können sie zu Mitgliedern auf Lebenszeit geadelt werden. Der Council ist kein Verein. Man kann nicht einfach einen Antrag auf Mitgliedschaft stellen. Vielmehr halten die Leute aus dem inneren Zirkel Ausschau nach talentiertem Nachwuchs, der dann eingeladen wird. „Kooptieren" heißt das im Insiderjargon.

Zudem sind auch Konzerne, Banken und Stiftungen körperschaftliche Mitglieder.

Mittlerweile gibt es aber auch Scharen von hauptamtlichen Mitarbeitern, die nicht zum „Inner Circle" gehören. Der Council hat schon seit 1922 eine eigene Zeitschrift, die *Foreign Affairs,* also: die „Auswärtigen Angelegenheiten". Wer in der internationalen Politik etwas auf sich hält, hat hier schon einmal publiziert – sogar Nikita Chruschtschow oder der ehemalige Präsident von Ghana, Kwame Nkrumah.

Man sieht schon: eine richtige Geheimloge ist der CFR nicht. Er entlässt eine ganze Menge Gedanken nach außen und bekennt sich offen zu seiner Autorenschaft. Oft hält der innere Zirkel des Coun-

---

[54] Hans-Jürgen Krysmanski: Wem gehört die EU?, Berlin und Brüssel 2006

cil aber auch wichtige Dinge vor der Öffentlichkeit und sogar vor den eigenen Mitgliedern geheim, wie sich noch zeigen wird.

Kalter Putsch in Roosevelts Außenministerium

Doch zurück zur Geschichte des Council on Foreign Relations:

1932 wird mit Franklin Delano Roosevelt endlich wieder ein Demokrat US-Präsident. Und wir haben schon gesehen, „FDR" ist so ganz anders als seine blassen Vorgänger. Weder Roosevelt noch sein Außenminister Cordell Hull sind Mitglieder im CFR. Und endlich gestaltet die Regierung der USA wieder eine eigenständige Außenpolitik. Motto: Politik der guten Nachbarschaft. Das kommt an. Als Staatsgast fährt Roosevelt in Buenos Aires im offenen Cabriolet durch Menschenmassen, die ihm zujubeln. Wer den Hass der Südamerikaner auf die arroganten Nordamerikaner, die „Gringos" kennt, kann ermessen, was für ein Wunder sich hier ereignet hat.

Es gelingt Roosevelt lange Zeit, die Council-Männer von seiner Regierung fern zu halten. Doch kaum zwei Wochen nach dem Überfall Hitlers auf Polen bieten die Herren Walter Mallory und Hamilton Fish Armstrong vom Council on Foreign Relations im September 1939 ganz selbstlos dem Außenministerium die Expertise ihres Think Tank an. Die Staatssekretäre Leo Pasvolsky und Sumner Welles gehen davon aus, dass jetzt in Kriegszeiten jede Hand und jedes Hirn dringend gebraucht werden. Und schon sind vier gemeinsame Arbeitsgruppen von Außenministerium und Council gegründet. Über hundert Mitarbeiter fertigen unter dem Oberbegriff *War and Peace Studies* bis 1945 genau 682 Hintergrundanalysen an. Die Rockefeller-Stiftung finanziert die Arbeitsgruppen.[55]

Dabei sind die USA selber überhaupt noch nicht im Kriegszustand – das passiert erst 1941, und die Council-Analysten denken bereits jetzt über die Welt nach Hitlers Kapitulation nach. Vorgesehen ist exakt jene Weltordnung, die dann nach dem Krieg Wirklichkeit wurde: unter der Regie einer immens gestärkten USA ein

---

[55] Michael Wala: Winning the peace – amerikanische Aussenpolitik und der Council on Foreign Relations 1945-1950, Stuttgart 1990, S. 49ff.

Netz von Weltorganisationen. Dazu: entfesselter Freihandel weltweit.

Die ganze Veranstaltung ist unter demokratischen Gesichtspunkten ein einziger Skandal: die Öffentlichkeit erfährt nichts über die neue Partnerschaft zwischen dem Council und der Regierung. Auch die untergeordneten Mitarbeiter im Außenministerium erfahren nur das Allernötigste. Von den damals 663 Mitgliedern des CFR wissen wiederum auch nur die unmittelbar an dem Coup Beteiligten Bescheid. Und Isaiah Bowman, der schon bei der Inquiry im Ersten Weltkrieg dabei war, weiß ganz genau, dass die amerikanische Öffentlichkeit diese private Übernahme der US-Außenpolitik keinesfalls billigt, wie er in einem Brief im November 1939 offen zugibt: „Die Sache ist streng vertraulich, denn der ganze Plan würde ins Wasser fallen, wenn allgemein bekannt würde, dass das Außenministerium mit irgendeiner externen Gruppierung zusammen arbeitet."[56]

Doch Finanzminister Henry Morgenthau und sein Staatssekretär Harry Dexter White entwerfen eine Neuordnung der Weltwirtschaft, in der staatliche und öffentliche Instanzen das letzte Wort haben sollen. Die Ordnung von Bretton Woods beinhaltet vier Säulen der weltweiten Krisenprävention: UNO, Weltbank, Internationaler Währungsfond und eine Welthandelsorganisation, die nach Morgenthaus Willen „Instrumente souveräner Regierungen und nicht finanzieller Interessen" sein sollen.[57] Die Sowjetunion sollte ganz selbstverständlich Teil dieser neuen Wirtschaftsordnung sein, unter anderem mit einer Einlage von 1,2 Milliarden Dollar beim IWF.[58]

Nachkriegsordnung der Welt nach dem Bilde des Council

Kaum ist Roosevelt kurz vor Kriegsende tot zusammengebrochen, da werden bereits seine Mitstreiter unter äußerst fragwürdigen Umständen aus dem Zentrum der Macht entfernt. Der neue US-Präsident Harry Truman, vom Washingtoner Establishment ver-

---

[56] a. a. O., S. 50
[57] David Rees: Harry Dexter White – A Study in Paradox, New York 1973, S. 138
[58] Bernd Greiner: Die Morgenthau-Legende, Hamburg 1995, S. 158

ächtlich als „Haberdasher", als Krawattenhändler bezeichnet, hat weder eine politische Hausmacht noch große Ahnung vom Regieren. Ganz selbstlos nehmen den Präsidenten-Azubi Truman die CFR-Funktionäre McCloy, Allen Dulles, Averell Harriman und Dean Acheson in ihre Mitte.[59] Der CFR hat nun nicht nur das Außenministerium, sondern auch das Weiße Haus in der Tasche.

Zunächst ist man sich nicht so ganz klar, was man mit dem Kriegsverbündeten und Öllieferanten Sowjetunion machen soll. Soll man die durch den Krieg aufgeplusterte US-Wirtschaft mit Exporten in die Sowjetunion am Laufen halten? Es gibt durchaus eine Reihe von einflussreichen CFR-Mitgliedern, die die Sowjetunion vollständig in die kapitalistische Nachkriegsordnung einbeziehen möchten. Raymond Buell formuliert die „Thermidor-Theorie". Am 27. Juli 1794, nach dem damals gültigen Revolutionskalender des 9. Thermidor, wurde der Schreckensdiktator Robespierre gestürzt, womit die radikale Phase der französischen Revolution ihr Ende fand. Und die Sowjetunion habe jetzt unter Stalin ebenfalls ihre radikale Phase beendet, sie sei nur noch nationalistisch und zudem offen für liberale Marktreformen. Man müsse Stalin auf diesem Weg unterstützen.

Und in der Tat: Stalin fragte bei den amerikanischen Banken an, ob sie ein Kreditpaket für die geschundene Sowjetunion in Höhe von sechs Milliarden Dollar zusammenschnüren könnten. Das Geld wäre eingesetzt worden für die zivile Infrastruktur, die in Trümmern lag. Im Großen und Ganzen hätten von den Aufträgen der Sowjetunion mittelständische amerikanische Betriebe profitiert. Das Auftragsvolumen für die großen Konzerne und Kartelle wäre bei diesem Deal vermutlich eher bescheiden ausgefallen. Stalins Kreditanfrage wurde negativ beantwortet.

Die CFR-Regierung entscheidet daraufhin, die Sowjetunion nunmehr als gefährlichen potentiellen neuen Kriegsgegner aufzubauen. Öl kann man mittlerweile auch aus Arabien beziehen, da ist man nicht länger auf die Sowjets angewiesen. CFR-Mitglied George Kennan schreibt unter dem nicht eben originellen Pseudonym „Mister X" ein ominöses Telegramm aus Moskau: „Die Russen"

---

[59] Isaacson/Thomas, a. a. O., S. 253ff. Das Kapitel trägt den schönen Titel: The Education of Harry Truman, also: Harry Trumans Erziehung.

seien von Natur aus misstrauisch und sie würden im Übrigen niemals den Plan einer Weltrevolution aufgeben.

1950 wird der Korea-Krieg zum Anlass genommen, der kommunistischen Welt Aggressionsabsichten zu unterstellen. Wenn auch, wie man im Regierungs-Geheim-Memorandum NSC-68 einräumt, die Sowjetunion sowohl wirtschaftlich als auch militärisch weit hinter dem Westen hinterherhinkt, könnte sie ja schätzungsweise 1955 bei Atomwaffen mit dem Westen gleichziehen.[60] Diese dünne Begründung reicht aus, um den Rüstungsetat im September 1950 um sage und schreibe 350 Prozent aufzustocken! Das ist die Geburtsstunde des militärisch-industriellen Komplexes.

In aller Stille hatten die Macher hinter den Kulissen die repräsentative Demokratie der USA in eine Präsidialdiktatur umgebaut. Denn die wirklich wichtigen staatlichen Machtträger sind seit 1947 in dem geheim tagenden National Security Council (NSC), dem Nationalen Sicherheitsrat, versammelt. Der Kongress in Washington hatte mit dem National Security Act seiner eigenen Entmachtung zugestimmt. Im NSC treffen sich Präsident, Vizepräsident, Verteidigungs- und Außenminister sowie die Stabschefs der Streitkräfte mit den Chefs der diversen Geheimdienste. Ohne jede parlamentarische Kontrolle, beispielsweise über die Verwendung von Geldmitteln für nationale Sicherheit. Damit ist die zentrale Idee einer Regierung von Experten ohne Behinderung durch Parlamentarier, wie sie der CFR-Vordenker Walter Lippmann 1920 gefordert hatte, Realität geworden.

Die Präsidentschaftswahlen 1952 gewinnt der legendäre Weltkriegsgeneral Dwight D. Eisenhower. Auch er ein CFR-Mitglied. Ihm zur Seite als Außenminister der CFR-Mann John Foster Dulles. Dass der Council jetzt praktisch unumschränkt regiert, wird ungeniert her gezeigt. Denn am 12. Januar 1954 übertragen Funk und Fernsehen landesweit live eine Veranstaltung des Council on Foreign Relations in New York. Dort verkündet Außenminister Dulles die neue Doktrin der „Massive Retaliation", der „Massiven Vergeltung": wenn irgendwo auf der Welt die Sowjetunion das ihr

---

[60] Ausführlich über NSC-68: https://usacontrol.wordpress.com/2008/06/02/startschuss-fur-den-militar-industriellen-komplex-nsc-68/

zugeteilte Revier überschreiten sollte, würden die USA sofort und ohne weitere Verhandlungen die Sowjetunion mit Atombomben angreifen.

Gottlob trat der Fall der Massiven Vergeltung nie ein, sonst könnten Sie jetzt nicht dieses Buch lesen. Als sowjetische Truppen beim Ungarn-Aufstand 1956 in Budapest einmarschierten, um die Auflehnung brutal niederzuschlagen, schreckten die USA vor der nuklearen Vergeltung zurück. Die USA machten sich mit dieser Alles-oder-Nichts-Haltung schnell unglaubwürdig. Und an diesem Beispiel kann man gut zeigen, dass der CFR ganz pragmatisch vorgeht, keine Dogmen pflegt und einfach nur schaut: was funktioniert in der Praxis, und was nicht.

Pragmatismus und Qualitätskontrolle

Denn wenn die Council-Mitglieder merken, dass ein Konzept nicht greift, dann wird eine Arbeitsgruppe ins Leben gerufen, die nach Alternativen Ausschau hält. Im Falle der Massiven Vergeltung übernahm der junge Historiker Henry A. Kissinger mit einer ihm unterstellten Arbeitsgruppe diese Aufgabe. Nach etwa einem Jahr angestrengten Nachdenkens hatte die Kissinger-Gruppe das neue Konzept der „Flexible Response", der „Flexiblen Antwort", hervorgebracht. Revierübertretungen der Sowjets sollten mit abgestuften Reaktionen beantwortet werden, wobei alle Register von konventionellen Waffen zum Einsatz gelangen könnten, aber, wenn das nicht greift, auch verschiedene Grade von nuklearen Antworten. Eine gekürzte und popularisierte Version des Kissinger-Dossiers kam dann 1957 auf den Markt und wurde ein Bestseller.[61]

Diese Art der Governance im Stil des Council on Foreign Relations erweist sich als sehr wendig und ist somit Diktaturen wie auch parlamentarischen Demokratien überlegen: da sitzen die Scharniernetzwerker an ihrem Runden Tisch und besprechen in lockerer Runde anstehende Probleme. Funktionieren durchgeführte Reformen? Muss nachgebessert werden? Soll eine neue Militärdoktrin durchgesetzt werden?

---

[61] Henry Kissinger: Nuclear Weapons and Foreign Policy, New York 1957

Die Artusrunde beschließt, die Klärung dieser Fragen, beispielsweise was man an die Stelle der Massiven Vergeltung setzen könnte, an eine Arbeitsgruppe herunter zu reichen. Ist diese Arbeitsgruppe sich nicht sicher, wird ein befreundetes wissenschaftliches Institut, meistens Brookings Institution oder RAND Corporation[62] oder auch eine universitäre Einrichtung wie das MIT mit der Erstellung eines Gutachtens beauftragt. Kommt dieses Gutachten zurück, gibt die Arbeitsgruppe Empfehlungen und Bewertungen, und reicht den Fall wieder an die Artusrunde hoch.

Die Männer an dem Runden Tisch entscheiden nun, ob sie das Ergebnis überzeugt oder ob das Gutachten zur erneuten Bearbeitung noch mal runter geht. Wird die Empfehlung jedoch angenommen, geht nach unten der Auftrag, die nun klar formulierten Vorgaben umzusetzen und in den einschlägigen Medien den Leuten draußen im Lande zu kommunizieren. Nach Kissingers Bestseller sprechen alle Medien plötzlich ganz heftig, überall und andauernd von der neuen Militärdoktrin der Flexiblen Antwort.

Diktaturen können da nicht mithalten, weil der Despot sich mit einem Hofstaat von Jasagern und Schmeichlern umgibt. Die nötige Qualitätskontrolle der Maßnahmen, eine ehrliche Fehleranalyse, wie sie der Council in den meisten Fällen durchführt, findet nicht statt. Die parlamentarische Demokratie wiederum bietet genug Möglichkeiten zur offenen Aussprache und Fehleranalyse, und Führungskräfte werden immer mal wieder ausgetauscht. Natürlich können der Zwang zur Öffentlichkeit des Regierens und das Mitspracherecht des Volkes auch fällige Maßnahmen schmerzhaft verzögern. In puncto Effizienz und Wendigkeit ist das schlanke Schnellboot der Governance den klobigen Tankern der Diktatur und der Demokratie meistens überlegen.

Es ist unsere Entscheidung, in welchem der drei Schiffe wir fahren wollen.

Doch kehren wir zurück zur Geschichte der Runden Tische! Warum ist Henry Alfred Kissinger, dieses Männchen mit der dicken Hornbrille und dem unübertrefflich überheblichen Blick durch die dicken Gläser, eigentlich als Nicht-Milliardär in den innersten Zirkel des New Yorker Runden Tisches aufgestiegen?

---

[62] „Research ANd Development", deutsch: Forschung und Entwicklung

Ich fürchte, wir bekommen nie eine erschöpfende Antwort. Doch Kissinger hat clevere Ideen entwickelt, deren Umsetzung nachhaltige Wirkung entfaltet hat. Das Konzept der Flexiblen Antwort, nicht allein auf Kissingers Mist gewachsen, aber von ihm medienwirksam vertreten, veränderte die Weltarchitektur dramatisch. Nicht nur, dass die Rüstungskonzerne jetzt wieder mehr konventionelle Waffen verkaufen konnten. Auch die schrittweise Entspannung und die Annäherung zwischen Sowjetblock und Westmächten stimulierte die Wirtschaft weltweit.

Kissinger bezeichnet sich selbst als außenpolitischen Realisten. Das heißt: er hat keine Hemmungen, auch mit Kommunisten zu paktieren, die er gerade eben noch verteufelte. Es ist Kissinger und seinen Freunden gelungen, bereits vorhandene Spannungen zwischen den kommunistischen Giganten China und Sowjetunion geschickt zu verstärken und China auf die Seite der USA zu ziehen. Teile und Herrsche. Wobei Kissinger nicht nur Caesars Standardrezept im Umgang mit den Galliern wieder aufgewärmt hat. Kissingers Doktorarbeit zeigt, wie dereinst der österreichische Außenminister Metternich Napoleon nach und nach ausgetrickst hat, dabei alle Akteure auf der europäischen Bühne gegeneinander auszuspielen wusste und so seine eigene Schwäche sukzessive in eine Stärke verwandeln konnte.[63]

Die Stärke des Council besteht im Pluralismus der vertretenen Meinungen. Da tummeln sich Leute, die für eine Zurückhaltung der USA auf der internationalen Bühne eintreten, mit anderen, die ein starkes Engagement weltweit einfordern. Marktradikale und Keynesianer treffen sich dort. Falken und Tauben. Sie streiten kontrovers, und die erfolgreichere Linie setzt sich durch. Nach hitzigen Debatten „… werden die kalten Platten serviert, die Zigarren gereicht, und der Gruppengeist ist wieder da", wie es in einer offiziellen CFR-Chronik heißt.[64] Doch genauso wie in Think Tanks in China intern offen über alles geredet werden, aber die Herrschaft der chinesischen Kommunistischen Partei bis heute nicht in Frage

---

[63] Henry Kissinger: A World restored – Metternich, Castlereagh and the Problems of Peace, Boston 1954
[64] Peter Grose: Continuing the Inquiry – The Council on Foreign Relations from 1921 to 1996, New York 2006, S. 49

gestellt werden darf, so ist beim Council völlig klar: die Oberhoheit der Artusrunde der Banken und Konzerne ist unantastbar, und alle Überlegungen dienen einzig der besseren Durchsetzbarkeit ihrer Vorgaben.

Krise und Neustart in den Siebzigern

Anfangs der Siebzigerjahre machte sich trotz alledem eine Krisenstimmung im CFR breit. Die Mitglieder waren tief gespalten über den Vietnamkrieg. Zudem litt der Council an Überalterung. Die tiefe kulturelle Kluft zwischen den Generationen machte sich bemerkbar. Man musste lieb gewordene alte Zöpfe abschneiden, was dann auch geschah. Jetzt wurden nämlich zum ersten Mal Frauen als Mitglieder zugelassen. Die Exklusivität des altbackenen Herrenclubs wich einem etwas offeneren Stil. Zwischen 1970 und 1980 sank das Durchschnittsalter der Council-Mitglieder von 58 auf 48 Jahre.

Die gefühlte Krise im New Yorker Think Tank führte zu einer Generalüberholung der grundsätzlichen Positionen. Der neue CFR-Präsident David Rockefeller rief das „Projekt 1980" aus. Das Projekt brachte viele neue Arbeitsgruppen hervor, deren Ergebnisse in öffentlich zugänglichen Büchern nachzulesen sind. Der Freihandel seit dem Ende des Zweiten Weltkriegs hatte viele neue aufstrebende Wirtschaftsmächte hervorgebracht. Die USA waren nach dem Krieg mit 50 Prozent Anteil am Welthandel unangefochtener Platzhirsch. In den Siebzigerjahren schrumpfte dieser Anteil auf ein Drittel. Die erholten westeuropäischen Wirtschaften und Japan hatten mächtig aufgedreht. Und auch der kommunistische Block erstarkte.

Vor allem aber führte der entfesselte Welthandel zu einer Explosion der Kapitalkonzentration. Konzerne wie Esso hatten einen Jahresumsatz, der dem von kleineren Nationalstaaten bereits nahe kam. Und deswegen war auch schon damals das Gewicht der Nationalstaaten geschrumpft. Zivile Basisgruppen traten selbstbewusster auf und forderten ihre Rechte ein.

Die Strategen vom Projekt 1980 unterbreiten nun Vorschläge, wie man den verwilderten Garten der globalisierten Weltgesellschaft jäten und geordnete Beete anlegen kann: Weltorganisationen müssen den Akteuren ihren angemessenen Platz zuweisen. Miriam Camps schlägt dem CFR vor, eine Hierarchie der globalen Verhandlungen und Abstimmungen auf die Agenda zu setzen. Dass Zwergstaaten wie Vanuatu in der UN-Vollversammlung dasselbe Stimmrecht haben wie die USA, führt zu Blockaden und Verzögerungen überfälliger Maßnahmen. Man müsse sich aufraffen, einige Spieler auszuschließen und abgestufte Zugangsrechte zu globalen Entscheidungsprozessen einzuführen: „... mehr exklusive Gruppen, ein gewichtetes Abstimmungsrecht, neue Techniken der Vertretung und möglicherweise verschiedene Kammern oder Ebenen in einigen Weltorganisationen."[65] Und Camps fordert die intransparente Expertokratie: man muss sich dazu durchringen, „... die ‚Management'-Aufgaben von den partizipatorischen Funktionen zu trennen."[66]

Das Zauberwort der Siebzigerjahre heißt „Interdependenz": alle und alles sind voneinander abhängig. Der Freihandel hat die Zellmembran der Nationalstaaten eingerissen. Multinationale Konzerne greifen in das tägliche Leben der Menschen in entferntesten Nationen ein. Nichtregierungsorganisationen ignorieren ebenfalls Landesgrenzen: internationale Einsatzgruppen von Greenpeace belagern plötzlich irgendwo auf dem Globus ein AKW. Und weil das so ist, sind nationale Regierungen nicht mehr die alleinigen Faktoren auf der Welt. An internationalen Runden Tischen müssen die Stakeholder aus Industrie, staatlichen Behörden und Nichtregierungsorganisationen gleichberechtigt Richtungsentscheidungen aushandeln. „Stakeholder"? Früher hätte man gesagt: „die Betroffenen" oder die „Interessengruppen". Aber jetzt ist alles ökonomisiert, und so sind wir eben Anteilseigner an der Welt-AG. Wobei wir kleinen Leute eben nur Volksaktien an der Globus-AG halten und die großen Leute die Mehrheitsaktien; das nur mal so am Rande.

Runde Tische regieren nach diesem Plan die Welt, und nicht ein Welt-Parlament. Dass dieser Entwurf einen Verlust an Demokratie und Transparenz beinhaltet, ist oft angemerkt worden. Besonders,

---

[65] Miriam Camps: The Management of Interdependence – A Preliminary View, CFR New York 1974, S. 59
[66] a. a. O., S. 94

dass demokratisch legitimierte Regierungsvertreter neben autoritär-hierarchischen Konzernmanagern sitzen sollen, senkt den Demokratie-Gehalt des Gebräus mindestens um 50 Prozent.

Harte und sanfte Macht

Damit die Vision von der interdependenten entstaateten Welt geschmeidig eingefädelt werden kann, reicht es nicht länger aus, von New York aus mithilfe der USA die Welt durch den Council on Foreign Relations zu kontrollieren. Vielmehr hat der mittlerweile fast in allen Staaten der Welt „Partner"-Organisationen gegründet. Man muss die Eliten der Nationalstaaten einbinden in exklusive Extra-Netzwerke und Runde Tische, um ihnen das Gefühl besonderer Bedeutsamkeit zu geben. Dass der Regierungschef von Luxemburg mal von gleich zu gleich neben David Rockefeller sitzen darf, bitteschön. Das Bauchpinseln der nationalen Eliten ist ein Teil der sanften Ausübung von Macht. Der CFR-Vordenker Joseph S. Nye hat nicht nur viel zur Interdependenztheorie beigetragen. Von ihm stammt auch die begriffliche Unterscheidung zwischen „sanfter Macht" und „harter Macht" – „Soft Power" und „Hard Power".

Harte Macht ist die Machtausübung durch militärische oder polizeiliche Gewalt. Oder wenn ein unbequemer Politiker durch Geheimdienste erschossen wird. Die Anwendung harter Macht ist aber immer nur das letzte Mittel in der Pax Americana. Sie wird eigentlich nur angewendet, wenn die Instrumente der sanften Macht nicht greifen. Zum Arsenal der sanften – oder: weichen – Macht gehören: die mentale Beeinflussung anderer Völker durch massenmediale Bearbeitung. Durch Lifestyle, Rockmusik oder, wie Brzeziński sich ausdrückt, „Hedonismus", also ein Leben im Konsumrausch. Aber auch die Kontrolle durch Angstkampagnen („die gesetzliche Rente ist bald pleite"), Belegung von Wörtern mit neuen Inhalten („Arbeitgeber, Arbeitnehmer"), Belegung von Inhalten mit neuen Wörtern (statt: „Invasion" jetzt: „Friedensmission") und viele andere Tricks der Massenmanipulation.

Zur sanften Macht gehört eben auch die Umschmeichelung der nationalen Eliten. Und damit ihre sanfte Einbindung in das US-amerikanische Netzwerk. Die europäischen Eliten wusste man durch die Gründung der Bilderberg-Konferenz 1954 auf die eigene Seite zu ziehen. Die Bilderberg-Konferenz ist ein lockerer Zusammenschluss und damit an keine Veröffentlichungspflicht gebunden. Es gibt keine Webseite. Nur ein Büro in Leiden, von dem aus auf Nachfrage eine Teilnehmerliste und ein allgemein gehaltenes Gesprächsprotokoll gefaxt werden. Die „Bilderberger" versammeln sich einmal im Jahr in einem Luxushotel irgendwo in Europa oder USA.

Dass in diesem Club strengste Geheimhaltung nach außen gewahrt wird und die dort anwesenden Journalisten nie eine Zeile über ihre Anwesenheit geschrieben haben, trägt nicht unwesentlich zu einer immer lauter werdenden Gerüchteküche bei. Die einen wispern, dort versammle sich die Weltregierung. Unsinn, trompeten andere, die mal dabei waren, das ist nur ein Altherrenclub, der sich zum geselligen Beisammensein trifft.

Die Wahrheit liegt wohl, wie immer, irgendwo in der Mitte. Auffällig ist nämlich diese Konzentration auf die Bilderberg-Konferenz als hermetischen Alphatierverein. Dabei wird doch zu gerne vernachlässigt, dass die Bilderberger nur ein Stückchen aus dem Puzzle der US-Governance sind. Sicher, man hat bei den Bilderbergern auch über die Einführung des Euro gesprochen oder die Gründung der Europäischen Wirtschaftsgemeinschaft diskutiert. Diese Dinge wären aber auch ohne Bilderberger zustande gekommen. Ganz einfach, weil sie auf der Agenda der Think Tanks des Machtkomplexes aus Banken und Konzernen stehen.

1973 startete David Rockefeller bei einem Treffen der Bilderberger die „Trilateral Commission" – die Trilaterale Kommission. Die drei Seiten sind: Nordamerika, Europa und Ostasien. Angeblich auf Wunsch von japanischen Wirtschaftsbossen, die bei den Bilderbergern dabei sein wollten. Nun unterscheiden sich Bilderberger und Trilaterale Kommission ganz erheblich voneinander. Die Trilateralen treffen sich mindestens fünf Mal im Jahr zu Konferenzen; sie pflegen eine eigene Webseite, auf der die Mitglieder aufgeführt sind. Und sie veröffentlichen unermüdlich Arbeitspapiere und Bücher. Der Arbeitsfleiß ähnelt sehr dem des CFR, und beider Personal überlappt sich. Der Zusammenhalt zwischen CFR, Bilderbergern, Trilateralen und den nationalen Zentren wie der deutschen Atlantik-Brücke wird gewährleistet durch die Scharniernetzwerker, die in allen diesen Organisationen drin sind. Das sind neben David Rockefeller und Kissinger auch Nicht-Amerikaner wie dereinst der deutsche Industrielle Otto Wolff von Amerongen.

Chefideologe Brzeziński meditiert über die Zeit nach dem Ende der USA

Geschäftsführer über Jahrzehnte bei der Trilateral Commission war der neben Lippmann und Kissinger bedeutendste Ideologe des US-Finanzkapitalismus, Zbigniew Brzeziński. Ein leidenschaftlicher Antikommunist und Russenhasser. Von 1973 bis 1976 führte Brzeziński die Geschäfte der Trilateral Commission. Dann wurde er Sicherheitsberater des neu gewählten demokratischen US-Präsidenten Jimmy Carter. Brzeziński schwächte die von Kissinger und Nixon gepflegte Entspannungspolitik gegenüber der Sowjetunion mithilfe einer Intensivierung der Gegenpropaganda durch *Radio Free Europe* und durch Agententätigkeiten in Ostblockstaaten.

In einem Interview für das französische Wochenblatt *Le Nouvel Observateur* brüstete Brzeziński sich damit, die Unterstützung der Taliban in Afghanistan schon vor dem Einmarsch russischer Truppen intensiv betrieben zu haben. „Diese verdeckte Operation war eine hervorragende Idee. Sie bewirkte, dass die Russen in die afghanische Falle tappten." Brzeziński wollte die Russen ihren eigenen finalen Vietnamkrieg auskosten lassen.[67]

Nach dem Ende der Präsidentschaft von Jimmy Carter war Brzeziński wieder führendes Mitglied der Trilateral Commission. Uns interessiert besonders sein Buch *The Grand Chessboard* von 1997, also: „Das große Schachbrett".[68] Die Sowjetunion war seit sechs Jahren verschwunden; das entstandene Machtvakuum füllen jetzt viele neue Mitspieler. Wie schon der britische Geopolitiker Halford Mackinder hundert Jahre zuvor, sagt jetzt Brzeziński: wer

---

[67] In einem Interview mit Brzeziński im Nouvel Observateur, 15. bis 21. 1. 1998. Im deutschen Wortlaut zitiert bei Johannes M. Becker/Herbert Wulf: Afghanistan – ein Krieg in der Sackgasse, Berlin 2011, S. 31-32.
[68] Zbigniew Brzeziński: The Grand Chessboard – American Politics and Its Geostrategic Imperatives, New York 1997

die eurasische Kontinentalplatte kontrolliert, kontrolliert die Welt. Aber: können die USA diesen Koloss alleine in Besitz nehmen?

Sicher nicht. Dafür benötigen die USA Verbündete in der Region. Und das passt zu unserem Thema. Denn jene Mächte, die den Amerikanern dabei behilflich sein sollen, müssen erst mal in ein Bündnissystem eingehegt werden: Indien, Iran, China oder die zentralasiatischen Staaten. Das macht man am besten mit sanfter Macht. Ganz wichtig ist dabei Europa als verlässlicher Brückenkopf amerikanischer Interessen. Durch die transatlantischen Netzwerke ist ein Europa entstanden, das den USA strukturell immer ähnlicher wird: „Die amerikanische Oberhoheit hat eine neue internationale Ordnung hergestellt, die viele Merkmale des amerikanischen Systems in Übersee nicht nur kopiert, sondern auch in Institutionen befestigt."[69]

Europa und der Rest der Welt werden ganz sanft und unmerklich Teil des amerikanischen Imperiums:

„Indem die Nachahmung der amerikanischen Lebensweise nach und nach die Welt durchdringt, wird ein geeignetes Umfeld geschaffen für die Ausübung der indirekten und scheinbar von allen gewollten Hegemonie. Und wie im Fall des einheimischen amerikanischen Systems beinhaltet diese Hegemonie eine komplexe Struktur miteinander verwobener Institutionen und Prozeduren, um Einigkeit zu schaffen und um Asymmetrien in der Machtausübung und dem Einfluss zu verdecken. Amerikanische weltweite Oberherrschaft wird auf diese Weise untermauert durch ein ausgefeiltes System von Allianzen und Koalitionen, die buchstäblich die ganze Welt umspannen."[70]

Am besten, Europa geht gleich im Wirtschaftskörper der USA auf: „Ein Transatlantisches Freihandelsabkommen … könnte auch das Risiko einer wachsenden Wirtschaftsrivalität zwischen einem stärker geeinten Europa und den Vereinigten Staaten verringern."[71]

Die USA sind als einzige Supermacht übrig geblieben. Nach ihr kommt wahrscheinlich keine andere Supermacht mehr. Also muss die Erbengemeinschaft des Imperium Americanum gut aufgestellt

---

[69] a. a. O., S. 28
[70] a. a. O., S. 27
[71] a. a. O., S. 200

werden: „Und weil Amerikas beispiellose Machtfülle dazu verurteilt ist, auf lange Sicht zu schwinden, muss in erster Linie der Aufstieg anderer Regionalmächte bewerkstelligt werden, die Amerikas Vorherrschaft in der Welt nicht gefährden."[72]

Das ist eine faszinierende Philosophie. Denker wie Arnold Toynbee oder Edward Gibbon hatten den Niedergang großer Reiche eingehend erforscht. Bislang hatte aber noch kein Meisterdenker im Zentrum der Macht gestanden und realistische Strategien für die Zeit nach dem Fall des eigenen Imperiums ausgedacht. Aber auch CFR-Vordenker Joseph S. Nye sagte schon: „Die amerikanische Macht ist nicht ewig."[73] Sowohl Nye wie auch Brzeziński setzen große Hoffnungen in die Netzwerke der sanften Macht. Wenn die Supermacht USA längst verwelkt ist, sollen die verbliebenen Mächte die amerikanische Philosophie der Governance komplett verinnerlicht haben und weiterführen.

Haben Nye und Brzeziński die Geschichte des Römischen Reiches vor Augen? Innerhalb des einstmals mächtigen Römischen Reiches baute die Katholische Kirche ihre Netzwerke zügig aus. Als das Römische Reich von der Landkarte verschwand, blieb das Netzwerk der Katholischen Kirche quasi als Negativabguss bestehen. Und so konservierten sich wesentliche Elemente des Römischen Reiches bis in die Jetztzeit.

Und wenn die USA mal nicht mehr sind, bleibt als ihr Negativabguss dank der klugen Netzwerkarbeit das Betriebssystem „US-Finanzkapitalismus" als grundlegendes Regelwerk immer noch bestehen. Das ist das Vermächtnis der USA. Die marktradikal gewendeten Transatlantiker werden über das Dahinschwinden von Nationalstaaten sicher nicht traurig sein.

Wahrscheinlich ist Brzeziński schon jetzt ein Relikt aus jenen Zeiten, als es noch starke Staaten gab. Mittlerweile sind die Nationalstaaten nicht nur durch die Schuldenkrise und durch den „Bail Out", die gewaltige Umleitung öffentlicher Gelder in die Schatullen der Privatbanken, kaum noch in der Lage, gestalterisch einzugreifen. Die Umleitung von Steuergeldern in private Stiftungen hat

---

[72] a. a. O., S. 198
[73] Joseph S. Nye: Das Paradox der amerikanischen Macht – warum die einzige Supermacht Verbündete braucht, Hamburg 2003, S. 17

unzählige neue Institutionen hervorgebracht, die sich anmaßen, immer mehr Befugnisse des öffentlichen Sektors an sich zu reißen und Lernen und Forschen zu privatisieren. Um den Council on Foreign Relations, die Mutter aller Think Tanks, haben sich Heerscharen von privaten Hirnfabriken gebildet, die dem Staat und dem Volk die Deutungshoheit aus der Hand nehmen. Für viele andere seien nur American Enterprise Institute oder Cato Institute genannt.

Ausgehend von den cleveren Strategien des Council on Foreign Relations hat sich also schon lange eine Parallelstruktur zu den Staaten und den öffentlich-rechtlichen Strukturen gebildet, die in absehbarer Zeit die staatlichen Strukturen komplett ablösen könnte. Sehen wir uns mal die gar nicht beneidenswerte Situation der USA an: der Bundesstaat USA hatte im Juni 2011 Schulden angehäuft in Höhe von 14,46 Billionen US-Dollar. Das sind 98,6 Prozent des Bruttoinlandsproduktes der USA zur selben Zeit! Und die Verschuldungspolitik geht munter weiter. Irgendwann werden die Banken nicht nur für Argentinien den Staatsbankrott erklären, sondern auch für die USA. Dann werden Banker nicht mehr verstohlen durch Lobbyisten regieren, sondern ganz offiziell im Weißen Haus als Insolvenzverwalter. Dann regiert König „Sachzwang". Auf kommunaler Ebene wickeln bereits Privatleute die Autostadt Detroit ab.

Die private Governance hat sich auf diesen Augenblick schon lange vorbereitet. Schauen wir im nächsten Kapitel, wie weit die Macher hinter den Kulissen jetzt bereits in Deutschland vorangekommen sind.

Die Atlantik-Brücke als Mutter aller US-Netzwerke in Deutschland

„Die USA werden von 200 Familien regiert und zu denen wollen wir gute Kontakte haben."
Arend Oetker, Mitglied einer der reichsten Familien Deutschlands und Scharniernetzwerker[74]

Wenn ich „Oetker" höre, dann denke ich sofort an die Puddingtüten mit dem Firmenlogo: das weiße Gesichtsprofil, vermutlich einer vorbildlichen deutschen Hausfrau, auf rotem Oval, darüber der Schriftzug „Dr. Oetker". Oetkers Puddingpulver vereinfachte die Dessertzubereitung ganz erheblich.

Arend Oetker ist ein Urenkel jenes legendären Doktors der Botanik, August Oetker, dem wir den Genuss von Pudding verdanken. Ob Arend wirklich mit dem Familiennamen Oetker auf die Welt gekommen ist, wissen wir nicht. Denn die Zugehörigkeit zum Oetker-Clan verdankt er seiner Mutter, einer geborenen Oetker, die einen Landwirt geehelicht hatte. Deswegen hat Arend Oetker auch nichts mit Pudding zu tun. Seine Mutter Ursula erbte „bloß" eine Buxtehuder Saftfabrik, eine Nähmaschinenfabrik sowie die berühmte Schwartauer Marmeladenfabrik in Ostholstein. Durch allerlei Umstrukturierungen hat der Urenkel aus dem kargen Erbe jedoch eine milliardenschwere Holding gezaubert.

Und: Arend Oetker ist ein Scharniernetzwerker. Er gehört der Trilateral Commission an. Von 2000 bis 2005 war er Präsident der Atlantik-Brücke. Seit 2005 ist er nun Präsident der Deutschen Gesellschaft für Auswärtige Politik. Weiter: Vizepräsident des Bundesverbandes der Deutschen Industrie, Mitglied im Präsidium der Bundesvereinigung der Deutschen Arbeitgeberverbände, Stellvertretender Vorsitzender der Fritz Thyssen Stiftung, Senatsmitglied der Max-Planck-Gesellschaft und von 1998 bis 2013 Präsident des

---

[74] Zitiert nach Berliner Zeitung 17. 4. 2002: Ein Who's who der Politik und Wirtschaft, ein Artikel über die Atlantik-Brücke,
http://www.berliner-zeitung. de/archiv/ein-whos-who-der-politik-und-wirtschaft,10810590,9990036.html

Stifterverbandes für die Deutsche Wissenschaft. Hier breche ich erschöpft die Aufzählung ab. The winner takes it all ...

Arend Oetker war mal der Schwiegersohn eines noch imposanteren Scharniernetzwerkers, nämlich Otto Wolff von Amerongen. Von Amerongen erbte 1940 von seinem Vater den Stahlkonzern Otto Wolff. Nach Erkenntnissen des Journalisten Werner Rügemer soll Amerongen von deportierten Juden geraubte Aktien auf dem internationalen Börsenparkett in Devisen umgewandelt und der Kriegskasse der Nazis zugeführt haben.[75] Von den Devisen kaufte der Kölner Stahlindustrielle in Lissabon für die Nazis kriegswichtiges Wolfram, das sie aufgrund eines Embargos sonst nie erhalten hätten. 1947 durfte von Amerongen seine Kölner Firma wieder übernehmen.

Berühmt wurde Otto Wolff von Amerongen in den Sechzigerjahren als energischer Förderer der Ostpolitik. Oft sah man den Stahlboss mit Helmut Schmidt einträchtig zusammensitzen. Wolffs Konzern geriet ab Mitte der Achtzigerjahre ins Trudeln, just in dem Augenblick, als seine Tochter Claudia den aufstrebenden Arend Oetker heiratete und der Schwiegersohn den alternden Amerongen 1986 als Chef des Konzerns ablösen sollte. Heute ist überall zu lesen, Oetker habe den Stahlkonzern Otto Wolff soweit wieder fit gemacht, dass die Fritz Thyssen AG den Laden mit gutem Gewissen übernehmen konnte. Nachdem Oetker sich vom Otto-Wolff-Konzern getrennt hatte, trennte er sich auch gleich noch von Claudia Wolff.

Fast könnte man meinen, von Amerongen habe seinem Schwiegersohn nicht nur die Firma vererbt, sondern auch gleich die Funktion als Scharniernetzwerker. Auch Wolff ist im Vorstand der Atlantik-Brücke gewesen, hat mit Otto Graf Lambsdorff zusammen die deutsche Division der Trilateral Commission gegründet, gehörte zum engeren Kreis der Bilderberger, war häufiger Gast und zweimal sogar Redner beim New Yorker Council on Foreign Relations. Dazu passt, dass von Amerongen 1971 als bislang erster und einziger Deutscher auch in den Vorstand des Ölkonzerns Exxon berufen wurde. Von 1969 bis 1988 bekleidete er das Amt des Präsidenten des Deutschen Industrie- und Handelstages. War im Prä-

---

[75] Werner Rügemer: Colonia Corrupta, Münster 2012, S. 181ff.

sidium der Europa Union. Und machte 1991 schließlich noch seine eigene Stiftung auf, die Otto Wolff von Amerongen-Stiftung.

Potente Dickhäuter und Netzwerker wie Oetker und von Amerongen knüpfen die ganz persönlichen Bande zwischen amerikanischer Elite und deutscher Elite. Wobei sie den Drehtüreffekt und das Interlocking Directorate – also: in unzähligen Aufsichtsräten und Gremien gleichzeitig zu sitzen – geschickt für sich nutzen. Sie vergrößern auf diese Weise ihren Wissensvorsprung und den Fundus an menschlichen Beziehungen. Von Amerongen profitierte in schwierigen Stunden von seiner Freundschaft mit den Chefs der Deutschen Bank, Friedrich Wilhelm Christians und Alfred Herrhausen. Als sein Rivale, der damalige Hoesch-Chef Detlev Karsten Rohwedder, Wolff die Stahlfirma PHB Weserhütte wegschnappen wollte, konnte Wolff ihn dank seiner Deutsche-Bank-Connection ausbremsen.[76] Alle hier genannten Herren sind übrigens Mitglied in der Atlantik-Brücke gewesen.

Bezahlte Amerika-Begeisterung im Ruinenfeld

Wie entstand dieses überaus gewinnbringende transatlantische Netzwerk in Deutschland?

Wir haben von Arend Oetker gelernt, dass Familienbande in der Machtausübung eine große Rolle spielen. Familien und Sippen denken und handeln ja bekanntlich über Generationen hinweg. Wir hatten ein generationenübergreifendes Projekt schon am Beispiel des Neoliberalismus beobachten können. Dort spielen Familien allerdings keine Rolle, denn es handelt sich um Ideologie-Produktion, und erst im Endeffekt um Produktion von Reichtum.

Das transatlantische Elitenetzwerk wächst und gedeiht langsam, aber unbeirrbar über bislang drei Generationen. Die erste Generation, in den Fünfzigerjahren, muss sich erst mal als Gruppe finden. Von selber läuft hier noch gar nichts, die USA müssen massiv nachhelfen. Zweite Generation: Sechziger-, Siebziger- und Achtzigerjahre. Das Netzwerk ist formiert und agiert vornehmlich als Lobby für die USA. Die Nachwuchsförderung wird energisch vo-

---

[76] Allein auf der Scholle, Der Spiegel 27. 8. 1984
http://www.spiegel.de /spiegel/print/d-13509870.html

rangetrieben. Das zahlt sich dann in der dritten Generation aus. Denn jetzt sind junge Füchse herangereift, die selber von sich aus neue transatlantische Lobbygruppen gründen. So haben sich von der Atlantik-Brücke aus unzählige Filialen des *Transatlantizismus* entwickelt.

Wenden wir uns nun der ersten Generation zu. Nach dem Ende des Zweiten Weltkrieges hatten die Leute erst mal andere Sorgen, als sich um Politik zu kümmern. Die alten europäischen Kulturnationen Deutschland, Frankreich und Großbritannien waren nur noch Aschenhaufen. Millionen entwurzelter Menschen, so genannte „Displaced Persons" unterschiedlichster Nationen, irrten durch Mitteleuropa. In diesem Vakuum zogen Agenten der beiden neuen Kontrahenten des Kalten Krieges, USA und Sowjetunion, diskret ihre Fäden.

Die Agenten und Propagandisten der USA meinten zu erkennen, dass die bösen russischen Kommunisten bestimmenden Einfluss auf Politik und Kultur in Europa gewinnen könnten. Dass die Kommunisten über die kulturelle Hegemonie irgendwann auch Westdeutschland, Frankreich oder Italien auf ihre Seite ziehen könnten. Tatsächlich hatten Künstler wie Pablo Picasso, Jean-Paul Sartre oder Heinrich Mann keine Berührungsängste gegenüber kommunistischen und sozialistischen Organisationen und Komitees.

Grund genug für die USA, massiv in die Gegenpropaganda zu investieren. In der Nachkriegszeit machte sich bei den Machtexperten der USA der unerschütterliche Glaube breit, man könne die Weltherrschaft im Handumdrehen erobern, indem man einfach die Gehirne der Menschen umprogrammiert. Allerlei gruselige Experimente mit LSD, Gehirnwäsche und Schockbehandlungen sind in dieser Zeit buchstäblich der letzte Schrei. US-Präsident Eisenhower preist auf einer Pressekonferenz wie ein Staubsaugervertreter die neuen Methoden der psychologischen Kriegsführung. Als er in die entsetzten Gesichter der Journalisten schaut, beschwichtigt er: keine Angst, denn: „Psychologische Kriegsführung' ist nichts weiter als der Kampf um den Verstand und den Willen der Menschen."[77] Ach so, wenn's weiter nichts ist. ...

---

[77] Frances Stonor Saunders: Wer die Zeche zahlt, Berlin 2001, S. 141

In den frühen Fünfzigerjahren wird im amerikanischen Geheimkabinett des Nationalen Sicherheitsrates viel Geld locker gemacht für den Geheimdienst CIA. Der CIA pumpt das Geld in die großen Stiftungen: Rockefeller Foundation, Ford Foundation und Carnegie Endowment, die das Geld dann an die kulturellen Frontkämpfer in Europa weitergeben. Mit diesem gewaschenen Geld werden unter anderem zwischen 1950 und 1967 der Congress for Cultural Freedom, die Radiostation *Radio Free Europe* oder die Zeitschrift *Der Monat* finanziert. Das Office of Policy Coordination steuert die Inszenierungen der angeblich spontanen Kulturerhebung gegen den Kommunismus. Ein gewisser Shepard „Shep" Arthur Stone ist beim amerikanischen Hochkommissar für Deutschland, unserem Freund John McCloy, „Berater" für deutsche Medien. Soll heißen: er zahlt US-Geld an deutsche Redakteure, die proamerikanische und antikommunistische Artikel in ihre Zeitungen lancieren. Frustrierte Linke finden hier ihr Auskommen. Die investigative Journalistin Frances Stonor Saunders hat um die Jahrtausendwende ein aufsehenerregendes Buch über diese bislang unbekannten Wühlarbeiten der US-Geheimdienste vorgelegt. Sie schreibt:

„Und tatsächlich entstand ein bemerkenswert enger Kreis von Personen, die an der Seite des CIA eine ganz bestimmte Idee zu vermarkten suchten: die Vorstellung, die Welt bedürfe einer Pax Americana, eines neuen Zeitalters der Aufklärung, das als ‚amerikanisches Jahrhundert' in die Geschichte eingehen würde."[78]

Arthur Koestler, der auch mal in dieser Szene mitmischte, schimpfte später über jenes Netzwerk, es sei ein „internationaler akademischer Hurenring" gewesen.[79] Die Amerikaner mussten sich nach dem Krieg erst einmal Intellektuelle zusammen kaufen, denn spontan waren in diesen Zeiten kaum Intellektuelle und Künstler bereit, für die Besatzungsmacht Reklame zu laufen. Die Flächenbombardements amerikanischer und englischer Fliegerstaffeln waren noch in frischer Erinnerung mit ihren schrecklichen Phosphor-

---

[78] a. a. O., S. 13
[79] a. a. O., S. 17

bomben, dem höllenheißen Vorgeschmack auf Hiroshima.[80] Nur in Berlin hatte die Blockade von 1948 mit den Lebensmittellieferungen durch amerikanische „Rosinenbomber" eine echte Volksbegeisterung für „die Amis" auslösen können.

Aus diesem Grund war nur eine Handvoll Personen daran interessiert, ein proamerikanisches Netzwerk in Deutschland aufzubauen. Und diese Handvoll rekrutierte sich aus zwei Personengruppen: zum einen handelte es sich um Politiker und Intellektuelle, die die Nazizeit im Exil verbringen mussten und jetzt nach Deutschland zurückkehrten. Diese Leute hatten den „American Way of Live" ein Stück weit eingesogen und wollten die von ihnen wahrgenommene Provinzialität und Enge in Deutschland umwandeln in Weltoffenheit. Sie sahen auch, dass in der sowjetischen Besatzungszone missliebige Individuen allzu schnell von der Bildfläche verschwanden. Die Ausbreitung des Bolschewismus nach Westen wurde als unmittelbare existentielle Bedrohung wahrgenommen. „Die Feinde unserer Feinde sind unsere Freunde, und das sind nun mal die Amerikaner!", dachten sich vor allem viele Sozialdemokraten.

Die andere Personengruppe, die das transatlantische Netzwerk aufbauen wollte, rekrutierte sich aus Bankiers und Unternehmern, die traditionell starke familiäre und geschäftliche Verbindungen in die USA unterhielten.

Zwei Freunde überbrücken den Atlantik

Eines Abends irgendwann im August 1949 sitzt der uns schon bekannte John McCloy mit dem Hamburger Bankier Erich Warburg beim Dinner zusammen. McCloy hat gerade die Präsidentschaft der neu gegründeten Weltbank abgegeben, um als Hochkommissar der Alliierten die drei Westzonen des geteilten Deutschland zu verwalten. Jetzt beobachtet er schon mal den ersten Bundestagswahlkampf, bevor er dann im September sein Amt antreten wird.

In der von den Besatzern requirierten Villa in Bad Homburg sprechen die beiden Männer über den Umgang mit Nazi-

---

[80] Jörg Friedrich: Der Brand – Deutschland im Bombenkrieg 1940-1945, S. 113ff.

Verbrechern, kommen aber irgendwann auf die Frage, ob denn die Demontage deutscher Industrieanlagen wirklich noch sein muss. Erich Warburg will, dass McCloy in seinem neuen Amt die Demontagen stoppt. Der cholerische McCloy ist zunächst ziemlich wütend über so ein Ansinnen – sagen die Chronisten –, beruhigt sich dann aber schnell wieder: Warburg soll binnen 48 Stunden eine Liste der zu schonenden Industrieanlagen vorlegen. Warburgs Liste enthält zehn Betriebe, sämtlich zum Thyssen- und zum Krupp-Konzern gehörend. Dieses Abendessen soll nicht nur McCloy dazu gebracht haben, die Demontagen sukzessive ganz einzustellen.[81] Zum anderen soll sich hier jene produktive Männerbeziehung gebildet haben, die zur Gründung transatlantischer Netzwerke führte.

McCloy und Erich Warburg kannten sich bereits seit den Zwanzigerjahren. Erich Warburg ist der Sohn des angesehenen Hamburger Bankiers Max Moritz Warburg und Neffe des berühmten Paul Warburg, der nach New York wechselte, dort seine International Acceptance Bank aufbaute und 1913 mit anderen Finanzleuten zusammen die Noten-Zentralbank der USA, das Federal Reserve Board, gegründet hatte. Erichs Lehr- und Wanderjahre führten ihn auch an die Wall Street, wo er in der Bank seines Onkels und bei Kuhn Loeb arbeitete. Bei Kuhn Loeb wiederum war sein Vetter Freddy Warburg in Lohn und Brot. Und der lud Erich und John McCloy, der ja bei der Sozietät Cravath Henderson & de Gersdorff die Geschäfte für Mussolini eingefädelt hatte, zum Ausritt auf seinem Gestüt ein.

Nach einigen Jahren im Bankhaus seines Vaters in Hamburg musste Erich Warburg in die USA emigrieren, weil er als Jude in Deutschland gefährdet war. Während sein Vater im New Yorker Exil depressiv wurde, knüpfte Erich Warburg in den USA fleißig Netzwerke: Der Krieg „sicherte ... Erichs Aufstieg in die Machtzentren Amerikas und Englands, wo er mächtige Freunde gewann, die seine Karriere nach dem Krieg fördern sollten."[82] Zum Schluss

---
[81] Thomas Alan Schwartz: Die Atlantik Brücke, Frankfurt a. M.-Berlin 1992. In einem Interview von Schwartz mit Erich Warburg 1983 sagte Warburg, McCloy habe in jenem Gespräch nicht eingelenkt und stattdessen auf der Demontage bestanden. Schwartz, S. 107
[82] Chernow, a. a. O. S.634

des Krieges kam er als amerikanischer Offizier wieder nach Deutschland. Dort fiel ihm die delikate Aufgabe zu, den Nazi-Feldmarschall Hermann Göring zu vernehmen. Dann ließ er sich wieder als Teilhaber in der Bank seines Vaters, die als „arisierte" Bank jetzt „Brinkmann, Wirtz & Co" hieß, eintragen.

Nach dem legendären Abendessen im August 1949 kamen Warburg und McCloy überein, auf jeder Seite des Atlantiks je einen noblen Club zur Pflege der deutsch-amerikanischen Freundschaft aufzumachen. In Hamburg versammeln sich 1952 gerade mal 12 Individuen, um das „Komitee Transozean-Brücke", dann bald umbenannt in: Transatlantik-Brücke, zu gründen. Ernst Friedländer vom Premiumblatt *Die Zeit* wird Vorsitzender. Ebenfalls die Edelfeder bei der *Zeit*: Marion Gräfin Dönhoff. Als die Russen kamen, war die Gutsherrin mit Pferd von ihrem Anwesen Friedrichstein in Ostpreußen 1 200 Kilometer in eisiger Kälte nach Westfalen geritten. Dort schrieb sie mit dem ehemaligen Tennisidol Gottfried von Cramm ein Memorandum an die Besatzungsbehörden, in denen sie ihren Widerstand gegen das Nazi-Regime dokumentierte und den neuen Herrschaften ihre Dienste anbot. Das Memorandum landet seltsamerweise auf dem Redaktionstisch der *Zeit* in Hamburg. Frau Dönhoff wird vom *Zeit*-Macher Gerd Bucerius zur Mitarbeit eingeladen. Es folgen Jahrzehnte emsiger Textproduktion bei der renommierten Wochenzeitung.

Die temperamentvolle Frau steigt voller Energie bei der Atlantik-Brücke ein und formuliert in einem Memorandum im Jahre 1954, dass die Atlantik-Brücke „... in bescheidenstem Rahmen einer Institution wie Chatham House oder dem Council on Foreign Relations ähneln müsste".[83] Der zaghafte Ton dieses Satzes ist nur allzu angebracht. Angesichts jener Handvoll Leute, die sich in jenen Tagen um Erich Warburg scharten, wäre man ausgelacht worden, hätte man gesagt: das hier ist die deutsche Abteilung des Council on Foreign Relations! Zudem mussten die atlantischen Brückenbauer noch mit einem Hut rumgehen, um einige tausend Mark für eine Amerika-Reise Frau Dönhoffs einzusammeln. Denn

---

[83] zitiert nach Ludger Kühnhardt: Atlantik-Brücke – Fünfzig Jahre deutsch-amerikanische Partnerschaft 1952-2002, München 2002, S.37

Frau Dönhoff stattete dem New Yorker Council einen Besuch ab, um dessen Arbeitsweise zu studieren.

Männer der ersten Stunde waren zudem Oberbürgermeister Ernst Reuter aus Berlin und sein Kollege Max Brauer aus Hamburg. Beides Sozialdemokraten. Max Brauer kam, anders als Dönhoff und Warburg, aus sehr bescheidenen Verhältnissen. Er hatte Glasbläser gelernt, konnte aber seinen Beruf nicht ausüben, da er als aktiver Sozialdemokrat auf der Schwarzen Liste der Glasunternehmer stand. Er fand sein Auskommen in genossenschaftlichen Betrieben in Altona. Der Autodidakt bildete sich unermüdlich weiter aus und wurde nach fleißiger Parteiarbeit 1924 Oberbürgermeister von Altona, das damals noch nicht zu Hamburg gehörte. Von den Nazis verfolgt wegen angeblicher Korruption fand der Arbeitersohn sich plötzlich im chinesischen Nanking wieder. Der Völkerbund hatte ihn zusammen mit anderen Fachleuten dort eingesetzt, um Chinas Verwaltungen zu modernisieren. Doch der lange Arm des Naziregimes reichte bis nach China und Brauer wurde entlassen. Nach längerer Odyssee fanden er und seine Familie schließlich in den USA ein sicheres Exil.

Von den drei sozialdemokratischen Exilgruppen entschied sich Brauer für die am weitesten rechts stehende und lehnte jede noch so punktuelle Zusammenarbeit mit Kommunisten ab. Unterstützt von der Konzerngewerkschaft AFL (siehe Kapitel drei dieses Buches) kehrt Brauer nach dem Krieg nach Hamburg zurück und steigt bald wieder in den Ring. Vor 80 000 begeisterten Zuhörern bringt er den ersten Wahlkampf der SPD nach dem Krieg richtig in Schwung. Nun wählt man ihn sogar zum Oberbürgermeister von ganz Hamburg, zu dem seit 1937 auch Altona gehört. Bundesweit wird Brauer bekannt durch seine Tätigkeit in der Bewegung „Kampf gegen den Atomtod", die in den Fünfzigerjahren Millionen Bürger für Demonstrationen mobilisierte. Völlig unbemerkt bleibt in der Öffentlichkeit jedoch Max Brauers gleichzeitige Mitgliedschaft in dem hochexklusiven Bilderberg-Kreis.

Zum Ende seines Lebens wird Brauer allerdings auf ziemlich üble Art kaltgestellt. Als Kennedy die Deutschen einlädt, sich indirekt über die so genannte Multilaterale Streitmacht einen begrenzten Zugriff auf Atomwaffen zu ermöglichen, widerspricht Brauer energisch. Nun ist er erledigt: „Max Brauer musste seine Skepsis gegenüber der MLF [Multilateral Force] auf dem Parteitag der Sozialdemokraten damit bezahlen, dass er nicht wieder in den Parteivorstand gewählt wurde."[84] Der blutjunge Hans Apel kann ihm frech grinsend sein Bundestagsmandat in einer Kampfabstimmung abnehmen, und auch auf der Landesliste setzt man ihn unter „ferner liefen". All seine Verdienste nützen Brauer nichts mehr – er ist bei der transatlantischen Seilschaft in Ungnade gefallen. Wer nicht zum Geldadel gehört, verschwindet in einem solchen Fall in der Bedeutungslosigkeit.

Der Amerikanische Rat für Deutschland

Der quirlige Banker Erich Warburg pendelt derweil ständig zwischen Hamburg und New York hin und her. Da kann er mal eben in New York das Gegenstück zur Hamburger Atlantik-Brücke gründen. Der New Yorker Verein soll amerikanische Elitemenschen aus Wirtschaft, Wissenschaft und Politik an die deutsche Szene heranholen, den Amis zeigen: sieh mal an, die Krauts sind ja gar nicht so! Diese neue Gruppierung heißt American Council on Germany, also: Amerikanischer Rat für Deutschland. Zu Erich Warburg und John McCloy gesellt sich der schon bekannte Shepard Stone, wieder in seiner Eigenschaft als Träger des Füllhorns jener spendablen Ford Foundation. Als erste Präsidentin hilft Ehefrau Ellen McCloy aus.

Das transatlantische Tandem Atlantik-Brücke und American Council on Germany bringt in den Fünfzigerjahren nur eine Handvoll wenig bedeutender Broschüren und Studien heraus. Wichtiger ist zunächst, sich als Gruppe zu befestigen und immer neue Persönlichkeiten und Institutionen einzubinden. Ab 1959 finden im Zweijahrestakt gemeinsame Kongresse statt. Dort treffen sich immer mehr Leute, die in den folgenden Jahren eine große Rolle spielen sollten: Helmut Schmidt, der spätere Bundeskanzler Kurt Georg Kiesinger, Willy Brandt, Richard von Weizsäcker, Karl Schiller, Walter Scheel oder der spätere Washington-Korrespondent der *ARD*, Gerd Ruge. Und obwohl sich hier gut betuchte Personen zum

---

[84] a. a. O., S. 96

Meinungsaustausch treffen, muss trotzdem der deutsche Steuerzahler jene Konferenzen bezahlen, von deren Existenz er gar nichts weiß. Das Bundespresseamt, das Auswärtige Amt und das Bundeskanzleramt bezahlen den hohen Herren großzügig ihre Auslagen.

1955 kommt eine dritte Organisation hinzu, die Deutsche Gesellschaft für Auswärtige Politik (DGAP). Während die zuvor genannten Gruppen den sozialen Zusammenhalt und die Lobbyarbeit der Transatlantiker pflegen, ist die DGAP eine reine Recherche-Institution. Die DGAP kommt damit den Kernaufgaben des New Yorker Council on Foreign Relations recht nahe. Und tatsächlich ist die DGAP die anerkannte „Partner"-Organisation des CFR und trägt im angloamerikanischen Sprachraum ganz offiziell den Namen: German Council on Foreign Relations. Der deutschen Öffentlichkeit wird dieser Tatbestand durch den Namen DGAP verschleiert.

Diese Studiengruppe fängt 1946 ganz bescheiden mit einer Zeitschrift namens *Europa-Archiv* sowie einer gut sortierten Spezialbibliothek an. Kontakte werden zunächst geknüpft zu französischen und englischen außenpolitischen Think Tanks. Der Kontakt zum New Yorker Council wird offiziell erst 1952 angebahnt und die Gründung als DGAP erfolgt erst 1955, also in demselben Jahr, in dem die Bundesrepublik durch den Deutschlandvertrag wieder ein souveräner Staat wird und die junge Republik gleichzeitig in die NATO eintritt. Nun ist die Bundesrepublik formal wieder berechtigt zu einer eigenständigen Außenpolitik, und der neue Außenminister Heinrich von Brentano nimmt die Beraterdienste der transatlantischen Forschungsgruppe gerne an.

In der DGAP bilden sich verschiedene Studiengruppen, zum Beispiel die Studiengruppe Internationale Sicherheit, anscheinend eine Domäne der SPD. Denn sie wird nacheinander von Fritz Erler, Helmut Schmidt, Egon Bahr, Karsten Voigt und Hans-Ulrich Klose geleitet. Die Verbindung zwischen DGAP und der Atlantik-Brücke stellt sich immer wieder durch Personen her, die in beiden Gruppen eine führende Stellung innehaben. Arend Oetker war von 2000 bis 2005 Vorsitzender der Atlantik-Brücke und ist seitdem Präsident der DGAP. 1955 wurde der Politikwissenschaftler

Arnold Bergstraesser erster Präsident der DGAP. Von 1959 bis 1961 wechselte Bergstraesser in den Vorstand der Atlantik-Brücke.

Alpha-Scharniernetzwerker und Beta-Scharniernetzwerker

Auch Arnold Bergstraesser kann auf eine abenteuerliche Vita verweisen, wie sie sich heute – Gottseidank – so nicht mehr abspulen kann. Eine Irrfahrt zwischen Welten und Weltanschauungen. Bergstraesser ist als junger Mann Wandervogel und Mitglied in der Freideutschen Jugend. Ein Zusammenschluss von Studenten, die aus dem Kleinbürgertum stammen und sich von den elitären Burschenschaften fernhalten. Die Freideutschen sind schwärmerisch deutschnational, begeistern sich für die lyrischen Ergüsse des Kultdichters Stefan George, den die Nazis zu Unrecht für sich reklamierten. Doch sie sind in sozialen Fragen realistisch und geneigt, mit der Arbeiterklasse eine Koalition zu bilden. So unterschreibt Bergstraesser im November 1918 ein Manifest, in dem der Revolutionsregierung die Zusammenarbeit angeboten wird: „Wir wollen Sozialismus. Wirtschaft und Besteuerung sollen von der Gemeinschaft zum Besten der Gemeinschaft geordnet werden", textet der junge Bergstraesser.[85]

Ab 1928 erfüllt Bergstraesser einen Lehrauftrag für Auslandskunde an der Universität Heidelberg. Die Beziehungen zum Ausland sind ihm ein großes Anliegen. Er ist einer der Mitbegründer des Deutschen Akademischen Austauschdienstes (DAAD). 1937 muss Bergstraesser aus Nazi-Deutschland in die USA emigrieren. Bergstraesser ist ein echter Pechvogel. Denn bei Kriegseintritt der USA 1941 weiß man ihn sogleich als „feindlichen Ausländer" einzusperren. Im Februar 1942 kommt er wieder frei, um 1943 erneut interniert zu werden. Er gerät gleichzeitig unter Beschuss durch die jüdische Zeitung *Der Aufbau* aus New York und durch die Nazi-Sympathisanten von der American Legion. Schließlich hat Bergstraesser dann doch ein paar gute Jahre als Professor an der von Rockefeller gesponserten Universität Chicago genießen können.

Nach Aussage seines Schülers Manuel Sarkisyanz, der ihm nach Deutschland und zur DGAP folgt, hatte Bergstraesser keine

---

[85] Zitiert nach Manuel Sarkisyanz: Arnold Begstraesser, Heidelberg 2004.

sehr gute Meinung von dem eher flachen kulturellen Niveau in den USA, weshalb er in Chicago seinen Studenten Goethe und die deutsche Kultur nahezubringen versucht. Zu diesem Zweck gründet er 1944 in den USA die Zeitschrift *Deutsche Kultur* und hält zusammen mit Albert Schweitzer 1954 in Aspen im Bundesstaat Colorado eine Goethe-Tagung ab.

Wieder zurück in Deutschland, ergeben sich für Bergstraesser ungeahnte Entfaltungsmöglichkeiten. In der DGAP initiiert er das *Jahrbuch für Internationale Politik*. Auf seine Initiative geht die Gründung der Akademie für Politische Bildung in Tutzing zurück. Zudem ist er Präsident der deutschen UNESCO-Kommision. Die Einführung des Faches Gemeinschaftskunde geht auf Bergstraesser zurück. Trotz seiner ambivalenten Einstellung zur Massenkultur der USA kann man ihn getrost als transatlantischen Scharniernetzwerker bezeichnen.

Eine weitere begriffliche Unterscheidung muss hier vorgenommen werden: Scharniernetzwerker mit beträchtlichem Kapital in der Hinterhand nenne ich Scharniernetzwerker der Alpha-Kategorie. Demgegenüber ist Begstraesser ein Scharniernetzwerker der Beta-Gruppe. Darunter sind Scharniernetzwerker zu verstehen, die selber über kein relevantes Kapital verfügen, aber mit dem weichen Kapital ihrer Intelligenz die transatlantische „Philosophie" in Wissenschaft und Medien verbreiten.

Denn Bergstraesser stand nicht nur Atlantik-Brücke und DGAP vor, sondern war zudem auch an der Gründung eines zweiten außenpolitischen Think Tanks der deutschen Transatlantiker beteiligt, nämlich der Stiftung Wissenschaft und Politik (SWP), die 1961 bescheiden als Arbeitsgemeinschaft Wissenschaft und Politik angefangen hatte. Die SWP erwuchs zunächst aus dem Kopf des Bundesnachrichtendienstes BND. Warum ausgerechnet BND? „Es gab im Bereich des Bundeskanzleramtes keine andere Haushaltsposition, aus der diese Förderung hätte gewährt werden können", so die Antwort von Albrecht Zunker, der lange Jahre beim SWP tätig war.[86]

---

[86] Albrecht Zunker: Stiftung Wissenschaft und Politik, Berlin 2007, S. 43

"Meine schutzbefohlene Truppe"

War am Anfang die Förderung durch die Bundesregierung noch entscheidend, so ist die SWP heute längst eine öffentlich-private Veranstaltung. Das Geld kommt von den großen Konzernen, deren Chefs denn auch in den Aufsichtsorganen der SWP sitzen. Seite an Seite mit Bundestagsabgeordneten aller vertretenen Fraktionen. Der Einfluss durch Geheimdienstleute und Militärs ist heute nicht mehr so stark sichtbar. Am Anfang stand der SWP noch der umstrittene NATO-General Hans Speidel vor, der die SWP als "meine schutzbefohlene Truppe" bezeichnete. Speidel war in seinem Vorleben einer der schneidigsten Generäle Hitlers und stieg nach dem Krieg zum obersten Befehlshaber der NATO-Truppen in Europa auf. Zu Speidels Zeiten herrschte in der SWP noch eine konspirative Grundstimmung: "Man ,arbeitete' nicht bei der SWP, sondern man ,war' bei der SWP und entwickelte einen Esprit de Corps, gepflegt auch durch Feiern und Feste, einig, wenn es um Verteidigung nach außen ging."[87]

Mittlerweile haben die SWP-Leute ihre Katakomben verlassen. Spätestens seit 1968 weht bei der SWP ein etwas anderer Wind. In einer flachen Hierarchie unterhält die SWP ein Gravitationsfeld von unzähligen, ziemlich unmilitärischen Experten, die im Bedarfsfall schnelle Expertise liefern können, wenn die Bundeskanzler Rat brauchen. Es ist dabei vollkommen egal, wo im politischen Spektrum der Autor angesiedelt ist. Gefragt sind unvoreingenommene Einschätzungen der Lage in den entferntesten Ecken der Welt, und nicht ideologisch gefärbte Traktate. Gleichzeitig bleibt die Anbindung an hochrangige NATO-Ebenen erhalten durch die jährlich stattfindende NATO Review Conference, in der knallharte Rechte wie Michael Stürmer das Sagen haben.

Transatlantiker gegen Gaullisten

Jetzt haben wir die vier Hauptakteure der transatlantischen Arbeit im Deutschland der Fünfziger- und Sechzigerjahre vorgestellt. Ein transatlantischer Honoratiorenclub und drei Think Tanks, die durch persönliche Bande miteinander verknüpft sind, machen sich auf

---

[87] a. a. O., S. 51

den Weg zu einer politischen und kulturellen Hegemonie. Der Transatlantizismus hat allerdings in den Sechzigerjahren noch nicht die Vorherrschaft in Deutschland errungen.

Immer wieder macht die Sowjetunion Angebote, einer Wiedervereinigung Deutschlands unter der Bedingung der außenpolitischen Neutralität zuzustimmen. Frankreichs Präsident de Gaulle wiederum will ein unabhängiges „Europa der Vaterländer", das den USA unabhängig und selbstbewusst entgegentritt. Zu diesem Zweck lädt der französische General Adenauer ein, bei seiner Nuklearstreitmacht einzusteigen und Washington die lange Nase zu zeigen. De Gaulle kommt 1962 auf Staatsbesuch nach Deutschland, hält vor Menschenmassen bejubelte Freundschaftsreden und unterzeichnet mit Adenauer einen deutsch-französischen Freundschaftsvertrag. Die Sympathie-Offensive des amerikanischen Präsidenten Kennedy ein Jahr später mit der berühmten Berliner Rede ist eine direkte Antwort auf de Gaulles Deutschland-Besuch, um den General auszustechen.

Zudem sperrt sich de Gaulle gegen einen Beitritt Großbritanniens in die damalige Europäische Wirtschaftsgemeinschaft EWG, weil er, sicher nicht zu Unrecht, in Großbritannien einen politischen Vorposten der USA sieht. Die US-Eliten sind beleidigt. Der frühere Hochkommissar in Deutschland, Lucius Clay, überreicht den gekränkten US-Oligarchen eine Ergebenheitsadresse von neunzehn „hoch gestellten deutschen Persönlichkeiten", darunter neben Hermann Josef Abs, Theodor Heuss und Peter von Siemens auch Willy Brandt, Fritz Erler, Heinrich von Brentano und der feingeistige Physiker Carl Friedrich von Weizsäcker: „Die Allianz mit Amerika ist ... zum Axiom der Nachkriegsphilosophie Deutschlands geworden. Niemand, und sicherlich kein verantwortungsvoller deutscher Politiker, würde es wagen, diesen Eckstein unserer Sicherheit zu schwächen."[88] Niemand „würde es wagen": das klingt ganz schön bedrohlich. Dieses Manifest wird in der US-Presse veröffentlicht. Und der Bankier Gotthard von Falkenhausen – von 1961 bis 1978 Vorsitzender der Atlantik-Brücke – schreibt einen Leserbrief an die *Washington Post*. Er fordert dort, dass der deutsch-französische Vertrag die deutschen „Verpflichtungen in-

---

[88] a. a. O., S. 83

nerhalb der NATO und seine Verbindungen mit den Vereinigten Staaten nicht beeinträchtigt."[89]

Aber die Anbindung Deutschlands an die USA ist noch umstritten. Es sind bemerkenswerterweise gerade die Exponenten des linksliberalen Flügels, die besonders leidenschaftlich für die amerikanische Weltordnung kämpfen: allen voran Willy Brandt und Helmut Schmidt. Die Vertreter eines unabhängigen Europa finden sich dagegen gerade im rechten Lager von CDU und CSU, allen voran der 87-jährige Bundeskanzler Konrad Adenauer, immer noch fit wie ein Turnschuh. Das fortgeschrittene Lebensalter des alten Fuchses wird nun aber gerne betont, um ihn endlich zum Rosenzüchten in sein Haus nach Rhöndorf wegzuloben.

Adenauers Nachfolger wird Ludwig Erhard, und der hat nichts mehr im Sinn mit de Gaulle. Stattdessen besucht Erhard US-Präsident Johnson auf seiner Ranch in Texas, und der Dicke lässt sich unter dem Gejohle des Publikums einen Cowboyhut aufsetzen. Doch drei Jahre später muss auch Erhard gehen. Zum einen, das hatten wir ja schon erörtert, ist nun ein bisschen Neo-Keynesianismus an der Reihe. Zum anderen hat Erhard die Gunst der Amerikaner eingebüßt, weil diese nämlich plötzlich von den Deutschen verlangen, dass sie die Kosten der amerikanischen Besatzungstruppen in Deutschland übernehmen sollen. Ein in der Geschichte nicht unüblicher Tribut der Unterworfenen an die Sieger. Doch Erhard will keine weiteren Tribute mehr an den großen Bruder aus Amerika zahlen.[90]

Stattdessen kommen jetzt mit Kurt-Georg Kiesinger und Willy Brandt zwei Mitglieder der transatlantischen Netze an die Macht. Der bundesweit völlig unbekannte Kiesinger wird der verdatterten Öffentlichkeit anstelle des bisherigen Außenministers und Kronprinzen Gerhard Schröder oder des Fraktionschefs Rainer Barzel vor die Nase gesetzt. Kiesinger und Brandt überweisen die Tributzahlungen für die Besatzungstruppen an die USA, ohne mit der Wimper zu zucken.

---

[89] a. a. O., S. 84
[90] Siehe u. a. die Phönix Dokumentation: Ludwig Erhard – Der Optimist. Auf Youtube (Teil 4/4) ab 3:00 Minuten,
https://www.youtube.com/watch?v=JXFdFlnzYLE

Der angeblich so linke und liberale SPD-Chef Willy Brandt als Außenminister kommt gut klar mit dem konservativen Bundeskanzler Kurt-Georg Kiesinger, der es in der Nazi-Hierarchie immerhin zum stellvertretenden Rundfunkchef unter Propagandaminister Goebbels gebracht hat. Kiesinger und Brandt gehören schließlich zum engeren Kreis der Atlantik-Brücke. Mit der überwältigenden Zweidrittelmehrheit ihrer großen Koalition aus CDU, CSU und SPD setzen sie die Notstandsgesetze in Kraft. Darin wittern weite Kreise der Bevölkerung allerdings Potentiale, die Demokratie mit einem Federstrich zu erledigen. Es kommt zur Entstehung der Außerparlamentarischen Opposition, weil zum ersten Mal in der Geschichte der Bundesrepublik der Eindruck entsteht, dass es im Bundestag womöglich längst keine Opposition mehr geben könnte, sondern einen durch alle Parteien durchgängigen Konsens über sämtliche Grundsatzentscheidungen.

Zwar spielt die FDP unter ihrem Vorsitzenden und späteren Bilderberg-Präsidenten Walter Scheel ihre Rolle als Oppositionspartei ganz gut und lehnt die Notstandsgesetze ab. Jedoch höhlen die FDP-Innenminister in den Siebzigerjahren die bürgerlichen Grundrechte weiter aus. Aber selbst die grimmigsten Kritiker aus der Außerparlamentarischen Opposition ahnen nicht einmal im Traum, welche inneren Bande die Vertreter aller Bonner Parteien zusammenhalten – die transatlantischen Elitenetzwerke nämlich.

Die neue Ostpolitik ganz im Sinne der USA

Bei den Bundestagswahlen 1969 ist für Goebbels' ehemaligen Radiomann Kiesinger der Traum vom Kanzlersein ausgeträumt. Kiesinger ist bislang neben Helmut Kohl der einzige Bundeskanzler, der durch Volksentscheid abgewählt wurde. Die neonazistische NPD verfehlt den Einzug in den Bundestag knapp, und so haben SPD und FDP zumindest im Parlament eine hauchdünne Mehrheit der Mandate zur Regierungsbildung. Atlantik-Brücken-Mitglied Brandt und der Bilderberger Walter Scheel gewinnen schnell die Herzen der Bundesbürger mit ihrer neuen Ostpolitik. Die immer noch kriegsmüden Deutschen sind zutiefst dankbar, dass der Kalte Krieg jetzt endlich der Vergangenheit angehören soll.

Was aber ist auszusetzen an der Ostpolitik? Im Prinzip gar nichts. Wenn sie denn ehrlich gemeint wäre.

Die neue Ostpolitik war schon lange in den USA konzipiert worden. Sie bahnte sich schon an, als Kissinger die Doktrin der Massiven Vergeltung durch die der Flexiblen Antwort ersetzte. Zu den flexiblen Antworten gehört ja auch, miteinander zu verhandeln. Und die USA wechselten ihre Haltung gegenüber der Sowjetunion immer wieder. Zunächst wurde die Sowjetunion bekämpft, dann wurde sie das Saudi-Arabien der Zwanziger- und Dreißigerjahre, dann im Kalten Krieg der böse Feind, mit dessen Hilfe man den militärisch-industriellen Komplex aufbauen konnte. Aber immer wieder, wenn die Sowjetunion mit ihren verkalkten Apparatschiks kurz vorm Kollaps stand, eilten die US-Unternehmer, allen voran Averell Harriman, herbei und boten Rettungsmaßnahmen an: Kredite und Technologietransfer vor allen Dingen.

Nachdem Kissinger als moderne Wiedergeburt Metternichs den kommunistischen Block in zwei Teile gespalten hatte, konnte man mit China und der Sowjetunion getrennt prima Geschäfte machen. Der Weltmarkt war mittlerweile so angewachsen, dass man auch die kommunistischen Länder als neue Kunden und gleichzeitig billige Rohstofflieferanten mit einbeziehen musste, wollte man nicht den Kollaps des Weltmarktes riskieren. Ein weiteres Motiv für die Entspannungspolitik ergab sich aus der Interdependenztheorie: würde man die schützende Zellhaut des kommunistischen Nationalstaats durch Handel und Wandel durchbrechen, dann würde irgendwann auch der rote Zellkern schmelzen und der Kommunismus ganz von selber dem Kapitalismus Platz machen. Halbkommunistisch geht eben genauso wenig wie halb-schwanger.

Das also war der Hintergrund der neuen Ostpolitik.

Und deswegen waren es gerade die linksliberalen Kräfte in Westeuropa und federführend die sozialdemokratischen Regierungen, die ganz im Sinne der neuen transatlantischen Strategie Kontakte mit dem Ostblock knüpften. Die berühmte Formel „Wandel durch Annäherung" des Transatlantikers und Brandt-Strategen Egon Bahr bekommt in diesem Zusammenhang eine andere, ihre eigentliche Bedeutung: gewandelt wird nicht unsere Beziehung zum Osten, sondern vielmehr der Osten selber.

Die Konservativen konnten gar nichts anderes machen als gegenzuhalten. CDU und CSU waren mit den Vertriebenenverbänden symbiotisch verbunden und konnten – rein rhetorisch – nicht anders, als gegen die Ostpolitik zu stimmen. Nur Walter Leisler-Kiep von der CDU und späterer Vorsitzender der Atlantik-Brücke stimmte für die Ostverträge. Das hinderte ja auch die CDU/CSU nicht, selber als Regierungspartei die Ostpolitik weiter zu führen. CSU-Rechtsaußen und Honecker-Jagdgenosse Franz Josef Strauß fädelte sogar noch 1983 einen Megakredit ein, der den Konkurs der DDR um einige Jahre hinauszögern sollte.

Die Transatlantiker sitzen jetzt an den Schaltstellen der staatlichen Macht. Und damit an den Zapfhähnen der öffentlichen Gelder des deutschen Volkes. Damit beginnt nach der Phase des Anschubs von außen und der Gruppenbildung nach innen die zweite Etappe. Jetzt geht es darum, die ganze Gesellschaft Schritt für Schritt mit diskreten Netzfäden zu durchziehen und einen Nachwuchs heranzuzüchten, der die Unterwerfung unter den amerikanischen Radikalkapitalismus für die natürlichste Sache der Welt hält und gar nicht weiß, dass es je eine andere Ordnung der Gesellschaft gegeben haben könnte.

Die gut erzogenen Kinder der Amerikaner

„Sanfte Macht beruht auf dem Vermögen, die politische Tagesordnung auf eine Weise zu bestimmen, welche die Präferenzen anderer formt. Im privaten Leben wissen kluge Eltern, dass ihre Macht über die Kinder größer ist und länger dauert, wenn sie sie mit den richtigen Überzeugungen und Werten erzogen haben, als wenn sie sich auf Hiebe, Taschengeldkürzungen oder die Beschlagnahmung der Autoschlüssel verlassen hätten."
CFR-Chefideologe Joseph S. Nye[91]

Eine hochkarätige Gesellschaft lauscht am 5. Juni 1972 im Sanders Theatre ergriffen und befriedigt den Worten des deutschen Bundeskanzlers Willy Brandt. Der ehrwürdige Saal inmitten der Eliteuniversität Harvard diente bereits Winston Churchill und Martin Luther King als Bühne. Der Bundeskanzler hat gerade ein von der CDU-Opposition eingefädeltes Misstrauensvotum im Bonner Bundestag überstanden. Der unfaire Umsturzversuch seiner politischen Gegner beschert Brandt eine bislang ungeahnte Beliebtheit.

Und auch hier im Zentrum US-amerikanischer Gelehrsamkeit wird Brandt seine Beliebtheit gleich zu erhöhen wissen – er hat ein großes Geschenk mitgebracht: nämlich 150 Millionen Deutsche Mark. Aus deutschen Steuergeldern finanziert. Es ist nun 25 Jahre her, dass über Deutschland und etliche andere Länder Westeuropas das Füllhorn von Geldmitteln aus dem berühmten Marshall-Plan ausgeschüttet wurde. Großzügig hatten die Amerikaner den Deutschen nach dem entscheidenden Kinnhaken wieder auf die Beine geholfen mit Investitionsgeldern, aber im Zusammenhang mit dem Marshall-Plan auch mit Lebensmittelpaketen. Es ist tatsächlich eher selten, dass die Kriegsverlierer vom Sieger nicht restlos geplündert, gedemütigt und gebrandschatzt wurden, sondern Hilfe bekamen.

Und 1972 ist der Westteil Deutschlands zu einer mächtigen Wirtschaftsnation aufgestiegen, und so mancher Bundesbürger

---

[91] Nye, a. a. O., S. 30

stellt die Frage, ob die Amerikaner denn immer noch mit gigantischen Besatzungstruppen in der Bundesrepublik bleiben müssen? Doch Atlantiker Brandt beschwört die Amerikaner in Harvard: „In dieser Phase des Wandels ist Amerikas Gegenwart in Europa nötiger denn je. ... Die Formen des amerikanischen Engagements können sich ändern, aber ein Rückzug würde ein Grundgesetz unseres Friedens abrupt beenden. Das wäre gleichbedeutend mit Abdankung."[92]

Und damit unsere amerikanischen Freunde gerne in Deutschland bleiben, verkündet Brandt, was mit den 150 Millionen DM aus dem deutschen Volksvermögen geschehen wird. Die Amerikaner sollen mit dem Geld eine Stiftung gründen, die politische Analysen erstellt und Studenten unterstützt.[93] Das alles im Geiste der transatlantischen Freundschaft. Der Name der in Washington angemeldeten Stiftung soll die Beziehung zwischen Deutschland und dem Marshall-Plan in sich bergen: German Marshall Fund of the United States (GMF). Die Deutschen wollen keine Mitsprache bei der inhaltlichen Gestaltung der Stiftungsarbeit. Es ist eben ein Geschenk, ein kleines Dankeschön für die Starthilfe von 1947. Tatsächlich haben die Amerikaner die Deutschen nicht zu dieser Gabe drängen müssen. Der Harvard-Hochschullehrer Guido Goldman bittet den deutschen Finanzminister Alex Möller um eine kleine Spende für sein Forschungsprojekt. Möller erklärt nach Rücksprache mit Brandt dem verdutzten Goldman, man wolle nicht kleckern, sondern gleich klotzen. Und der Deutsche Bundestag stimmt dieser Gabe von 150 Millionen DM trotz der mit harten Bandagen geführten Grabenkämpfe rund um das Misstrauensvotum gegen Brandt einstimmig zu. Die USA-Lobby hat den Bonner Apparat mittlerweile perfekt im Griff.

Der German Marshall Fund of the Unitd States soll mit den Jahren zu einer wichtigen Säule der sanften Macht in Deutschland

---

[92] Willy Brandt, Rede am 5.6.1972 in Harvard:
http://www.gmfus.org/thanking-america-willy-brandts-marshall-memorial-convocation-speech/
[93] Die folgenden Angaben nach Nicholas Siegel: The German Marshall Fund of the United States – A Brief History,
http://www.gmfus.org/archives/the-german-marshall-fund-of-the-united-states-a-brief-history/

werden. Auch hier sind die Anfänge bescheiden, mit vier hauptamtlichen Mitarbeitern und deutsch-amerikanischen Studienreisen, die in Washington als „Kaffeefahrten" bespöttelt werden. Doch im Jahre 2001 verfügt der Fund über ein Stiftungskapital in Höhe von 215 Millionen Dollar und kann im selben Jahr 12,7 Millionen Dollar ausschütten. Der GMF gründet 1981 die marktradikale Kaderschmiede mit dem Namen Institute for International Economics. Das Marshall Memorial Fellowship sponsert achtwöchige Bildungsreisen für Nachwuchsführer im Alter zwischen 25 und 35 Jahren. Dazu gibt es Zuschüsse für Studierende, die wissenschaftliche Abhandlungen über transatlantische Beziehungen schreiben.

Der Geldsegen aus Germany reißt nicht ab: Helmut Kohl und alle Abgeordneten des Deutschen Bundestages, also auch die frisch gewählten Parlamentarier der Grünen-Fraktion, stimmen im Dezember 1985 einer Gabe von 40 Millionen Dollar an den GMF zu. Und im November 2000 stimmen alle Abgeordneten einer Schenkung in Höhe von 15 Millionen DM an die Washingtoner Stiftung zu. Also müssen neben den Grünen auch alle Abgeordneten der PDS diesem Transfer zugestimmt haben.

Der Mauerfall und der Zusammenbruch des kommunistischen Ostblocks weisen dem German Marshall Fund of the US ganz neue Tätigkeitsfelder zu. Bereits vor dem Mauerfall unterhielten die GMF-Leute Kontakte in die DDR und zur polnischen Gewerkschaftsbewegung Solidarność. Der damalige GMF-Präsident Frank Loy: „Nur zwei Organisationen engagierten sich in Osteuropa, um die Demokratie voranzubringen – das George Soros Open Society Institute und der GMF." Das kann der GMF auf Dauer nicht alleine schultern.

Also fungiert der GMF vornehmlich als Ideengeber. Die Stiftung bestimmt, in welchem Land die amerikanische Vorherrschaft mit welchen Mitteln durchgesetzt werden kann. In Ungarn entsteht auf diese Weise die Democracy After Communism Foundation, in Serbien ein Balkan Trust for Democracy, in Rumänien der Black Sea Trust. Es ist immer das gleiche Muster: der Marshall Fund bringt das Know-how und ein bisschen Geld sowie Kontakte mit. Die Leute vor Ort eröffnen ein Büro, engagieren Mitarbeiter aus der Region und die Regierung des Gastgeberlandes sorgt für eine langfristige Finanzierung der neuen Stiftungen durch Steuergelder. Mit einem Minimum an Startgeldern geht eine Lawine von Gründungen in der Region los. Die Software amerikanischer Governance verkörpert sich durch die Geld- und Machtmittel aus der Region. Heute ist aus Willy Brandts Jubiläumsgeschenk eine mächtige Institution geworden. Die Fangarme des German Marshall Fund reichen weit nach Osten – in die Türkei, in den Kaukasus, ja sogar nach Indien und China. Die Vermittlung der neuen Kader im Osten läuft über dieses Netzwerk.

Ein Büro in Brüssel steht dagegen für den Anspruch des GMF, auch bei der Europäischen Union ein gewichtiges Wörtchen mitzureden. EU-Bürokraten wie Javier Solana und José Manuel Barroso gehen dort ein und aus wie auch US-Präsident George Bush II. Der German Marshall Fund betrachtet sein Brussels Forum als entscheidende dritte Säule der transatlantischen Absprachen neben der Münchner Sicherheitskonferenz und dem Weltwirtschaftsforum in Davos:

„Das innovative Gesprächsformat in lockerer Runde, die nichtöffentlichen [off the record] Nachtsitzungen bis über das Frühstück hinaus und die hochrangigen Nachrichtenmacher führten zu einer internationalen Medienbeachtung und einem höheren Ansehen für den GMF als irgendetwas, was die Organisation jemals zuvor unternommen hatte. Die Themen reichten über die gesamte Bandbreite der transatlantischen Agenda, einschließlich Energiesicherheit, Mittlerer Osten, Wirtschaft und Handel, Terrorismus und kulturelle Identität."[94]

So muss im Jahre 2006 denn auch die neue Kanzlerin in Washington bei der Einweihung des neuen GMF-Domizils anwesend sein und mit ihr eine Abordnung des Deutschen Bundestages. Als Fellows, also Leute mit Rechercheauftrag, sind schon der ehemalige Weltbankchef Robert Zoellick oder der neokonservative Robert Kagan in den Genuss der GMF-Förderung gelangt.

Der Kotau der Europäer vor Nixon

Doch zurück in die Siebzigerjahre!

---

[94] a. a. O., S. 29

Willy Brandt wird sein kleines „Dankeschön" von 150 Millionen Mark auf Dauer nicht vergolten. Es ergeht ihm wie bereits seinen Amtsvorgängern: der Weg zur Macht wird erleichtert durch exzellente Beziehungen zur amerikanischen Machtzentrale. Doch im Kanzleramt wird ihm dann klar, dass er ja vielleicht auch Deutschland ein Stück weit verpflichtet ist.

Adenauer war entfernt verschwägert mit John McCloy, und Adenauer pries seine Freundschaft mit dem US-Außenminister John Foster Dulles, dem Mann mit der Massiven Vergeltung. Das hielt den Bundeskanzler jedoch nicht davon ab, sich de Gaulle stark anzunähern und die transatlantische Bande zu lockern. Erhard will von de Gaulle nichts wissen, ist aber irgendwann auch nicht mehr bereit, die ständig erhöhten Schutzgeldforderungen der Amerikaner noch weiter zu bedienen.[95]

Die Umstände des Machtverlustes von Willy Brandt wiederum verdienen, mysteriös genannt zu werden. Brandt erklärte am 5. Mai 1974 seinen Rücktritt als Bundeskanzler. Angeblich war der Sozialdemokrat zurückgetreten, weil der DDR-Spion Günter Guillaume einer seiner wichtigsten Berater gewesen war. Dass Guillaume nicht rechtzeitig enttarnt wurde, dafür sind nach menschlichem Ermessen doch wohl eher die westlichen Geheimdienste verantwortlich zu machen. Dort hätten Köpfe rollen müssen, nicht im Kanzleramt.

Man kann an dieser Stelle an die Überlegungen Brzezińskis erinnern. Demzufolge knüpfen die USA viele Netzwerke weltweit, um sich ein Vasallensystem zu schaffen, das im Fall einer Schwächung der amerikanischen Macht die „Pax Americana" am Leben erhält. Seit dem Zweiten Weltkrieg war der amerikanische Anteil an der Weltwirtschaft von 50 auf 20 Prozent abgesunken. Und wie ein störrisches Kind, das, wenn es ein Spiel verliert, wütend mit den Füßen aufstampft und schreit: „Das gildet nicht!", so wollten auch die Amerikaner nichts mehr von ihrem geliebten Freihandel wissen, sobald die Attraktivität ihrer eigenen Waren auf dem Weltmarkt dahinschwand. Weil Deutschland den amerikanischen Markt mit Waren „Made in Germany" überrannte, erzwangen die

---

[95] http://www.foia.cia.gov/sites/default/files/document_conversions/89801/DOC_0000954494.pdf

Amerikaner eine künstliche Aufwertung der D-Mark um 16 Prozent, damit deutsche Waren auf dem US-Markt um 16 Prozent teurer wurden.

Und weil die USA im Vietnamkrieg Geld ohne Ende versenkt haben, sollen die Deutschen für die US-Besatzungstruppen in Deutschland bezahlen und dann auch noch den Fuhrpark der Army in Deutschland auf eigene Kosten reparieren lassen. Und um den Großen Bruder aus Übersee friedlich zu stimmen, kauft die Bundesregierung noch für 1,2 Milliarden Dollar Rüstungsgüter aus den USA, die sie nicht unbedingt benötigt.

Als im Oktober 1973 in Palästina der Yom-Kippur-Krieg ausbricht, stellt sich die US-Regierung bedingungslos hinter Israel. Die westeuropäischen Regierungen bewahren dagegen Neutralität. Sehr zum Missfallen von US-Präsident Nixon und seinem Außenminister, dem CFR-Chefideologen Henry Kissinger. Letzterer droht den Europäern mit dem Abzug der Besatzungstruppen. Kanzler Brandt wird im April und erneut im September 1973 zum Rapport bei Nixon einbestellt, und Brandt ist nicht mehr länger brav: „Das selbstbewusste Auftreten des Friedensnobelpreisträgers Brandt, der Begriffe wie ‚emanzipierte Partnerschaft' und ‚regionale Eigenverantwortung' verwendete, förderte nicht das Verständnis zwischen den beiden Staatsmännern."[96]

Der Konflikt zwischen der US-Administration und einigen europäischen Regierungen, insbesondere der Frankreichs, eskaliert im Jahre 1974 weiter. Die Araber wollen mit den Europäern gute Geschäfte machen, aber nicht mit den USA, was diesen natürlich sehr missfällt. US-Außenminister Kissinger ist wütend, weil die Außenminister der Europäischen Gemeinschaft sich am 7. März 1974 mit ihren arabischen Kollegen treffen wollen, ohne ihn gefragt zu haben: ein „feindseliger Akt" sei das, schäumt Kissinger. Er eilt am 3. und 4. März zu Brandt und Scheel. Nach dieser Unterredung treffen sich die Europäer nicht mehr mit den Arabern.

Und die europäischen Außenminister müssen in einer außerordentlichen Versammlung in Schloss Gymnich im Rheinland am 20. und 21. April 1974 ihre Extra-Hausaufgaben erledigen. Als Ergebnis kommt die so genannte „Gymnicher Formel" heraus. Die EG-

---

[96] Kühnhardt, a. a. O., S.135

Außenminister „... einigten sich ... darauf, dass künftig bei Themen, die von den USA als wichtig angesehen wurden, Konsultationen mit den USA unabwendbar sein würden".[97] „Unabwendbar" klingt nicht gerade nach Partnerschaft. Und der Hofchronist der Atlantik-Brücke Ludger Kühnhardt sieht in der Gymnicher Formel „... faktisch eine Anerkennung der amerikanischen Führungsrolle in der westlichen Bündnisstruktur".[98]

Die Gymnicher Formel beinhaltet zwar keine festgeschriebene Pflicht, die USA zu konsultieren. Mittlerweile zahlt sich aber die transatlantische Netzwerkarbeit aus. Frankreich lehnt es nun ab, die USA wegen der arabisch-europäischen Gespräche um Erlaubnis zu fragen. Woraufhin Deutschland und Großbritannien diese Gespräche gar nicht mehr durchführen wollen. Frankreich als europäischer Rivale der USA ist geschwächt, denn Staatspräsident Pompidou ist am 2. April gestorben. Und so wird dann die Atlantische Deklaration, eine endgültige Festschreibung der Gymnicher Formel, am 26. Juni 1974 im Beisein von Präsident Nixon in Brüssel von allen EG-Staaten und den USA unterschrieben.

Nixon kann in diesem Juni doppelt zufrieden sein. Denn der selbstbewusste Willy Brandt ist als Kanzler zurückgetreten. An seiner Stelle unterschreibt der kantige Helmut Schmidt die „Atlantische Deklaration". Und Schmidt „wurde in Washington als ‚Atlantiker' geschätzt".[99] Als Nachfolger Pompidous wählen die Franzosen Valerie Giscard d'Estaing ins Präsidentenamt. Schmidt und d'Estaing verstehen sich außerordentlich gut und beide sind der Regierung in Washington außerordentlich zugetan. Walter Scheel wechselt ins Amt des Bundespräsidenten. Neuer Außenminister wird Hans-Dietrich Genscher, der zusammen mit Schmidt einen raueren Ton gegenüber Moskau anschlägt.

Neue Gesichter für eine neue Politik: nämlich die Politik des Verzichts auf eine eigenständige europäische Außenpolitik. Entscheidend dafür ist die Beeinflussung der deutschen Politik durch unzählige USA-orientierte Lobbyorganisationen in Deutschland. Die deutsche Regierung hat dafür gesorgt, dass ab 1973 Großbri-

---

[97] a. a. O., S. 140
[98] ebd.
[99] a. a. O., S. 141

tannien in die Europäische Gemeinschaft aufgenommen wird. Großbritanniens Außenpolitik ist traditionell deckungsgleich mit der Außenpolitik der USA. Nun können Großbritannien und Deutschland das immer wieder eigenwillige Frankreich in die Zange nehmen.

Die Lobbyorganisationen für die Interessen der USA werden immer zahlreicher. Sie gruppieren sich um den Kern der bestehenden vier strategischen US-Gruppen Atlantik-Brücke, American Council on Germany, Deutsche Gesellschaft für Auswärtige Politik und Stiftung Wissenschaft und Politik. Hinzu kommen jetzt die Deutsche Atlantische Gesellschaft (DAG), die Körber-Stiftung und das Aspen-Institut.

Tod in Neapel

Ein Jahr nach der Gründung der Bundeswehr 1955 und deren Eintritt in das westliche Verteidigungssystem der NATO heben einige Freunde des Westbündnisses die Deutsche Atlantische Gesellschaft aus der Taufe. Deren Gründung wird von einem Kriminalthriller überschattet.

Anfang Mai 1957 schleppt sich ein fein gekleideter Herr aus Deutschland mit letzter Kraft in ein erbärmliches Vorstadtkrankenhaus von Neapel. Die Ärzte diagnostizieren Malaria Perniciosa. Am 2. Mai verstirbt der Deutsche an Niereninsuffizienz, also schwerer Vergiftung. Der deutsche Konsul in Neapel Karl Josef Partsch eilt herbei. Denn bei dem mysteriösen Toten handelt es sich um den Bundestagsabgeordneten und Adenauers früheren Kanzleramtschef Otto Lenz. Lenz wollte zusammen mit Geheimdienstchef Gehlen und dem Ex-Nazijuristen Hans Globke ein Superministerium installieren, das die optimale Aushorchung der Bundesbürger und deren Bearbeitung durch Regierungspropaganda gewährleisten sollte. So viel Machtanmaßung brachte dem forschen Lenz den Hass der anderen CDU-Fürsten ein und Lenz wurde zum einfachen Bundestagsabgeordneten heruntergestuft.

Lenz betrieb im Verteidigungsausschuss die Anschaffung eines in der Schweiz gebauten Schützenpanzers vom Typ HS-30. Als Rechtsanwalt vertrat er zudem die Herstellerfirma eben dieses Schützenpanzers, Hispano-Suiza. Die Panzer haben nie funktioniert. Ein Bundestags-Untersuchungsauschuss sowie Recherchen der Zeitschrift *Der Spiegel* legen nahe, dass Otto Lenz für seine Partei, die CDU, einen Spendenscheck in Höhe von 36 Millionen Schweizer Franken und für sich selber einen Scheck in Höhe von 3,25 Millionen Schweizer Franken von der Firma Hispano-Suiza entgegen genommen haben muss. Wie er das bewerkstelligt hat in der Pension auf der Vulkaninsel Ischia vor Neapel, wo er unter falschem Namen logierte, bevor er sich zum Sterben in die Arme-Schlucker-Klinik in Neapel schleppte, wird man nie aufklären können.[100] Denn sämtliche Akten und persönliche Korrespondenzen sind verschollen. Die Analogie zum Fall Barschel ist frappierend.

Während sich Lenz so vehement für die Anschaffung eines vollkommen ungeeigneten Schützenpanzers einsetzt, betreibt er mit demselben Eifer die Gründung der Deutschen Atlantischen Gesellschaft (DAG). Dieser Verein soll die Einbindung der neuen Bundeswehr in das Bündnissystem der NATO propagandistisch und lobbyistisch unterstützen. Die DAG[101] ist im Gegensatz zur Atlantik-Brücke überhaupt nicht elitär. Man kann dort Mitglied werden oder auch deren Veranstaltungen besuchen. In diesem Verein werden Soldaten, Reservisten, Politiker, Journalisten und Rüstungsunternehmer zusammen gebracht. Die DAG zählt heute 3 700 Mitglieder und verfügt in jedem Bundesland über eine Zweigstelle.

So offen die DAG auch für Publikum ist, so schwer ist es, etwas über Geschichte und Struktur zu erfahren. Immerhin wissen wir, dass auf den unglückseligen Otto Lenz im Jahre 1957 der CSU-Politiker Richard Jaeger als Präsident folgt. Und Jaeger bleibt bis 1990 an der Spitze der DAG. Nebenbei ist Jaeger noch für ein Jahr Bundesjustizminister; später dann stellvertretender Bundestagspräsident und führendes Mitglied der klerikal-konservativen Organisationen Abendländische Bewegung und Europäisches Dokumentations- und Informationszentrum (CEDI). Für die DAG wertvoll ist Jaeger in seiner Eigenschaft als Vorsitzender des Verteidigungsausschusses des Deutschen Bundestages von 1953 bis 1961.

---

[100] Der Spiegel 30.6.1969: http://www.spiegel.de/spiegel/print/d-45549303.html
[101] Nicht zu verwechseln mit der Deutschen Angestelltengewerkschaft, die im Jahre 2001 in der Gewerkschaft ver.di aufging.

Zwischen 1996 und 2006 steht der CDU-Politiker Ruprecht Polenz der DAG als Präsident vor. Als Präsident der Deutschen Gesellschaft für Osteuropakunde kennt er sich zudem im Nicht-NATO-Areal gut aus. Als Mitglied im *ZDF*-Fernsehrat kann Polenz für den Rüstungsverein Lobbyarbeit betreiben. Unlängst schlug Polenz vor, Russland durch den Kaufboykott russischen Öls in die Knie zu zwingen.[102] Angesichts unserer großen Abhängigkeit von russischen Rohstoffen ein nicht eben intelligenter Vorschlag; so intelligent, als wenn ein Zuckerkranker für das Verbot von Insulin eintreten würde.

Seit 2006 steht der CSU-Politiker Christian Schmidt der DAG vor. Er ist seit Februar 2014 unser Bundesminister für Ernährung und Landwirtschaft. Aber eigentlich kommt Schmidt aus dem Rüstungsmilieu. Denn von 2005 bis 2013 war Schmidt parlamentarischer Staatssekretär im Verteidigungsministerium, bevor er kurzfristig Staatssekretär im Bundesministerium für wirtschaftliche Zusammenarbeit und Entwicklung wurde.

Mit hoher Wahrscheinlichkeit hat lediglich der Parteien-, Konfessions- und Regionalproporz eine Rolle gespielt. Denn zuerst wurde Schmidts Amtsvorgänger Friedrich wegen seines absolut undiplomatischen Herumgeholzes in der sensiblen Datenschutzaffäre vom Innenministerium in das Landwirtschaftsministerium weggelobt. Dort holten ihn die Schnitzer als Innenminister ein und unter einem geringfügigen Vorwand musste Friedrich zurücktreten. Nun brauchte man jemand auf dem Posten, der Friedrichs Eigenschaften nachbilden konnte. Gesucht wurde ein CSU-Mitglied aus Franken, das zudem evangelischer Konfession ist. Da ist Christian Schmidt der perfekte Klon von Hans-Peter Friedrich! Auch Schmidt ist Franke und Protestant. In den seltensten Fällen werden Bundesminister nach dem Kriterium der Fachkompetenz ausgewählt.

Doch die Domäne von Christian Schmidt dürfte nach wie vor die Verteidigungspolitik sein. Im Präsidium der DAG wird Schmidt flankiert von dem Militär- und Rüstungslobbyisten Wer-

---

[102] Die Welt 20.7.2014:
http://www.welt.de/politik/deutschland/article130370909/MH17-Wendepunkt-der-deutschen-Russland-Politik.html

ner Dornisch. Dieser hatte sich als Soldat bis in das Hauptquartier der NATO hochgedient, um dann Präsident der Deutschen Gesellschaft für Wehrtechnik zu werden. Zudem war Dornisch im Vorstand der Diehl-Stiftung, einem bedeutenden Rüstungsunternehmen, und ist noch immer Vorstandsmitglied in der Gesellschaft für Wehr- und Sicherheitspolitik.

Des Weiteren finden wir im Vorstand der DAG den ehemaligen Wehrbeauftragten Klaus Naumann, der zudem langjähriges Mitglied der Atlantik-Brücke ist, sowie seinen Nachfolger als Wehrbeauftragter, Reinhold Robbe. Von den rechten Sozialdemokraten des Seeheimer Kreises gehört hier der Bundestagsabgeordnete Johannes Kahrs dazu. Für die Grünen ist Omid Nouripour dabei, Christian Lindner und Ava Nouripour für die FDP.[103]

Und in den Medien hat die DAG auch immer ihre Gesichter und Stimmen. Werner Sonne ist bekannt als ehemaliger Moderator des *ARD-Morgenmagazins*. Und die Hörer des *Deutschlandfunks* sind gut vertraut mit der scheinbar Stahlgewitter-gehärteten Stimme von Rolf Clement. Clement ist beim Radio Spezialist für Wehrfragen. Im Verteidigungsministerium fungiert Clement als Mitglied des Beirates für innere Führung. Es ist nicht bekannt, dass Clement im Radio jemals hätte durchblicken lassen, dass er eine wichtige Rolle bei der DAG spielt; also eigentlich nicht als unabhängiger Journalist spricht, sondern als Lobbyist des militärisch-industriellen Komplexes. Karl Lamers schließlich sitzt im Präsidium der DAG. Gleichzeitig ist er das persönliche Verbindungsglied zum internationalen Dachverband der DAG, nämlich der Atlantic Treaty Association (ATA). Lamers ist deren Präsident.

Und weil die jungen Leute von heute sich nur ungern in kollektivistische Gruppierungen wie die Bundeswehr einfügen lassen wollen, hat die DAG im Jahre 2006 noch eine Nachwuchsorganisation, die Youth Atlantic Treaty Association (YATA Germany) gegründet.

---

[103] Deutsche Atlantische Gesellschaft, Präsidium:
http://www.deutscheatlantischegesellschaft.de/cms/front_content.php?idcat=25
Deutsche Atlantische Gesellschaft, Vorstand:
http://www.deutscheatlantischegesellschaft.de/cms/front_content.php?idcat=7
Deutsche Atlantische Gesellschaft, Regionalkreis Frankfurt:
http://www.deutscheatlantischegesellschaft.de/cms/front_content.php?idart=222

Der Philanthrop mit den Zigarettendrehmaschinen

Ziviler kommt die in Hamburg ansässige Körber-Stiftung daher. Wie im Fall der Rockefeller Foundation möchte der Stifter seine zu Lebzeiten nicht immer unumstrittenen Leistungen vergessen machen durch eine philanthropische Stiftung.

Kurt A. Körber stieg in Dresden während des Zweiten Weltkriegs zum Direktor einer Fabrik auf, die zunehmend der Rüstung zuarbeitete. Dankenswerterweise arbeitet die Körber-Stiftung die Vergangenheit ihres Gründers offensiv auf.[104] So wissen wir heute, dass Direktor Körber im Krieg auch Zwangsarbeiter in seinem Werk beschäftigt hat. Nach dem Krieg baute Körber in Hamburg eine Maschinenfabrik auf. Die meisten hergestellten Maschinen dienen der Produktion von Zigaretten. Das hat natürlich mehr als ein Geschmäckle, an dem elenden Lungentod von europaweit jährlich 700 000 Mitmenschen prächtig zu verdienen.[105]

Die Körber-Stiftung wurde 1959 gegründet, verfügt heute über 526 Millionen Euro Stiftungskapital und kann jedes Jahr 17 Millionen Euro ausschütten. 70 feste Mitarbeiter betätigen sich in Hamburg und Berlin. Es werden Aktivitäten in Wissenschaft und Kultur angeregt. Dazu kommen politische Tagungen und Seminare. Motto: Personen aus unterschiedlichen Kulturen zum Dialog zusammenbringen.

Berühmt sind die Bergedorfer Gesprächskreise. Längst schon finden diese exklusiven Gespräche mit handverlesenen Diskutanten und Zuhörern nicht mehr im östlichen Hamburger Stadtteil Bergedorf statt. Der transatlantische Reisetross von Scharniernetzwerkern trifft sich mal in Huangshan, mal in Kairo, Athen oder Teheran mit den Eliten exotischer Kulturnationen. Das hat wenigstens etwas Gutes, wenn die USA-Lobbyisten von Angesicht zu Angesicht mit Russen, Chinesen oder fundamentalistischen Mohammedanern sprechen.

Es mutet aber doch etwas makaber an, wenn mit dem Chef der Stiftung Wissenschaft und Politik, Volker Perthes, in der irani-

---

[104] Kurt A. Körber: http://www.koerber-stiftung.de/stiftung/kurt-a-koerber.html
[105] Rauchern stehen schärfere Zigarettenregeln bevor, Die Welt 17. 2. 2013, http://www.welt.de/wirtschaft/article123015348/Rauchern-stehen-schaerfere-Zigarettenregeln-bevor.html

schen Hauptstadt Teheran ein Mann mit am Tisch sitzt, der beim New Yorker Council on Foreign Relations die Idee in die Runde geworfen hat, die iranischen Atomkraftwerke mit dem Computervirus Stuxnet kaputt zu machen. Die Kopfgeburt des deutschen Orientalisten wurde von den US-Geheimdiensten in die Tat umgesetzt und führte im Iran zu großem volkswirtschaftlichem Schaden.[106]

Vorsitzender des Bergedorfer Gesprächskreises ist übrigens das Ehrenmitglied der Atlantik-Brücke, Richard von Weizsäcker. Im März 2014 trafen sich die Bergedorfer in Athen unter dem Motto: „Aufstieg aus der Krise. Das zukünftige Europa". Angesichts der Selbstmordwelle, die im Zusammenhang mit dem von den Banken angerichteten Elend in Griechenland grassiert, konnten selbst die anwesenden griechischen Freunde der Transatlantiker nicht umhin, auf die „sozialen Verwerfungen" im Lande aufmerksam zu machen. Davon unbeeindruckt fordern die Bergedorfer weitere „Strukturreformen", um die EU wettbewerbsfähig zu erhalten.

Weiter aus dem veröffentlichten Gesprächsprotokoll: „Auf lange Sicht kann Europa nur ein attraktiver und bedeutender Partner der USA sein, wenn es willig ist, mehr in seine Verteidigungskapazitäten zu investieren."[107] (Vielleicht haben ja die Europäer andere Interessen, als den Eliten der USA zu gefallen?) Und auch wir Deutschen kriegen wieder mal unser Fett ab: „Im Falle der Ukraine muss Deutschland beweisen, dass es bereit ist, seinen außenpolitischen Einfluss zu behaupten und seine Bereitschaft zu demonstrie-

---

[106] Perthes in Iran:
http://www.koerber-stiftung.de/internationale-politik/bergedorfer-gespraechskreis/gespraechskreise/156-gespraechskreis/teilnehmer.html
und Volker Perthes als Anreger der Hackingattacke mit Stuxnet:
http://www.theguardian.com/world/2011/jan/18/wikileaks-us-embassy-cable-iran-nuclear.
Perthes rechtfertigt seine Idee als humane Alternative zur Bombardierung der Anlagen. Es scheint Perthes das Bewusstsein abhanden gekommen zu sein, dass er die Verantwortung für einen kriegerischen Akt gegen ein Land übernommen hat, das im Gegensatz zu Israel sich dem internationalen Kontrollsystem unterworfen hat, und regelmäßige Inspektionen zulässt.
[107] Protokoll der Sitzung in Athen:
http://www.koerberstitung.de/fileadmin/user_upload/internationale_politik/bergedorfer_gespraechskreis/pdf/2014/ConferenceReport_BG-155_EN.pdf

ren, seine kurzfristigen wirtschaftlichen und energiepolitischen Interessen zurückzustellen zugunsten langfristiger europäischer Interessen an Stabilität und Frieden in Europa." Übersetzt aus dem transatlantischen Rotwelsch ins Hochdeutsche: „Deutschland soll an den amerikanischen Drohgebärden und Kriegsvorbereitungen teilnehmen und seiner mittelständischen Wirtschaft untersagen, mit Russland Geschäfte zu machen, und sein Gas und Öl gefälligst aus amerikanischen Fracking-Lieferungen beziehen anstatt aus Russland."

Die Körber-Stiftung bietet noch eine ganze Palette an politischen Elite-Foren. Da gibt es die „Politischen Frühstücke" oder die „Körber Policy Games". Letzteres sind politische Planspiele, zu denen sich namentlich nicht genannte Spitzenkräfte treffen, sich in verschiedene Mannschaften aufteilen und die geopolitischen Interessen bestimmter Staaten simulieren. Im Mai 2013 trafen sich Spitzenkräfte zum Planspiel mit den Mannschaften von Deutschland, Polen, Russland und USA. Wie werden die genannten Staaten mit der Situation in der Ukraine fertig? Vermutet wurde eine Abspaltung der Westukraine mit nachfolgenden Verwicklungen. Doch diese Planspiele sind von den Ereignissen längst zu Makulatur gemacht worden.

Wichtig ist auch bei der Körber-Stiftung die Nachwuchsförderung. In den Körber-Netzwerken werden junge Außenpolitiker mit transatlantischen Alphatieren zusammen gebracht. Die Stiftung vermerkt triumphierend, dass sie mit Michael Kellner einen ihrer Zöglinge als frisch gebackenen Geschäftsführer von Bündnis90/Die Grünen begrüßen kann.[108] Ja, die neuen Grünen umgibt keine Patina von Platz- und Hausbesetzungen oder Sitzblockaden mehr. Die neuen Grünen sind bleich vom Sitzen in nüchternen Sitzungssälen der Finanzeliten und unter dem Stuck feudaler Schlösser.

Allgemein kann man bei den transatlantischen Elitegruppen eine gar nicht mehr nur schleichende Militarisierung vermerken. So

---

[108] Nachricht auf Webseite der Körber-Stiftung:
http://www.koerber-stiftung.de/internationale-politik/koerber-netzwerk-aussenpolitik/aktuelles/news-detail-kna/artikel/mitglied-des-koerber-netzwerk-aussenpolitik-im-vorstand-der-gruenen.html

unterhält die Körber-Stiftung zusammen mit der Münchner Sicherheitskonferenz den Fohlenstall der Munich Young Leaders. Während der Münchner Sicherheitskonferenz gibt es für die Handvoll Nachwuchsführer aus Europa und Asien eine Menge Gelegenheiten, mit den großen Männern der Sicherheitswelt zu reden, beispielsweise mit dem französischen Außenminister Laurent Fabius, mit Urgestein Kissinger, mit John McCain, Joe Liebermann oder auch mit Cem Özdemir.

Abschließend noch ein Blick in den Stiftungsrat der Hamburger philanthropischen Einrichtungen des Herrn Körber[109]: Vorsitzender ist Thomas Straubhaar, der Direktor des Hamburgischen Weltwirtschaftsinstituts. Der Ökonom profilierte sich als knallharter Marktradikaler. 2005 hat er den Hamburger Appell unterzeichnet. Dort wird der Regierung dringend davon abgeraten, sich gestalterisch in die Wirtschaft einzumischen. Die Löhne der Geringverdiener müssten weiter gesenkt werden. Straubhaar ist Botschafter der Iniative Neue Soziale Marktwirtschaft (INSM), von der noch die Rede sein wird. Außerdem finden wir im Stiftungsrat der Körber-Stiftung auch noch Peter Frey und Fritz Vahrenholt. Peter Frey ist Chefredakteur des ZDF, zudem im Zentralkomitee der deutschen Katholiken und „Fellow", also freischaffender Dozent, am Münchener Centrum für angewandte Politikforschung und Beirat in der Bundesakademie für Sicherheitspolitik. Fritz Vahrenholt fungierte in den Neunzigerjahren als Umweltsenator von Hamburg. Dann wechselte er die Seiten und verdiente richtig Geld bei der deutschen Filiale des Ölmultis Shell, dessen ramponiertes Umweltimage Vahrenholt aufbessern sollte. Vahrenholts grünes Image ist allerdings längst aufgezehrt. Und: ist der Ruf erst ruiniert, lebt es sich ganz ungeniert. Vahrenholt setzt sich für die Verlängerung der Laufzeiten von Atomkraftwerken ein und tritt jetzt sogar in die Phalanx der Klimaskeptiker ein. Schuld am Klimawandel ist die Sonne und nicht so sehr die Umweltverschmutzung, sagt Vahrenholt. Die UNO-Klimabehörde IPCC ist seiner Ansicht nach von Greenpeace und WWF hypnotisiert. Im April 2011 war Vahrenholt

---

[109] Körber-Stiftungsrat:
http://www.koerber-stiftung.de/stiftung/gremien/stiftungsrat.html

sogar Gastredner beim Europäischen Institut für Klima und Energie (EIKE).

Die Balkanstrategen von Schwanenwerder

Um einiges bekannter ist in der Öffentlichkeit bereits das Berliner Aspen-Institut. Dazu trug wesentlich Jeffrey Gedmin bei, der von 2001 bis 2007 Direktor des Instituts war. Er hielt die verbindliche Vorgabe aller transatlantischen Einrichtungen nicht ein, sich aus parteipolitischen Streitigkeiten herauszuhalten. Denn Gedmin stammt aus dem Milieu ultrarechter Denkfabriken der USA und vertrat lautstark die Positionen der Bush-Regierung. Das geht nun gar nicht, denn Funktionsträger transatlantischer Organisationen haben sich aus dem Parteienhader von Demokraten und Republikanern herauszuhalten. Jeffrey Gedmin arbeitete vor seiner Berliner Zeit beim rechtsextremen American Enterprise Institute und prahlte mit seiner engen Verbindung zu Kriegsmaklern wie Richard Perle, Paul Wolfowitz oder John Bolton. Gerne holten ihn die deutschen Medien herbei, damit er mal so richtig für den Irak-Krieg und gegen Bundeskanzler Schröder rüpeln und damit den Adrenalinspiegel der Zuschauer und die Einschaltquoten nach oben drücken konnte.

So mancher Transatlantiker atmete erleichtert auf, als Gedmin beim Aspen-Institut abmusterte. Allerdings hatten Gedmins Ausritte zur Folge, dass das Aspen-Institut in der deutschen Öffentlichkeit zum Inbegriff amerikanischer Ignoranz und Arroganz mutierte. aufgrund dessen strich der Berliner Senat dem Aspen-Institut einen öffentlichen Zuschuss von 500 000 Euro pro Jahr.[110] Jedoch bezuschussen Wirtschaftsministerium und Außenministerium das private Institut weiterhin mit einer Million Euro per annum.

Das Berliner Aspen-Institut ist ein Ableger des Aspen Institute im gleichnamigen Wintersportort im US-Bundesstaat Colorado. Der aus Deutschland eingewanderte Chicagoer Unternehmer Walter Paepcke wollte einen Ort der Besinnung schaffen, wo Unter-

---

[110] Der Spiegel 29.9.2003:
http://www.spiegel.de/politik/deutschland/deutsch-amerikanische-beziehungen-berliner-sparkurs-gefaehrdet-aspen-institut-a-267652.html

nehmer über die wichtigen Dinge des Lebens nachdenken konnten. Humanistische Bildungsinhalte sollten dem Unternehmerleben gehaltvolle Tiefe geben. Schon 1949 veranstaltete Paepcke jenes Goethe-Symposium in Aspen, an dem später auch der uns schon bekannte Arnold Bergstraesser mitwirkte.

Wie so oft: von den hehren Absichten der Gründer ist nicht viel übrig geblieben. Das Aspen Institute ist längst ein Kristallisationspunkt der sanften Macht (Soft Power) der USA geworden. In mittlerweile neun Ländern unterhält das Aspen Institute Filialen. 1974 gründete der uns schon als Wäscher von Geheimdienstgeldern bekannte ehemalige Direktor der Ford Foundation, Shepard Arthur Stone, die Berliner Aspen-Filiale in Berlin-Schwanenwerder, da, wo früher die Villa von Joseph Goebbels stand. In der unmittelbaren Nähe zum Ostberliner Ufer trafen sich Vertreter aus West und Ost in vertraulicher Runde unter Ausschluss der Öffentlichkeit. Ansonsten veranstaltete Stone in der Zeit seiner Präsidentschaft bis 1988 insgesamt 270 Tagungen und Seminare. Um das Berliner Institut noch ein wenig zu unterfüttern, trug er selbst 2,5 Millionen DM für die Shepard-Stone-Stiftung bei.

Besonders begabte junge Wissenschaftler kommen seit 1983 in den Genuss des Academic Scholarship Program, eines Stipendiums, mithilfe dessen man an der prestigeträchtigen Kennedy School of Government in Harvard die Kniffe amerikanischer Regierungskunst erlernen kann. Verglichen mit der Körber-Stiftung und dem Marshall Fund ist das Berliner Aspen-Institut allerdings mit seinen fünf hauptamtlichen Mitarbeiterinnen ein Zwerg. Auch Vorstand und Kuratorium protzen nicht mit den ganz großen Namen. Hier findet man eher unbekannte Vertreter großer Finanzhäuser und weniger prominente Professoren.

Dennoch betreibt auch das Aspen-Institut Außenpolitik mit hochrangigem Personal, allerdings thematisch begrenzt auf den wilden Balkan.[111] Hinter den Mauern des Instituts treffen sich einmal im Jahr Außenminister aus Deutschland, USA, Österreich und Ungarn mit den Außenministern der aus der Bundesrepublik Jugoslawien hervorgegangenen Zwergstaaten. Hier ist Außenpolitik bereits privatisiert worden. Keine demokratische Kontrolle überwacht

---

[111] Aspen Institute Berlin: http://www.aspeninstitute.de/policy-program/

diese Geheimdiplomatie. Wenn die politischen Schwergewichte die schwachbrüstigen Vertreter der Kleinstaaten in die Zange nehmen, geschieht das ohne jede demokratische Rechenschaftspflicht. Genau wie im Falle von German Marshall Fund und Körber-Stiftung entstehen in aller Stille Strukturen, die den demokratisch legitimierten Staat irgendwann vollständig ablösen könnten.

Wohl um das Aspen-Institut vom Ruch einer kolonialen Agentur zu befreien, hat man im Herbst 2013 zum ersten Mal einen Deutschen zum neuen Direktor gemacht, nämlich den Journalisten Rüdiger Lentz. Lentz arbeitete bei *ARD* und *RIAS Berlin*, bevor er 1999 Bürochef der *Deutschen Welle* in Washington wurde. Der Medienmann hat viele wertvolle Kontakte geknüpft, beispielsweise ist er im Vorstand des German American Business Council, einem Treffpunkt von Unternehmern aus Deutschland und USA; er ist Mitglied im amerikanischen Ableger der Atlantischen Initiative (die in diesem Buch noch vorgestellt wird); und, wen wundert's, er ist Mitglied in der Atlantik-Brücke. Der Pressemann ist in den deutschen Medien gut vertreten: allein von Oktober 2013 bis zum Juni 2014 erschien er zehnmal in den großen Medien.[112] Dabei wird er in seiner eher zurückhaltenden Art den Boden wieder gut machen, den Gedmin verspielt hat. Dezente Kritik am Stil der USA, um daraufhin sofort wieder das Mantra anzustimmen: „Das tangiert natürlich nicht unsere Freundschaft mit den USA."

Die transatlantischen Elitemänner: finstere Zukunftsvisionen

Nun haben wir die drei transatlantischen Organisationen vorgestellt, die das strategisch zentrale Quartett von Atlantik-Brücke, American Council on Germany, DGAP und Stiftung Wissenschaft und Politik in den Siebzigerjahren umrankten. Wie ging es damals weiter?

Willy Brandt und Walter Scheel sind weg. Die außenpolitische Souveränität der europäischen Staaten auch. Während das gemeine Volk noch für ein paar Jahre ein lockeres Leben mit freiem Sex und guten Stundenlöhnen genießen darf, sind die Meisterstrategen in den geräumigen Hinterzimmern schon dabei, die grimmige Welt

---

[112] http://www.aspeninstitute.de/newsroom/

der harten Konfrontationen und der marktradikalen Verarmung zu entwerfen. Auf der achten deutsch-amerikanischen Konferenz von Atlantik-Brücke und American Council on Germany im düsteren November 1974 in Bonn überbieten sich die anwesenden Elitemänner in Schwarzmalerei.

Der neue Außenminister Genscher beschwört einen stärker werdenden Ostblock. Das dürfe man nicht hinnehmen. Und Arend Oetker, Karl-Heinz Beckurts, Jürgen Ponto, Aspen-International-Chef Joseph Slater, Bundespräsident Walter Scheel und der aufstrebende Direktor der gerade von Rockefeller gegründeten Trilateralen Kommission, Zbigniew Brzeziński, nicken zustimmend, als der Kölner Politikprofessor Hans-Peter Schwarz warnt, wir müssten uns gegen den Osten und die Dritte Welt stärker wappnen. Wir müssten unsere liberale Ordnung festigen und straffen, das erfordere „die Entschlossenheit der Staatsmänner, für diese Ordnung einzustehen, selbst mit unpopulären Maßnahmen", wie Chronist Kühnhardt die Ausführungen anhand von Protokollen zusammenfasst.

Das wiederum erfordere die phantasievolle Entwicklung neuer Institutionen. Und Schwarz drängt, laut Kühnhardt: „Bis Ende der siebziger Jahre gab Schwarz der westlichen Ordnung noch Zeit, wenn sie nicht diese Erneuerungskräfte aufbringen werde." Doch der ebenfalls anwesende John McCloy, jetzt wieder Wall-Street-Anwalt, hat die tröstenden Worte parat: „Deutschland, da bin ich mir ziemlich sicher, ist reich genug, produktiv genug und reif genug, um zu tun, was von ihm verlangt wird."[113]

Bereits 1973 hatten Atlantik-Brücke und American Council on Germany es dem Council on Foreign Relations nachgemacht und den Nachwuchs mit einer eigenen Jugendkonferenz in Hamburg für sich aktiviert, zunächst mit 20 Nachwuchselitisten aus USA und 20 ebensolchen Füchsen aus Deutschland. Erstes Produkt dieser Talentförderung ist Hans-Gert Pöttering, von 2007 bis 2009 Präsident des Europäischen Parlaments. Heute gibt es kaum noch einen amtierenden Bundesminister, der nicht dem transatlantischen Kaderprogramm der „Young Leaders", wie es später genannt wur-

---

[113] Kühnhardt, a. a. O., S. 144

de, entstammt. Manche von ihnen, wie Ex-Bundespräsident Christian Wulff, haben ihre Karriere bereits hinter sich.

Und die Atlantik-Brückenbauer können im Jahre 1976 ihren ersten privatisierten Staatsakt durchführen, der vom Deutschen Fernsehen sogar live übertragen wird: Nixons Vizepräsident Nelson Rockefeller kommt zu einem Festakt der Atlantik-Brücke in die traditionsreiche Frankfurter Paulskirche – dort tagte 1848 das erste demokratische Parlament auf deutschem Boden. Anlass ist der zweihundertste Geburtstag der Unabhängigkeitserklärung der USA. Ein Großaufgebot der Polizei schützt auf Kosten der Steuerzahler diese Privatveranstaltung. Die gesamte Elite aus Politik, Medien, Wirtschaft und Gewerkschaften ist anwesend – allen voran Bundespräsident Walter Scheel und Bundeskanzler Helmut Schmidt, der neben Rockefeller die zweite Hauptrede hält.

Rockefeller gibt zu bedenken, dass nunmehr zwei Drittel der Menschheit unter kommunistischer Knute lebten. Man müsse mit den Blockfreien zusammenarbeiten und eine „Charta der wirtschaftlichen Freiheit" erklären. Zudem stünden noch unerforschte Meeres- und Polargebiete zur wirtschaftlichen Ausbeutung bereit. Ungeheures müssen Rockefeller und seine Mitstreiter ihren europäischen „Verbündeten" mitgeteilt haben, hinter verschlossenen Türen, versteht sich, und Chronist Kühnhardt raunt: „Jeder spürte, dass die Diskussion der letzten Monate und Tage im Kontext großer geschichtlicher Vorgänge stand und nur so ihren tieferen Sinn erfuhr."[114]

In den folgenden Jahren gab es für die Transatlantiker keine fundamentalen Terraingewinne – sie waren ja schon in der Regierung vertreten. Und der Kanzlerwechsel vom November 1982 geschah diesmal nicht, weil der Regierungschef in einem Loyalitätskonflikt zwischen Transatlantikern und der Verantwortung gegenüber dem eigenen Heimatland zerrissen wurde. Helmut Schmidt wollte den so genannten NATO-Doppelbeschluss, also die Installierung neuer US-Raketen in Deutschland, um jeden Preis umgesetzt wissen. Schmidt musste gehen, weil er seine eigene Partei, die SPD, nicht geschlossen hinter den Doppelbeschluss bringen konnte.

---

[114] a. a. O., S. 151

Doch neue Besen kehren gut: „Dass Bundeskanzler Dr. Kohl am Ende den NATO-Doppelbeschluss durchsetzte und gegen alle Widerstände der Öffentlichkeit, der Medien und der organisierten Politik Führungs- und Durchsetzungskraft bewies, wurde später als sein historisch wohl größter Erfolg auf dem Weg zum Fall der Berliner Mauer gewürdigt."[115] Da haben wir wieder das klassische Motiv amerikanischer Governance: weise Eliten müssen große Entscheidungen gegen den Willen der überwältigenden Mehrheit der Bevölkerung durchsetzen – das ist wahre Stärke, wahre Mannhaftigkeit.

Während dessen bilden die Transatlantiker immer neue Nachwuchspolitiker aus, für die der American Way of Life die einzig mögliche und denkbare Lebensweise ist. In den Institutionen sitzen nun immer öfter bereits Transatlantiker, die die jungen Fohlen zu protegieren wissen. Stück für Stück werden immer neue Positionen im Staatsapparat erobert. Die erste Loyalität gehört den transatlantischen Seilschaften und nicht der demokratischen Öffentlichkeit. Wer ab jetzt in Deutschland was werden will, sollte am besten an amerikanischen Universitäten studiert haben, stellt Joseph Nye fest:

„Die kulturellen Ideen, die in den Köpfen jener halben Million ausländischer Studenten verankert werden, die jedes Jahr an amerikanischen Universitäten studieren, oder die asiatische Unternehmer nach ihrem Erfolg in Silicon Valley mit nach Hause nehmen, bleiben auf die Machteliten ihrer Länder nicht ohne Einfluss."[116]

Für die USA sind ihre ausländischen Studenten ein überaus lohnendes Potential, meint auch Brzeziński: „... wobei viele der Fähigsten nie in ihr Heimatland zurück kehren. Studienabsolventen von amerikanischen Universitäten sind in fast allen Regierungen auf jedem Kontinent zu finden."[117]

Und noch einmal Brzeziński: die Rekrutierung fällt umso leichter, je weniger noch ein großer Unterschied in Kleidung, Essgewohnheiten oder musikalischen Vorlieben zwischen deutschen und amerikanischen Jugendlichen besteht, wie das in den Achtziger-

---

[115] a. a. O., S. 209
[116] Nye, a. a. O., S. 117
[117] Brzeziński, a. a. O., S. 25

und Neunzigerjahren des letzten Jahrhunderts immer mehr der Fall wurde.

„... das amerikanische Globalsystem betont die Technik der Kooptation (wie im Fall der besiegten Rivalen Deutschland, Japan und zuletzt sogar Russland) erheblich stärker als die vorangegangenen imperialen Systeme. Es stützt sich auch in hohem Maße auf die indirekte Ausübung von Einfluss auf abhängige ausländische Eliten, während es großen Nutzen aus der Ausstrahlung seiner demokratischen Grundsätze und Institutionen zieht. All das wird noch verstärkt durch die massive, aber kaum wahrgenommene Wirkung der amerikanischen Kontrolle über weltweite Kommunikationskanäle, populäre Unterhaltungsindustrie und Massenkultur sowie durch die potentiell sehr spürbare Schlagkraft amerikanischer technologischer Effizienz und globaler militärischer Reichweite."[118]

Beharrlich, unterstützt mit gewaltigen Geldmitteln, vergrößern die Transatlantiker ihren Einfluss. Der nächste große Dammbruch, der dann den Weg bereitet zu exponentiellem Machtgewinn für die marktradikale transatlantische Allianz, vollzieht sich mit dem Zusammenbruch des kommunistischen Machtblocks. Doch davon im nächsten Kapitel mehr.

---

[118] ebd.

Deutschland fest in transatlantischer und marktradikaler Hand?

„Es ist uns egal, wer regiert."
Günter Thielen, ehemaliger Vorsitzender
der Bertelsmann-Stiftung[119]

Der Mauerfall vom November 1989 war zugleich ein Dammbruch: Politisch. Sozial. Wirtschaftlich. Moralisch-ethisch. Kein Stein blieb mehr auf dem anderen, nicht nur bei der Graffiti-beschmierten Zonengrenzen-Mauer. Das war die Stunde einer neuen Kaste: nämlich der Kaste der Unternehmensberater und Privatisierungsgewinner.

Und der Mauerfall traf die Bürger in Ost und West gleichermaßen überraschend, in der Art eines Schocks. Der damalige Bundeskanzler Helmut Kohl setzte sich mit dem Führer der Sowjetunion, Michael Gorbatschow, zusammen. Gorbatschow brauchte Geld, viel Geld. Wie er Kohl unmissverständlich deutlich machte, war die Sowjetunion pleite. Die Preise für Gas und Rohöl, nach wie vor die wichtigste Exporteinnahme des Sowjetreichs, waren weltweit in den Keller gerutscht. Der Afghanistan-Krieg, in den Zbigniew Brzeziński Gorbatschows Amtsvorgänger Breschnew gelockt hatte, war zu einem Fass ohne Boden geworden; das Reaktorunglück von Tschernobyl verbrannte unglaubliche Summen. Und schließlich belief sich der volkswirtschaftliche Schaden durch die weit verbreitete Trunksucht im Arbeiter- und Bauernparadies jährlich schätzungsweise auf 10 Milliarden Dollar.[120]

Gorbatschow ließ durchblicken, er könne sich von der DDR trennen, wenn Kohl und die deutschen Banken der siechen Sowjetunion mit einer größeren Geldsumme aushelfen würden. Die Amerikaner waren den Sowjets diesmal nämlich nicht, wie so viele Male zuvor, zu Hilfe geeilt mit Geld und Management-Know-how.

---

[119] Siehe Thomas Schuler: Bertelsmannrepublik Deutschland, Frankfurt a. M. 2010, S. 12
[120] Die Hoffnung heißt Germanija, Der Spiegel 23. 7. 1990: http://www.spiegel.de/spiegel/print/d-13507185.html

Ganz offensichtlich brauchten die US-Oligarchen die Sowjetunion nicht länger, sondern wollten die Bodenschätze des Sowjetreichs jetzt lieber in eigener Regie ausbeuten. Kohl und die deutschen Banken halfen dem klammen Gorbatschow, und die DDR ging nun in den Besitz der westlichen Geldgeber über.

Die Ostdeutschen durften einen kurzen Sommer der Anarchie feiern, bevor sich die West-Luxuswagen frech auf die Fußgängerzonen des Alexanderplatzes stellten, womit auch dem letzten DDR-Bürger deutlich gemacht wurde, wer ab jetzt Herr im Hause ist. Doch noch heute gibt es Mitmenschen in der ehemaligen DDR, die glauben, sie hätten durch den Druck der Straße die SED-Nomenklatura verjagt.

Dabei stand das Volksvermögen der DDR schon lange auf dem Speiseplan westlicher Konjunkturritter. Während man nun durch die einschlägigen Medien Wessis gegen Ossis hetzte und zudem die Bürger der Ex-DDR gegeneinander ausspielte und verunsicherte durch den Pauschalverdacht, Stasi-Spitzel gewesen zu sein, konnten die westdeutschen und die amerikanischen Spekulanten ungestört das Vermögen des nach der Schweiz zweitgrößten Genossenschaftsstaates Europas filetieren. Dabei war natürlich auch unerlässlich, das in der DDR vom Volk angehäufte Vermögen für schrottreif zu erklären und sich in die Pose des selbstlosen Retters von eigentlich nicht zu rettenden Sachwerten zu schmeißen.

Die neuen Eroberer aus dem Westen hatten meistens noch weniger Ahnung von den Eigenheiten der ostdeutschen Regionen als die verschüchterten bettelarmen sowjetischen Besatzungssoldaten aus Kirgisien. Aber dafür wussten sie alles besser und führten sich auf wie sturzbesoffene Gutsherren.[121] Junge Milchbuben, gerade fertig mit dem Studium der Betriebswirtschaftslehre, spielten im „Wilden Osten" Unternehmensberater, ausstaffiert mit astronomischen Stundenlöhnen. Die neuen Stars der lukrativen Privatisierung volkseigener Betriebe kamen von McKinsey, KPMG oder Treuarbeit. Alleine im Jahre 1992 mussten die Steuerzahler 450 Millionen DM West für diese Beratungen der Treuhand ausgeben.

---

[121] Siehe z. B. Michael Jürgs: Die Treuhändler – Wie Helden und Halunken die DDR verkauften, München/Leipzig 1997, S. 364ff.

Die Treuhand: Ursprünglich sollte jene Behörde den Ost-Betrieben helfen, sanft im neuen kapitalistischen Umfeld zu landen, wobei viele Kombinate ohne weiteres öffentlich-rechtliche Betriebe hätten bleiben können. Treuhandchef Detlev Karsten Rohwedder, den wir schon als Rivalen von Otto Wolff von Amerongen kennen, war solchen Ideen nicht abgeneigt. Damit machte er sich nicht gerade beliebt in der deutschen und amerikanischen Finanzwelt. Nach seiner Ermordung durch professionelle Killer, die bis heute nicht identifiziert worden sind, trat die marktradikale Politikerin Birgit Breuel, die teutonische Entsprechung von Maggie Thatcher, an die Spitze der Treuhand und es folgte eine Serie von Firmenliquidationen und Privatisierungen, wie sie auf dem europäischen Kontinent bislang ohne Beispiel war.[122] Dabei wickelte man auch viele kerngesunde Betriebe ab, die westlichen Konkurrenten schlicht im Wege standen.

Steuerzahler in Ost und West wurden gleichermaßen gemolken. Westliche Banken kauften Ost-Banken. Da gab es eine Besonderheit im DDR-System, die man sich schlau zu Nutze machte: auch die DDR zahlte nämlich Subventionen an Unternehmen. Diese Subventionen wurden über DDR-Banken als Kredite an die Kombinate überwiesen. Es war aber nicht daran gedacht, dass die Kombinate das Geld jemals zurück bezahlen sollten. Diese Beträge standen aber als „Kredite" in den Büchern. Nun stellten sich West-Banken und West-Behörden einfach doof und taten so, als handelte es sich um Kredite, die zurückgezahlt werden müssten. West-Banken kauften Ost-Banken, nur, um über den extra eingerichteten bundeseigenen Erblastentilgungsfonds diese angeblichen Altschulden aus Steuermitteln ausgezahlt zu bekommen.[123]

Der Journalist Lorenz Maroldt beschrieb im *Berliner Tagesspiegel* diesen Betrug wie folgt:

„Dass die DDR-Zuweisungen in marktwirtschaftliche Schulden umgewandelt wurden, hat nicht nur die westdeutschen Banken zu Einheitsgewinnern gemacht, sondern auch große Teile der ostdeut-

---

[122] Gerhard Wisnewski, Wolfgang Landgraeber, Ekkehard Sieker: Das RAF-Phantom – Wie Politik und Wirt-schaft Terroristen brauchen, S. 230ff.
[123] Dazu auch: Vladimiro Giacché: Anschluss – Die deutsche Vereinigung und die Zukunft Europas. Hamburg 2014. S.67ff

schen Wirtschaft in Abhängigkeit gebracht, mindestens das. Für viele betroffene Unternehmen, die sich plötzlich mit astronomischen Rückzahlungsforderungen und rasant steigenden Zinsbelastungen konfrontiert sahen, bedeutete es den Ruin. Sie verfügten wegen der Zwangsabführung ihrer Gewinne über keinerlei Rücklagen, wurden von der Treuhand als nicht sanierungsfähig eingestuft und abgewickelt."[124]

Der Fall wurde vor das höchste bundesdeutsche Gericht gebracht. Dessen Urteil: es gebe hier einen legitimen „Ermessensspielraum" für die Bundesregierung, was ein Kredit zu DDR-Zeiten gewesen sein könnte. Thema Ende. Entweder waren die Richter ziemlich weltfremd oder sie wollten aus uns nicht bekannten Gründen den für jeden vernünftigen Menschen offenkundigen Sachverhalt nicht sehen. Kurzum: die deutschen Steuerzahler in Ost und West mussten schätzungsweise 200 Milliarden DM auf diese Weise den westdeutschen Banken schenken! Diese Geldumleitung wurde politisch bewerkstelligt von Theo Waigels Staatssekretär im Finanzministerium. Der hieß damals Horst Köhler und stieg später zu einem unserer kurzlebigen Bundespräsidenten auf.

Der deutsche Staat war damals noch regenerationsfähig, so dass solche Aderlässe verkraftet werden konnten. Die Regierung Kohl hielt sich noch an Rezepte des Ökonomen Keynes. Der Staat investierte mächtig in die Infrastruktur im Osten, was die Wirtschaft belebte, so dass auch wieder mächtig Steuern in die Bundeskasse zurückflossen. Den „Aufbau Ost" bezahlte Kohl unter anderem aus den Geldtöpfen der Sozialkassen, was diese anfällig machte für Privatisierungsattacken.[125]

Wesentlich schlechter als den Menschen in den neuen Bundesländern erging es allerdings den Bewohnern anderer Staaten des ehemaligen Warschauer Paktes. Dort brach die Wirtschaft zunächst vollkommen zusammen, was im äußersten Fall zu existentiellen

---

[124] Lorenz Maroldt: Schulden ohne Sühne – 15 Jahre Währungsunion: Wie sich westdeutsche Banken auf unsere Kosten an fiktiven DDR-Krediten bereicherten, Tagesspiegel 1.7.2005
http://www.tagesspiegel.de/meinung/kommentare/schulden-ohne-suehne/620948.html
[125] Peter Bofinger: Wir sind besser als wir glauben – Wohlstand für alle, Reinbek 2006, S. 84ff.

Nöten wie Hunger und Obdachlosigkeit führte. Diese Menschen standen noch mehr unter Schock als die Ostdeutschen. In diesen völlig wehrlosen Ländern tobten sich die marktradikalen Zerstörer aus Amerika ungehindert aus.[126] Der uns schon bekannte German Marshall Fund of the US bildete marktradikale Kader aus den jeweiligen Ländern aus. Diese machten ihre Länder mit dem Eifer von Konvertiten zu turbokapitalistischen Modellländern nach dem Vorbild von Chile.

Damit hatte sich die Umgebung Deutschlands äußerst nachteilig verändert. Das neue Europa des turbokapitalistischen Ostens übte mit Unterstützung der USA auf das alte Europa massiven Druck aus, nun auch mit dem Sozialabbau zu beginnen.

Eigentlich wären die Verhältnisse jener Jahre ja eine prima Gelegenheit für die Linken und Alternativen in Deutschland gewesen, daraus politisches Kapital zu schlagen. Aber nichts dergleichen geschah. Dass die PDS, die gerade eben noch als SED einen kompletten Genossenschaftsstaat politisch an die Wand gefahren hatte, eher froh war, nicht weiter geschröpft zu werden, ist nachvollziehbar. Dort hieß die Devise eher: Kopf einziehen und abwarten, bis der Orkan vorbei ist.

Und die Grünen waren zum großen Teil aus linken Milieus gekommen. Das Ende des Staatssozialismus kam ihnen sicher nicht ganz ungelegen. Denn aus den rebellischen Studenten mit 600 Mark BAföG waren mittlerweile wohlhabende Bürger geworden. Warum sollte man noch mit dem System hadern? Die Grüne Klientel verdient irgendwann im Schnitt mehr Geld als die Klientel der FDP.[127] Das Sein bestimmt das Bewusstsein, oder: wer an der Krippe sitzt, der frisst.

Die jungen Grünen vertreten heute statt ökosozialistischer Auffassungen eher die Position des „Libertarismus", einer Art von

---

[126] Naomi Klein: Die Schockstrategie – Der Aufstieg des Katastrophen-Kapitalismus, Frankfurt a. M 2009, S. 303
[127] Leipziger Studie: Reiche wählen FDP und Grüne – rechte Anhänger sind arm und ängstlich,
http://www.lvz-online.de/nachrichten/aktuell_themen/bundestagswahl-2013/wahlkampf-in-sachsen/leipziger-studie-reiche-waehlen-fdp-und-gruene-rechte-anhaenger-sind-arm-und-aengstlich/r-wahlkampf-in-sachsen-a-205711.html

Anarchokapitalismus.[128] Eine in den USA weit verbreitete Weltanschauung vom angeblich freien Menschen, der in einer Gesellschaft ohne Staat lebt. Jeder ist für sich selber verantwortlich und sorgt komplett auf eigene Rechnung für seine Daseinsfürsorge. Es gibt dann so gut wie keine Verbote mehr.

Hier treffen sich marktradikale und libertäre Strömungen. Schon Milton Friedman hatte sich für die vollständige Legalisierung aller Drogen eingesetzt. Rauchen, Trinken, riskant Auto fahren: jeder soll das im entfesselten Marktkapitalismus frei für sich entscheiden können.

Im grünen Lager fand man denn auch niemanden, der in den Jahren nach der Wiedervereinigung die Kultur der Dreiteilung unserer Wirtschaft in genossenschaftliche, öffentlich-rechtliche und private Sektoren verteidigt hätte. Die kleinbürgerlich sozialisierten Grünen hatten für die „Gummibaumkultur" der Arbeiterbewegung nur ein überhebliches Lächeln übrig. Dies sind die weltanschaulichen Grundlagen, die ein bisschen erklären könnten, warum ausgerechnet die Grünen heute so eifrig wie kein anderes politisches Milieu die transatlantischen und marktradikalen Netzwerke frequentieren.

Bertelsmann: Die Kraft der zwei Herzen

In den Neunzigerjahren des letzten Jahrhunderts drängte sich eine Stiftung immer mehr in den Vordergrund, die alle bisherigen Stiftungen an Größe und Bedeutung weit übertreffen sollte: die Bertelsmann-Stiftung aus dem westfälischen Städtchen Gütersloh. Die Stiftung kommt amerikanischer als die Amerikaner daher. Reinhard Mohn hatte den Bertelsmann-Buchring zu einem der größten Medienkonzerne der Welt aufgebaut, der seit 1986 auch mit 40% am Fernsehsender *RTL* beteiligt ist. 1977 gründete Mohn die Bertelsmann-Stiftung. Die dümpelte aber zunächst herum, bis Reinhard Mohn sich 1991 aus der Konzernleitung zurückzog, dafür aber Chef der Stiftung wurde und diese zu einem mächtigen Kampforgan des Marktradikalismus herausputzte.

---

[128] http://www.links-libertaer.de/

Mohn war der Ansicht, dass die Politiker allesamt unfähige Pfeifen sind und dass man den Staat genauso führen muss, wie man einen Wirtschaftsbetrieb führt. Am liebsten hätte er in Bonn gleich selber das Steuer übernommen. Die Stiftung verfügt heute über ein Vermögen von 619 Millionen Euro Buchwert – der tatsächliche Wert wird mit einigen Milliarden Euro geschätzt – und gibt 351 Mitarbeitern Lohn und Brot. Pro Jahr kann die Bertelsmann-Stiftung rund 60 Millionen Euro ausschütten, und sie hat seit ihrer Gründung bereits etwa eine Milliarde Euro in die marktradikale Umwandlung unserer Gesellschaft investiert. Die Stifter geben kein Fördergeld für externe Projekte, sondern führen mit dem Geld komplett eigene Projekte durch.

Was Kritiker besorgt, ist die Tatsache, dass der Medienkonzern Bertelsmann und die Bertelsmann-Stiftung eine große Nähe zueinander aufweisen. So besitzt die Stiftung 77,6 Prozent Anteile am Medienkonzern. Familie Mohn besitzt noch einmal 19,1 Prozent am Konzern.[129] Das bedeutet für die Mohn-Sippe Steuerersparnisse und einen Zusammenhalt des Vermögens auch nach dem Tod von Reinhard Mohn hinaus. Was aber schwerer wiegt, ist der von Kritikern vorgebrachte Sachverhalt, dass Aktivitäten der Stiftung ein vorteilhaftes Umfeld für das operative Geschäft des Konzerns schaffen könnten. Und der Medienkonzern kann wiederum die Weltsicht und die Projekte der Stiftung propagandistisch in einer Durchschlagskraft nach vorne bringen, wie es in Deutschland bislang ohne Beispiel ist.

Denn die Stiftung macht mittlerweile Politik und hat in manchen Bereichen die gewählten Politiker zu Statisten verkommen lassen. Im Bundesland Nordrhein-Westfalen beispielsweise gestaltet die Bertelsmann-Stiftung die Schulpolitik. „Schule & Co" hieß ein Projekt. Schulen werden als selbständige Wirtschaftsunternehmen geführt. An diesem Bertelsmann-Projekt nahmen 1997 insgesamt 90 Schulen teil. Vorausgegangen war die Arbeit einer Reformkommission „Zukunft der Bildung – Schule der Zukunft" unter Vorsitz des damaligen Ministerpräsidenten Johannes Rau (SPD)

---

[129] Angaben laut Bertelsmann-Stiftung:
http://www.bertelsmann-stiftung.de/cps/rde/xchg/SID-4DE287CA-AAEE5E58/bst/hs.xsl/2094.htm

und als einfachem, aber dominanten Mitglied Reinhard Mohn. Auf „Schule & Co" folgte das erweiterte Projekt „Selbstständige Schulen", an dem nun bereits 278 Schulen mitmachten.

Das Befremdliche ist, dass die damalige Lehrergewerkschaft GEW auch begeistert mitmachte bei diesem marktradikalen Experiment. Und wo sonst jede neue Lehrerplanstelle erst nach mühseligsten politischen Kämpfen durchgesetzt werden konnte, stellte die Landesregierung von Nordrhein-Westfalen plötzlich 200 neue Planstellen für dieses Bertelsmann-Experiment zur Verfügung. Statt Zensuren gab es jetzt „Kennziffern", statt Schulabgänger gab es „Output", statt demokratisch gewähltem Personalrat eine Personalkommission mit gestutzten Mitspracherechten. Nicht nur den Lehrern wurde schwindelig, wenn sie die „Qualitätssicherung und Rechenschaftslegung für die auf Kennziffern gestützte Evaluation" durchzuführen hatten. Wo geht es hier, bitteschön, zum Schüler, Entschuldigung, ich meinte: zum „pädagogischen Output"?!

Im Hochschulbereich ist die Gütersloher Stiftung mit dem Centrum für Hochschulentwicklung (CHE) gut aufgestellt. Mit der öffentlichen Hochschulrektorenkonferenz zusammen hat die CHE den Weg bereitet für eine Kommerzialisierung und Privatisierung der Unis. Wichtige Voraussetzung für den Weg an die Börse ist die Einführung der Studiengebühr zur Kapitalbildung an deutschen Hochschulen. Eine Praxis, die in England und den USA gang und gäbe ist und die Millionen junger Menschen mit einem schweren Buckel von Schulden in die Berufstätigkeit entlässt. Gottlob ist die Studiengebühr in einigen Bundesländern wie Hessen aufgrund der breiten Proteste in der Bevölkerung wieder abgeschafft worden.

Doch der Weg zur Kommerzialisierung von Bildung geht weiter. Denn die Bertelsmann-Stiftung führt zusammen mit der Zeitschrift *Stern* aus dem eigenen Medienkonzern ein sogenanntes „Hochschul-Ranking" durch, eine Art Bundesligatabelle der angeblich besten Unis in Deutschland.[130] In Zeiten, wo Universitäten immer weniger öffentliche Gelder bekommen und immer mehr Drittmittel aus der Wirtschaft „einwerben" müssen, können solche Platzierungen über Leben oder Tod einer Hochschule entscheiden. Das heißt: die Unis sind einem knallharten Anpassungsdruck aus-

---

[130] Heute publiziert die Wochenzeitung Die Zeit die Ranking-Ergebnisse.

gesetzt, um für Gelder der Wirtschaft attraktiv zu sein. Geforscht und gelehrt wird nicht mehr im Dienste der Allgemeinheit, sondern für die speziellen Privatinteressen finanziell potenter Kreise.

Wir können gar nicht erschöpfend alle Bereiche aufzählen, in denen die „Krake Bertelsmann" ihre Fangarme ausgebreitet hat.[131] Im Gesundheitswesen ist das Centrum für Krankenhausmanagement (CKM) zu nennen, das die Privatisierung von Krankenhäusern begleitet, so beispielsweise die Zusammenfassung der Universitätskliniken von Marburg und Gießen, um sie auf den Verkauf an den Konzern Rhön-Klinikum vorzubereiten. Das CKM macht sich Sorgen, wer morgen noch unsere Sozial- und Gesundheitsleistungen bezahlen soll, um als Ausweg aus der wahrgenommenen Krise die privaten Versicherer ins Gespräch zu bringen. Das lohnt sich, wie wir schon an anderer Stelle erörtert haben: es gilt, 90 Prozent des deutschen Marktes den öffentlichen Trägern zu entreißen und den privaten Anbietern zuzuführen.

Bereits 1992 hatte sich Reinhard Mohn bemüht, seine Stiftung in die transatlantischen Netzwerke einzubringen. Mohn lud Größen des transatlantischen Wanderzirkus wie Henry Kissinger, Carl Bildt, Vaclav Klaus oder Jaques Delors standesgemäß ins Gästehaus der Bundesregierung auf dem Petersberg bei Bonn ein. Als Türöffner hatte Mohn die früheren Kohl-Berater Horst Teltschik sowie den Politologen Werner Weidenfeld unter Vertrag nehmen können. Anlässlich des fünfundsiebzigsten Geburtstags des großen Vorsitzenden Reinhard Mohn fand 1996 ein Gipfeltreffen gleichgesinnter Stiftungen statt. In diesem Treffen dokumentierte sich bereits die enorm angewachsene Bedeutung privater Stiftungen. Die Stifter strotzten vor Selbstbewusstsein:

„In einer Zeit, in der die staatliche Tätigkeit zum Lösen sich zuspitzender gesellschaftlicher Probleme wegen sozialer Blockierungen nachlässt, können und müssen operative Stiftungen als konzentrierte Form bürgergesellschaftlichen Engagements unparteiische und sachgerechte Lösungskonzepte erarbeiten und sie in ausgewählten gesellschaftlichen Problemfeldern verwirklichen."[132]

---

[131] So Bertelsmann-Kritiker Albrecht Müller, http://www.nachdenkseiten.de/?p=10244
[132] Schuler, a. a. O., S. 47

Das verräterische Wort „wegen sozialer Blockierungen" bedeutet: Der Staat kommt nicht weiter, weil ihm soziale Kräfte wie die Gewerkschaften und Sozialverbände im Wege stehen. Die Ansage ist eindeutig: Stiftungen müssen den Sozialabbau in die Hand nehmen, weil auch die Regierung Kohl zögert, Segmente ihrer Wählerklientel durch soziale Kälte zu verprellen. Da müssen eben Institutionen her, die nicht dem Souverän der Demokratie, dem Volk, verpflichtet sind. Und da ist ein Instrument wie das Bertelsmann-Konglomerat aus Medienkonzern und Stiftung mittlerweile stark genug, um diese Schergenarbeit zu leisten.

Und wenn man den Kanzler noch nicht für sich einspannen kann – Bundespräsident Herzog lässt sich willig einspannen für die Bertelsmänner. In Herzogs Amtssitz in der Villa Hammerschmidt sitzt schon der Angestellte der Bertelsmann-Stiftung, Michael Jochum. Mit eigenem Schreibtisch im Präsidentenpalais. Angeblich soll er aus nächster Nähe für ein Buch über Roman Herzog recherchieren. Dafür braucht der Bertelsmann-Jochum vier Jahre. Heraus kommt aber nur eine schmale Broschüre über Bundespräsidenten im Allgemeinen. Hat Jochum in dieser langen Zeit den Bundespräsidenten mit den Ideen des großen Vorsitzenden Reinhard Mohn geimpft, wie Thomas Schuler vermutet?

Jedenfalls gibt Bundespräsident Herzog den Startschuss für die von Bertelsmann und gleichgesinnten Stiftungen konzipierte Umwandlung der Bundesrepublik im April 1997 standesgemäß im Berliner Adlon-Hotel mit seiner berühmten „Ruck-Rede".[133] Und Herzog redet, als wär's ein Stück von Bertelsmann. Da ist die Rede von Pessimismus und Zukunftsangst in Deutschland, während um uns herum die Amerikaner und die Ostasiaten lachend die neue Welt aufbauen. Überall in Deutschland bürokratische Hemmnisse, überall in Deutschland „Interessengruppen", die notwendige Neuerungen blockieren. Lange bleibt das Staatsoberhaupt unverbindlich allgemein, um dann doch zur Sache zu kommen: die Arbeit muss flexibilisiert werden; keine zu wilden Lohnabschlüsse; staatliche Aufstockung von niedrigen Löhnen.

---

[133] Die Berliner „Ruck-Rede" im Wortlaut:
http://www.bundespraesident.de/SharedDocs/Reden/DE/Roman-Herzog/Reden/1997/04/19970426_Rede.html

Die geballte Kraft der zwei Herzen schlägt zu: in allen Bertelsmann-Medien wird groß und voller Lob über die Meditationen des Präsidenten berichtet. Sogar Anzeigenseiten in der *Frankfurter Allgemeinen Zeitung* werden angekauft, in denen die Bertelsmann-Stiftung als scheinbar unbeteiligter Zeitzeuge dem Staatsoberhaupt applaudiert.

Und da läuft sich auch schon ein untersetzter Niedersachse warm für das Kanzleramt: Gerhard Schröder. Der ehemalige Stamokap-Jungsozialist ist der Favorit der SPD für den anstehenden Wahlkampf im Jahre 1998. Auch Schröder spricht nun vom „Umsetzungsstau" und ist ganz zuversichtlich, dass er als Sozialdemokrat schaffen kann, was die Konservativen nicht können: „Es mangelt an der Fähigkeit der Eliten, das als richtig Erkannte durchzukämpfen, sich notfalls dafür verprügeln zu lassen. ‚Leadership' nennt man das in Amerika."[134] Also zu 100 Prozent das schon sattsam bekannte uralte Mantra der Transatlantiker.

Die SPD-Wähler überhören diese klare Drohung Schröders, mit ihm aus dem Regen geradewegs in die Traufe zu fallen. Hauptsache: Kohl ist weg! An Mut, sich für unpopuläre Maßnahmen verprügeln zu lassen, fehlt es dem rot-grünen Gespann Schröder/Fischer nun wirklich nicht. Sie beweisen ihr „Leadership", indem sie deutsche Soldaten zum ersten Mal seit Ende des Zweiten Weltkriegs in richtige Kriegshandlungen schicken. Da weitermachen, wo Hitler aufhören musste – bei der Bombardierung Belgrads. Es hagelt Prügel in Form von nicht enden wollenden Wahlniederlagen, aber Schröder verlangt immer noch nach mehr Prügeln. Nachdem ihm die Wähler bei der Bundestagswahl 2002 überraschend eine zweite Chance gegeben haben, trumpft Schröder mit dem Reformwerk der „Agenda 2010", made by Bertelsmann, richtig auf.

Die mittlerweile durchgesetzten Agenda-Vorschläge stellen eine perfekte Umsetzung von Forderungen und Vorschlägen der Bertelsmann-Stiftung dar. In der Regierung wechseln Bertelsmänner munter zwischen Stiftung und Ministerien hin und her. Die Bertelsmann-Stiftung hatte schon 1999 einen Langzeit-Workshop ein-

---

[134] Gerhard Schröder: Gegen den Luxus der Langsamkeit, Spiegel 19.5.1997, http://www.spiegel.de/spiegel/print/d-8716668.html

gerichtet, um Empfehlungen für ein Bündnis für Arbeit zu formulieren. Das Stiftungsmitglied mit dem viel versprechenden Namen Stefan Profit wechselt von diesem Workshop irgendwann in den Stab von Arbeitsminister Walter Riester. „Die Drehtür zwischen Regierung und Stiftung ist gut geölt und in vollem Schwung", urteilt Bertelsmann-Beobachter Thomas Schuler.[135]

Bertelsmann als Königsmacher für Rot-Grün

Die Bertelsmann-Stiftung hatte nie irgendwelche Berührungsängste gegenüber Grünen, Linken oder Gewerkschaftlern. Geschickt wissen die Bertelsmänner Walter Riester und Peter Hartz von der IG Metall für ihre Ziele einzuspannen und sie nicht mit markigen Kapitalistensprüchen zu verprellen. Geschmeidig ist die Bertelsmann-Sprache und versteht es, linke Begriffe wie „Nachhaltigkeit" mit neuen marktradikalen Inhalten zu füllen. Die Lehrergewerkschaft ködern sie mit neuen Lehrerplanstellen. Als Grüne und SPD 1998 die erste rot-grüne Koalition auf Bundesebene bilden und so sechzehn Jahre unter „König Kohl" beenden wollen, schlägt wieder die Kraft der zwei Herzen: der Medienkonzern Bertelsmann propagiert das Gespann Schröder und Fischer auf Hochglanz als regierungstauglich. Die Stiftung steht bereit mit den entsprechenden Konzepten, die SPD und Grüne nur noch umsetzen müssen. „Synergie" heißt das auf Neudeutsch.

Zusammenlegung von Arbeitsamt und Sozialamt; Fördern und Fordern; Aufstockung von Niedriglöhnen aus den Töpfen der Solidargemeinschaft; neue Definition von Zumutbarkeit von Arbeitsangeboten an Jobsucher; Job statt Arbeit; Flexibilität: wenn ein Schlosser in Ostfriesland keine Arbeit mehr findet, muss er halt nach Baden-Württemberg ziehen. Vom „Benchmarking Deutschland" – Empfehlungen einer von Bertelsmann inspirierten Arbeitsgruppe[136] – zu offizieller Regierungspolitik ist es nur ein Katzensprung.

---

[135] Schuler, a. a. O., S. 108
[136] http://www.bpb.de/apuz/26610/benchmarking-deutschland-wo-stehen-wir-im-internationalen-vergleich?p=all

Hier lebt sich wieder die amerikanische Ranking-Sucht aus: auf Deutschland wird Druck ausgeübt, weil aufgrund von Vergleichsmaßstäben, die die Bertelsmann-Stiftung aus Unternehmersicht vorgibt, Deutschland im internationalen Vergleich schlecht dastünde. Auch die Gewerkschafter und die Grünen kommen nicht auf die Idee, sich dem Ranking mit seinen fragwürdigen Vorgaben zu verweigern und stattdessen Kriterien wie soziale Gerechtigkeit oder Vorrang der persönlichen Lebensentfaltung gegenüber dem Profitprinzip zu verteidigen und auszubauen.

Festzuhalten bleibt: ein sozialdemokratischer Kanzler und ein grüner Vizekanzler haben bessere Möglichkeiten, ihrer Wählerschaft die marktradikalen bitteren Pillen zu verkaufen als CDU und FDP. Kohl schreckte immer vor dem Widerstand der Gewerkschaften zurück. CDU-Arbeitsminister und IG Metall-Mitglied Norbert Blüm verteidigte beispielsweise immer das Umlageprinzip in der gesetzlichen Altersversorgung. Rot-Grün konnte ihrer irritierten Klientel zumindest für einige Jahre Zumutungen verkaufen, an die sich die Schwarz-Gelben in jenen Jahren noch nicht heran trauten.

Ohne die Vorarbeiten von Schröder und Fischer wären die heutigen Übergriffe auf unser Sozialsystem unter Merkel, Rössler und Nahles nicht denkbar. Der Staat ist als Gestalter der Gesellschaft noch weiter in den Hintergrund getreten. Längst sind Stiftungen, allen voran die Bertelsmann-Stiftung, an die Stelle des Staates und der öffentlich-rechtlichen Träger getreten. Sie beaufsichtigen mit seismischer Empfindlichkeit gesellschaftliche Entwicklungen an der gesellschaftlichen Basis und treten auf als die gütigen Großeltern, die die Kinder nach den Züchtigungen durch Vater Staat wieder streicheln und trösten – wobei sie klugerweise für sich behalten, dass sie die Eltern zu ihrer harten Haltung gedrängt haben.

Es geht locker und entspannt zu, es wird viel gelacht und gescherzt bei den Bertelsmann-Kongressen, zu denen gebeutelte Sozialarbeiter, Kommunalpolitiker, Lehrer, Therapeuten und Betroffene pilgern, um unter den Fittichen der „Mohn-Sekte" Trost und Rat zu finden.[137] Da treffen sich beispielsweise alle zwei Jahre Menschen aus den sozialen Kampfgebieten im Bertelsmann-

---

[137] Sönke Paulsen: Drei Freundinnen, Freitag 12. 2. 2013,
https://www.freitag.de/autoren/soenke-paulsen/drei-freundinnen

Kommunalkongress. 2011 ging es um „Kinder und Jugendliche: Zukunft mit Perspektive!" Es wird auf die Dauer ganz schön teuer, wenn so viele Jugendliche keinen Schulabschluss haben und dann dummes Zeug anstellen. Also müssen die Kommunen nach neuen Wegen der Jugendförderung Ausschau halten. Und der damalige Kieler Oberbürgermeister Torsten Albich war auch beim Kommunalkongress und versprach, man müsse dann halt mal wieder – und hier verzog er gequält die Gesichtsmuskeln – die Banken anpumpen, um Geld für schwierige Jugendliche locker zu machen. Praktiker vor Ort diskutieren unter der professionellen Moderation von fest angestellten Bertelsmännern und -frauen in Kleingruppen, um dann im Plenum Ergebnisse und Anregungen zu formulieren. In anderen Kommunalkongressen dürfen Schüler selber über den Schuletat abstimmen.

Alles wunderbar, keine Frage. Die Teilnehmer freuen sich wie die Schneekönige, dass ihnen mal jemand zuhört und ihre Vorschläge ernst genommen werden – was im Berufsalltag selten der Fall ist. Die geduldigen Bertelsmann-ModeratorInnen schreiben fleißig mit, und so wird die Informationssammlung für die „Krake Bertelsmann" immer dichter, immer flächendeckender. Es ist fast wie beim Wetterdienst: je feiner das Netz von Beobachtungswaben gesponnen wird, umso besser werden die Voraussagen, wann soziale Gewitter und politische Regengüsse zu erwarten sind: um sich als privatisierter Sozialtechniker entsprechend vorzubereiten und dann schon, bevor die Menschen draußen im Lande begriffen haben, dass sich soziale Entladungen ankündigen, bereits die entsprechenden Gegenrezepte zur Hand zu haben.

Bertelsmann hält unzählige solcher sozialer Wetterstationen bereit: „Bürgerforum", in Zusammenarbeit mit dem Bundespräsidenten und der Heinz Nixdorf Stiftung. Aus Amerika frisch im Angebot: „21st Century Town Meeting; Appreciate Inquiry; Bürgerhaushalt; Bürgerpanel; Bürgerrat; Deliberate Polling" oder „European Citizen's Consultation". Aufwendig finanzierte Prothesen für basisdemokratische Artikulationen der Bürger und gleichzeitig Instrumente zur Informationsgewinnung über die Menschen draußen im Lande.

Das Netz privat finanzierter Einrichtungen im Sozialbereich hat längst öffentlich betriebene Institutionen weit in den Schatten gestellt. Stiftungen und privatisierte Krankenhäuser oder Universitäten ergänzen sich mehr oder minder perfekt. Damit wird Deutschland immer mehr den Verhältnissen in den USA, wie sie im dritten Kapitel dieses Buches beschrieben wurden, angeglichen. Während Finanzierungsquellen des Staates und öffentlicher Träger immer weiter ausgehungert werden, platzt die private Wohlfahrt vor Gesundheit aus allen Nähten.

Deutschland leidet an der „Stifteritis". Stiftungen sind in den letzten drei Jahrzehnten aus dem Boden geschossen wie Pilze. Im Jahre 2001 gab es schon 10 503 Stiftungen in Deutschland. 2013 hat sich der Bestand verdoppelt auf 20 150 Stiftungen! Allein im Jahre 2007 wurden 1 134 neue Stiftungen eingetragen.[138] Dass überschüssiges Geld von verdienenden Privatleuten überhaupt wieder in die Gesellschaft über Stiftungen zurückgeführt wird, ist natürlich noch allemal besser, als wenn die Reichen und Vermögenden damit einfach in Steueroasen verschwinden würden. Es handelt sich jedoch bei den Stiftungsvermögen zum großen Teil um Mittel, die von der Steuer befreit sind. Der Staat, die öffentlich-rechtlichen Träger und zum Beispiel auch die Vereine, die vom Staat Zuschüsse bekommen, sehen von diesem Geld gar nichts.

Anstatt die demokratisch legitimierte Gemeinschaft gemeinsam und transparent entscheiden zu lassen, wie die Mittel eingesetzt werden sollen, entscheiden reiche Privatpersonen wie dereinst die Kurfürsten nach eigenem Gusto, wo die Mittel hinkommen. Die Zuteilung der Geldmittel nach Erkenntnissen unabhängiger demokratischer Gremien ist so nicht möglich.

Geht vielleicht ein Milliardär verkleidet durch einen Bahnhofstunnel und erblickt dort einen Blinden, dem auch noch ein Arm amputiert wurde, dann wird er vielleicht eine Stiftung zur Förderung von blinden Einarmigen gründen, um seinem wahrgenommenen Horror Linderung zu verschaffen. Die viel besungene Synergie der gesellschaftlichen Mittel und Kräfte wird sich im neofeudalen Bakschisch-System nicht mehr herstellen lassen.

---

[138] http://www.stiftungen.org/fileadmin/bvds/de/Presse/Pressematerial/DST_PK_2014/Neu/Stiftungsbestand_2013.pdf.

Jawohl, Bakschisch. Menschen, die in Not sind, haben die Würde des gesetzlichen Rechtsanspruchs auf Unterstützung verdient und keine erniedrigenden Almosen. Dafür haben unsere Vorväter und -mütter hart gekämpft.

Über wie viel Vermögen und über wie hohe Ausgaben verfügen Stiftungen in Deutschland? Das ist unmöglich zu sagen. Stiftungen sind nämlich nicht unbedingt gesetzlich verpflichtet, ihre Bilanzen zu veröffentlichen. Das *Manager Magazin* schätzt das Gesamtvermögen deutscher Stiftungen auf 100 Milliarden Euro.[139] Diese Schätzung dürfte zu niedrig angesetzt sein. Denn allein die Addition der Vermögenswerte der 15 größten Stiftungen, die Auskunft über ihre Bilanzen erteilt haben, ergibt eine Summe von über 32 Milliarden Euro.[140] Bei den restlichen 20 135 Stiftungen, die aktuell in Deutschland existieren, dürfte aber auch noch eine gar nicht so geringe Summe zusammen kommen.

Wie gesagt, es ist ja gut, dass von diesem Vermögen auch Wohltätigkeiten ausgeteilt werden. Denn der weit größere Teil des Privatvermögens, das dem Staat und damit der Solidargemeinschaft entzogen wird, geht durch legale und illegale Methoden der Steuervermeidung und Steuerflucht verloren. Die Vermögenssteuer existiert zwar noch, wird aber seit 1997 nicht mehr erhoben. Kommunen kämpfen gegeneinander, indem sie die Gewerbesteuer immer noch weiter absenken, als dies die Nachbargemeinde schon tut.

Und der britische Fiskalexperte Richard Murphy schätzt, dass jedes Jahr ungefähr 190 Milliarden Euro an den deutschen Finanzämtern vorbei flüchten in sogenannte Steueroasen. Zum Vergleich: der Bund hat im Jahre 2012 etwa 250 Milliarden Euro an Steuern eingenommen.[141] Hätte also der Bund 440 Milliarden Euro im Jahr zur Verfügung und der Staat hätte obendrein zufriedene und phantasievolle Mitarbeiter, dann könnte der öffentliche Sektor viel

---

[139] Manager Magazin 27. 11. 2012:
http://www.manager-magazin.de/finanzen/alternativegeldanlage/a-869209.html
[140] http://www.stiftungen.org/fileadmin/bvds/de/Presse/Pressematerial/DST_PK_2014/Neu/Stiftungen_nach_Vermoegen_neu.pdf
[141] Zahlen nach: Hermannus Pfeiffer: Die legale Steuerflucht, Neues Deutschland 7. 1. 2013,
http://www.neues-deutschland.de/artikel/809152.die-legale-steuerflucht.html

schönere Füllhörner ausschütten als jetzt im kläglichen Hinterherhinken hinter den satten Stiftungen.

Und wo liegen die Steueroasen? Nicht, wie man sich immer erträumt, an Palmenstränden in Vanuatu in der Südsee. Die Initiative Tax Justice Network stellt vielmehr klar: das System der Steuerflucht „… beruht nicht auf zwielichtigen, namenlosen Banken mit Sitz in Inselparadiesen, sondern auf den größten internationalen im Private Banking tätigen Finanzinstituten sowie führenden Anwaltskanzleien und Steuerberatungs- und Wirtschaftsprüfungsunternehmen. Alle diese Unternehmen haben ihren Sitz nicht in Inselparadiesen, sondern in wichtigen Finanzmetropolen der entwickelten Volkswirtschaften, wie zum Beispiel New York, London, Genf, Frankfurt oder Singapur."[142]

Die Namen jener ehrenwerten Banken und Unternehmensberatungsfirmen sind vertreten in den Beiräten und Förderkreisen der einschlägigen Stiftungen und Netzwerke transatlantischer und marktradikaler Ausrichtung.

„Bürgerengagement" als Holzbein des invaliden Sozialstaats?

Als gemeinnützig anerkannte Stiftungen flankieren oftmals tatkräftig die Interessen der ihnen nahestehenden Geschäftsunternehmen. Stiftungen bereiten deren Pläne so auf, dass Medienkonzerne die Agenda unter das gemeine Volk streuen können.

Konkretes Beispiel: die Bertelsmann-Stiftung propagiert schon seit langem die öffentlich-private Partnerschaft (ÖPP) – oder englisch: Public Private Partnership (PPP). Das heißt: Behörden geben Teile ihrer Arbeitsbereiche an private Dienstleistungsfirmen ab. Langfristig soll der Staat sich so gut wie vollständig aus dem operativen Bereich heraushalten und nur noch „moderieren", also: die privatisierten Tätigkeiten koordinieren und überwachen – und natürlich das Geld bereitstellen.

Dazu heißt es in einem Arbeitspapier der Bertelsmann-Stiftung: „Ein schlanker, aber starker Staat setzt Rahmen, definiert Spielregeln und schafft Anreize. Er fördert die Freiheit und zieht die staat-

---

[142] http://www.taxjustice.net/cms/upload/pdf/Deutsch/TJN2012_KostenOffshoreSystem.pdf

liche Eigenausführung nur subsidiär in Betracht."[143] „Subsidiär" kann nur heißen: wenn die Ausführung einer Aufgabe zu unrentabel ist, dann soll das bitteschön der Staat selber übernehmen. Ansonsten fördert der Staat die Freiheit, soziale Aufgaben profitabel zu gestalten.

Nun ergibt es sich ganz passend, dass der Bertelsmann-Konzern gar nicht mehr so viel mit Büchern handelt. Goldbringer ist mittlerweile nämlich die konzerneigene Dienstleistungsfirma Arvato mit ihren 63 818 Mitarbeitern und einem Umsatz von 4,4 Milliarden Euro (beide Zahlen für 2012). Und Arvato sieht in den kommunalen Verwaltungen ein riesiges Geschäftsfeld, an dem man auch gerne teilhaben möchte. Die schlichte Modellrechnung der Arvato-Strategen sieht so aus: in Deutschland sind 1,5 Millionen Mitarbeiter in Kommunalverwaltungen beschäftigt. Ein Mitarbeiter kostet im Jahr 70 000 Euro, macht also für Deutschland 105 Milliarden Euro Personalkosten pro Jahr. Vom Arbeitsaufkommen der Verwaltung könnte Arvato etwa ein Fünftel der Aufgaben übernehmen. Durch Automatisierungen und Personalabbau könnte sich Arvato aus dem 20-Milliarden-Etat einige profitable Kuchenstückchen abschneiden.[144]

Seit 2005 hatte Arvato bereits im englischen Bezirk East Riding einen Teil der Verwaltungsaufgaben übernommen. Dann sollte ab 2007 durch einen Modellversuch in Würzburg der deutsche Kommunalsektor kommerziell erschlossen werden. Alle Politiker vor Ort wollten ganz mit der Zeit gehen und beteten das marktradikale Mantra vom „schlanken Staat" durch Personaleinsparungen rauf und runter. Heute ist der Katzenjammer groß. Denn der Versuch, eine Kommunalverwaltung wie eine automatisierte Profitmaschine zu betreiben, ist auf der ganzen Linie gescheitert. Jetzt darf die Solidargemeinschaft der Steuerzahler für Würzburg 535 000 Euro an die Bertelsmann-Tochter Arvato überweisen und muss nach einem

---

[143] Bertelsmann-Stiftung: Agenda Moderne Regulierung, Gütersloh 2005, http://www.bertelsmann-stiftung.de/cps/rde/xbcr/SID-21F03156-0050794F/bst/Positionspapier_MoRe_Buerokratieabbau.pdf

[144] Thomas Schuler: Bertelsmann scheitert an Würzburg, Berliner Zeitung 19. 2. 2011, http://www.berliner-zeitung.de/archiv/umstrittenes-verwaltungsprojekt-gestoppt-bertelsmann-scheitert-an-wuerzburg,10810590,10772414.html

außergerichtlichen Vergleich 815 000 Euro für den gescheiterten Versuch bezahlen. Insgesamt kostet das Abenteuer die Würzburger Bürger also 1,35 Millionen Euro.[145]

Sollten sich jedoch in Zukunft öffentliche Aufgaben automatisieren lassen, dann ist für Bertelsmann und andere marktradikale Stiftungen klar: ganz ohne Menschen kann man Kommunen auch nicht betreiben. Aber: der Faktor Mensch soll bitteschön in Zukunft nichts kosten. Das neue Zauberwort heißt: „Bürgerschaftliches Engagement", oder auch: „Ehrenamt". Und dafür gibt es bereits seit 2002 eine öffentlich-private Partnerschaft: das Bundesnetzwerk Bürgerschaftliches Engagement. Unter der Schirmherrschaft des Bundespräsidenten Gauck und der Koordination durch das Bundesministerium für Familie, Soziales, Frauen und Jugend sind hier hunderte von öffentlichen Behörden, Sozialverbänden, Gewerkschaften oder auch Stiftungen vertreten.

Neben der Bertelsmann-Stiftung ist auf diesem Gebiet auch die Körber-Stiftung mit ihrem Netzwerk „Bürgergesellschaft – Die Beweger" engagiert. Im Körber-Boot sitzt beispielsweise Tobias Kemnitzer in seiner Eigenschaft als Geschäftsführer der Bundesarbeitsgemeinschaft der Freiwilligenagenturen e. V. Ein Grünen-Politiker. Denn die Freiwilligenagenturen sind eine Domäne der Grünen. Die Körber-Stiftung will dem „deutschen Bedenkenträgertum" den „amerikanischen Spirit" der Eigeninitiative entgegensetzen.

Aber auch Privatunternehmen wie der Ölmulti British Petrol oder die Deutsche Bank sind dabei. Man kann auf ein Potential von 23 Millionen Deutschen in Ehrenämtern zurückgreifen. Die traditionelle Hilfsbereitschaft der Deutschen wird leider immer öfter in Anspruch genommen, um den Sozialabbau ein bisschen abzufedern. Freiwillige betreiben unentgeltlich Schwimmbäder, jäten Unkraut auf Friedhöfen oder betreuen Büchereien. Führen Gespräche mit Kranken und Sterbenden, umarmen und streicheln sie auch mal, weil die professionellen Pflegemitarbeiter derweil den ganzen Tag Berichte schreiben müssen. Selbst Mitarbeiter in Sozialberufen

---

[145] Arvato-Flop – Teurer als bekannt, Main Post 24. 11. 2013, http://www.mainpost.de/regional/wuerzburg/Arvato-Flop-Teurer-als-bekannt;art735,7807540

werden von Vorgesetzten aufgefordert, in ihrer knappen Freizeit auch noch ehrenamtlich zu arbeiten.

Dass auf diese Weise massenhaft Arbeitsplätze vernichtet werden, wird von der gut geschmierten Öffentlichkeitsarbeit der Stiftungen geflissentlich verschwiegen. Es besteht die Gefahr, dass die ehrenamtliche Arbeit langfristig Schaden nimmt: „Engagement ist eine Ressource, ohne die es keine Demokratie gibt. Aber diese Ressource ist in Gefahr, weil sie als Lückenbüßerin für eine verfehlte Politik missbraucht wird", urteilt die Journalistin Claudia Pinl.[146]

Neben der Freiwilligkeit findet die Idee des Sozialunternehmertums (englisch: „Social Entrepreneurship") auch in Deutschland ihre Anhänger. Das bedeutet, dass soziale Aufgaben, die bisher öffentlich-rechtliche Träger wie die Wohlfahrtsverbände oder Vereine übernommen haben, zukünftig in der Form profitorientierter Wirtschaftsunternehmen geführt werden sollen. Wobei der Profit keiner Privatperson zufließen soll, sondern in die Sozialarbeit zurückfließt. Also eigentlich eine geniale Idee: die soziale Einrichtung generiert selber Geldmittel zu ihrer Unterhaltung und zum Ausbau. So zumindest lautet die Theorie.

Um zu beurteilen, ob das wirklich so genial ist, müssen wir die Protagonisten einmal unter die Lupe nehmen. Da ist zunächst der Wirtschaftswissenschaftler Klaus Schwab. Schon als Millionär geboren, konnte er sich ausgiebig der Optimierung des Kapitalismus widmen. Schwab hat Prominenz erlangt als Begründer und Inspirator des Weltwirtschaftsforums im schweizerischen Winterkurort Davos. Dort treffen sich einmal im Jahr die Großen dieser Welt, um über neue Strategien des Globalkapitalismus zu diskutieren. Klaus Schwab sitzt zudem im Steering Committee, also dem Lenkungsausschuss der Bilderberg-Konferenzen.

Klaus Schwab und seine Frau Hilde gründeten zudem 1998 die Schwab Foundation for Social Entrepreneurship. Dort werden jedes Jahr Sozialunternehmer mit einem Preis ausgezeichnet. Der Preis wird von der Unternehmensberatungsfirma Boston Consulting unterstützt. Im sogenannten Organisationsstab, also dem Vor-

---

[146] Claudia Pinl: Freiwillig zu Diensten? – Über die Ausbeutung von Ehrenamt und Gratisarbeit, Frankfurt a. M. 2013, S. 143

stand, sitzen neben dem brasilianischen Erfolgsautor Paulo Coelho und Prinzessin Mathilde von Belgien auch der Wirtschaftswissenschaftler Muhammad Yunus aus Bangladesh. Dieser bekam 2006 den Friedensnobelpreis für seine erfolgreiche Einrichtung der Grameen Bank. Dieses Sozialunternehmen vergibt kleinste Kreditsummen an arme Bäuerinnen. Muhammad Yunus möchte gerne, dass der Kapitalismus auch den kleinen Leuten zugutekommt. Ein Kapitalismus für Arme soll den Profitgedanken im unteren Segment der Weltbevölkerung verankern.

Der andere Protagonist des weltweiten Sozialunternehmertums ist die Stiftung „Ashoka". Ashoka war dereinst ein weiser indischer König im dritten Jahrhundert vor Christus. Ashoka hatte mit brutalen militärischen Feldzügen fast den ganzen indischen Subkontinent unter seine Herrschaft gebracht. Irgendwann erkannte Ashoka, dass man mit Soft Power das Riesenreich viel nachhaltiger zusammenhalten konnte. Er führte als Staatsreligion den Buddhismus ein. Das inspirierte im Jahre 1980 den ehemaligen McKinsey-Unternehmensberater Bill Drayton in Washington. Er gründete die Non-Profit-Organisation Ashoka, die mittlerweile weltweit etwa 2 000 Stipendiaten unterstützt. Diese so genannten „Fellows" fördern in ihren Ländern den Aufbau von sozialen Unternehmen. Aus der Ashoka-Schulung gingen unter anderem Muhammad Yunus und der *Wikipedia*-Gründer Jimmy Wales hervor.

Die hiesige Ashoka-Filiale hat sich als Motto auf die Fahnen geschrieben: „Deutschland – Heimat der Changemaker". Den Change macht in Deutschland Felix Oldenburg, zuvor Unternehmensberater bei McKinsey. Vorständler Rainer Höll bringt Knowhow von der Bertelsmann-Stiftung mit. Finanziert und technisch unterstützt wird Ashoka Deutschland von der Créme der deutschen Wirtschaft. Unter vielen anderen seien genannt: McKinsey, SAP, Telefonica oder auch die Technische Universität München und der *Zeit*-Verlag. Ashoka hat schon eine beachtliche Reihe von Sozialunternehmen gefördert.

Dass schon seit geraumer Zeit das Sozialunternehmertum in Seminaren gepredigt wird, hat Rückwirkungen auf etablierte Sozialeinrichtungen in Deutschland. Viele Betriebe der öffentlichen Wohlfahrt wurden bereits umgewandelt vom Vereinsstatus in die

Rechtsform einer gemeinnützigen Gesellschaft mit beschränkter Haftung (gGmbH). Das beinhaltet einen grundlegenden Wechsel in der Philosophie der Nächstenhilfe. Ab jetzt wird nach den Regeln der Betriebswirtschaftslehre abgerechnet.

Das Ziel ist jetzt nicht mehr, dem Nächsten zu helfen, egal, wie teuer das wird. Ziel ist jetzt ein maximaler Gewinn, um Wachstum zu generieren. Die Mitarbeiter in den Wohlfahrtsunternehmen bekommen das zu spüren. Jetzt wird nämlich aus den Mitarbeitern herausgeholt, was nur möglich ist. Und: der Patient ist jetzt Klient und wird bald Kunde sein. Wenn mit ihm Gewinne zu machen sind, muss er um jeden Preis gehalten werden, so lange wie es geht. Zudem müssen die Mitarbeiter jetzt unablässig jede Handreichung, jedes ausgehändigte Stück Seife schriftlich dokumentieren. Das überall grassierende Qualitätsmanagement soll die Schlüsseldrehung eines Hausmeisters mit der Drehung des Skalpells eines Herzchirurgen quantitativ messbar und vergleichbar machen. Nur was quantitativ darstellbar ist, kann später auch an der Börse gehandelt werden. Mit der Durchsetzung der betriebswirtschaftlichen Philosophie sind auch gGmbHs relativ mühelos in richtige GmbHs oder gar AGs langfristig umwandelbar.

Neue Generation – Neue Herausforderungen

"Amerikas Engagement in der Welt wird selektiver. Für Europa und Deutschland bedeutet das mehr Aufgaben und Verantwortung."

Arbeitsgruppe aus Stiftung Wissenschaft und Politik
und German Marshall Fund of the US[147]

Wir verlassen jetzt das Gebiet der unternehmerischen Philanthropie und wenden uns den so genannten advokatorischen Denkfabriken zu. So bezeichnet man in Fachkreisen Lobbygruppen, die keine Wohltaten vollbringen wollen, sondern ganz ausdrücklich weltanschauliche Inhalte vermitteln und in die Köpfe implantieren wollen.

Advokaten eines marktradikalen transatlantischen Wandels in unserem Lande gab es Mitte des ersten Jahrzehnts des dritten Jahrtausends zuhauf. Sie schossen aus dem Boden wie die Pilze, weil einigen Unternehmern die neoliberalen Vorstöße von Schröder und Fischer noch nicht radikal genug waren. Aus den USA übernahmen sie die Nachahmung basisdemokratischer politischer Artikulationsformen durch neokonservative Pressure Groups, also: Gruppen, die Druck machen.

Und so simulierten unsere Leistungsträger aus der Wirtschaft Bürgerinitiativen mit Namen wie: „Bürgerkonvent" oder „Deutschland packt's an". Doch hier war der Stallgeruch elitärer Kreise noch zu deutlich wahrnehmbar. Darum gründete der Arbeitgeberverband Gesamtmetall zusammen mit Interessenvertretern der Elektroindustrie die Initiative Neue Soziale Marktwirtschaft und stattete diese „Initiative" mit einem Jahresbudget von 10 Millionen Euro aus. Die Öffentlichkeitsarbeit besorgte die nicht eben billige Werbeagentur Scholz & Friends.

Das erregte im Jahre 2005 die Gemüter in Deutschland gar sehr. Denn die damalige Oppositionsführerin Angela Merkel verkünde-

---

[147] http://www.swp-berlin.org/fileadmin/contents/products/projekt_papiere/Deut AussenSicherhpol_SWP_GMF_2013.pdf

te, sie wolle mit dem Wirtschaftsprofessor Paul Kirchhof, der sich als Botschafter der INSM präsentierte, einen marktradikalen Durchmarsch in Deutschland exekutieren. Doch die vorgezogene Bundestagswahl 2005 zeigte, dass das gemeine Volk noch nicht reif war für die trockenen Pillen des Dr. Kirchhof. Frau Merkel konnte keine Mehrheit mit der marktradikalen Koalition aus CDU und FDP zustande bringen. Stattdessen musste sie eine große Koalition mit der SPD eingehen.

Ein „Muddling Through", ein Durchwursteln durch Kompromisse war nun angesagt, wie die marktradikalen Propheten verbittert feststellten. Zwei Volksparteien in einer Regierungskoalition: etwas Schlimmeres kann es gar nicht geben. Wenn eine Volkspartei eine Koalition mit einer unternehmerfreundlichen Klientelpartei wie der FDP eingeht, dann können die Regierungsmitglieder der Volkspartei „unpopuläre Maßnahmen" ihrer Wählerschaft immer noch mit der Ausrede verkaufen: „Wir hätten ja gerne, aber dann steigt die Klientelpartei aus der Regierung aus. ..." Das war jetzt vereitelt.

Auch bei der Bundestagswahl 2009 ergab sich keine Mehrheit für eine marktradikale Regierungskoalition. FDP und CDU/CSU kamen zusammen gerade mal auf kümmerliche 48,4 Prozent der Wählerstimmen. Gäbe es im deutschen Wahlrecht nicht das Kuriosum der so genannten Überhangmandate, so hätte Merkels marktradikale Koalition auch im Parlament nicht die nötige Mehrheit der Sitze erhalten. Das hinderte die gefügige Presse nicht daran, von einer „komfortablen Mehrheit" für Merkel zu phantasieren.

Und die INSM? Die ist de facto „verbrannt" durch das Negativimage der sozialen Kälte, dümpelt aber weiter mit einem 10-Millionen-Etat vor sich hin und schickt regelmäßig Pressematerial an die Zeitungen. Und die ausgehungerten Redaktionen übernehmen gerne die pressetauglichen PR-Artikel und platzieren sie als kostenlose Füllmasse in ihren Zeitungen, oftmals ohne sie als PR der INSM auszuweisen. Und Lehrer können gratis Unterrichtsmaterial der INSM herunterladen und ihre Schüler damit traktieren. Aber als Kanzlermacher taugt die Initiative wohl nicht mehr.

Bis zum Wahldesaster von 2005 hatten die Prediger des Marktfundamentalismus ihre angeblichen Bürgerinitiativen Weltuntergangsszenarien malen lassen für den Fall, dass Deutschland nicht sofort den Marktradikalen übergeben würde. Das kam draußen im Lande gar nicht gut an. Also strahlte man in der Nachfolgeorganisation „Du bist Deutschland" vor Optimismus. Auch das hat sich mittlerweile ausgestrahlt. ...

Nicht advokatorisch und auch nicht gesellig netzwerkend will die im Herbst 2008 gegründete Stiftung Neue Verantwortung sein, sondern: „Die Leute sollen nicht nur Kontakte knüpfen, sondern intellektuell wirklich liefern."[148] So verkündete ihr Mitbegründer Lars Zimmermann das Credo der neuen Stiftung. Lars Zimmermann ist Mitglied in der CDU und hat sich 2013 für das Bundestagsmandat im Wahlkreis Berlin-Pankow beworben, ist aber gescheitert. Obwohl er noch jung ist, hat er schon beachtliche transatlantische Referenzen vorzuweisen: er studierte in Harvard, ist Mitglied der Bundesfachkommission Junge Generation beim marktradikalen CDU-nahen Wirtschaftsrat Deutschland. Dazu Projektmanager bei der Bertelsmann-Stiftung, Gründungsmitglied der Atlantischen Initiative, die später vorgestellt wird, Berater des Aspen Institute und schließlich noch ehemaliger Mitarbeiter im Planungsstab des Auswärtigen Amtes.

Im Jahr 2009 begegnete Zimmermann einmal Mitarbeitern der Personalmanagement-Firma Egon Zehnder, die ihrerseits gerade aus dem Büro des schon zuvor genannten Bundespräsidenten Horst Köhler kamen. Die Zehnder-Leute hatten mit Köhler über den Schwund an brauchbarem Nachwuchs für strategische Planungsgruppen meditiert.[149] Die nun von ihnen gegründete Stiftung Neue Verantwortung hat potente Geldgeber mit gut vernetzten Repräsentanten zusammen gebracht.

Als Präsident dieser Stiftung fungiert Michael Vassiliadis, Chef der mächtigen Industriegewerkschaft Bergbau, Chemie, Energie. Vassiliadis ist ein vielbeschäftigter Transatlantiker. Die Bosse der Chemiegewerkschaften betrachten sich in guter amerikanischer Tradition als „erste Offiziere der Industriekapitäne" und lobbyieren bedingungslos für das Wohl ihrer Branche, koste es was es wolle.

---

[148] Klaus Werle: Denkfabrik: Jugend forsch, Manager Magazin 17. 3. 2009, http://www.manager-magazin.de/magazin/artikel/a-603072.html
[149] ebd.

Sie mobilisieren ihre Mitglieder für die Atomkraft oder für den Fortbestand der Kohleförderung in Deutschland. So ist Vassiliadis auch noch im Aufsichtsrat von Evonik Industries, einer Abspaltung der Ruhrkohle AG, die auch die Stiftung Neue Verantwortung sponsert. Zudem ist Vassiliadis im Vorstand der Atlantik-Brücke.

Vizepräsident der Stiftung ist der Diplomat und Leiter der Münchner Sicherheitskonferenz, Wolfgang Ischinger. Als Politiker sind vertreten: Hubertus Heil für die SPD, Philipp Rösler (FDP), Cem Özdemir (Grüne) und Petra Pau (Die Linke). Ansonsten sind Wirtschaftsanwälte, Unternehmensberater und Stiftungspräsidenten vertreten.

Junge Führungskräfte, nicht älter als 35 Jahre, kommen in interdisziplinären, unparteiischen Forschungsgruppen für zehn Monate zusammen, um völlig unbelastet und unorthodox neue Lösungen für neue Fragen zu finden. Je ein Fellow fungiert als Arbeitsgruppenleiter, ausgestattet mit einem Stipendium von 3 000 Euro im Monat. Ihm zugeordnet sind zehn „Associates", die kein Geld bekommen, aber trotzdem stolz darauf sind, in diese Runde berufen zu sein. Die dynamischen Nachwuchsmannschaften befassen sich mit Themen wie Gebäudesanierung und digitale Agenda oder der Frage, wie man den Menschen draußen im Lande eine positive soziale Vision der zukünftigen Europäischen Union vermitteln kann. Die Ergebnisse werden zum Teil veröffentlicht, zum Teil bleiben sie aber auch geheim.

Und da wir bereits über neue, kapitalistisch-betriebswirtschaftliche Lösungen berichtet haben, finden wir hier noch eine weitere Innovation, die über kurz oder lang in die deutsche Sozialpolitik Eingang finden könnte und die von einer Arbeitsgruppe der Stiftung Neue Verantwortung gerade diskutiert wird: unter dem Oberbegriff „Innovatives Regieren" geht es um die sogenannten „Social Impact Bonds".

Da ja der Staat in absehbarer Zeit kaum noch in der Lage sein wird, Sozialpolitik zu finanzieren, ist in den USA folgendes Modell entwickelt worden: der Staat schließt mit Investoren einen Vertrag ab. Die Investoren bezahlen einen sozialen Dienstleister, der sich beispielsweise um die Resozialisierung eines Strafgefangenen kümmert. Gelingt es in einem verabredeten Zeitraum, den

Strafentlassenen in die Gesellschaft zu integrieren, bekommt der Investor sein Geld zurück plus einer Rendite. Wird der Strafentlassene rückfällig, bekommt der Investor sein Geld nicht zurück. Der Staat hat also kein Risiko und kann nur gewinnen. Ein unabhängiger Vertragspartner bewertet den Erfolg der Aktion.

Social Impact Bonds sind eine neue Idee, vagabundierendes Spekulationsgeld in gesellschaftliche Bereiche zu stecken, die bislang noch nicht der Profitlogik unterworfen waren. Die Unternehmensberatungsfirma McKinsey hat eine Studie anfertigen lassen über die Erfolgsaussichten der Spekulation in Sozialbereiche. In Kanada, Australien, Neuseeland und den USA sind die Versuche in vollem Gang. US-Präsident Barack Obama stellte im Haushaltsjahr 2012 für Experimente in Social Impact Bonds 100 Millionen Dollar bereit. Und das Bankhaus Goldman Sachs investiert bereits 9,6 Millionen Dollar in ein Experiment mit Strafgefangenen im New Yorker Gefängnis Rikers Island.

Letzteres ist schon etwas anrüchig. Denn seitdem die Gefängnisse in den USA ab den Siebzigerjahren privatisiert wurden und sich diese Branche als durchaus rentabel erwies, vermehrte sich die Anzahl der Gefängnisinsassen von 200 000 im Jahre 1970 auf jetzt 2,2 Millionen![150] Man bräuchte allerdings in den USA gar kein aufwendiges Resozialisierungsprogramm aufzulegen. Es würde ausreichen, die von Nelson Rockefeller eingeführten harten Drogengesetze abzuschaffen. Hier gilt, wie so oft bei Privatisierungen: wir schaffen die Probleme, für die wir die lukrative Lösung anbieten.

In Deutschland will jetzt die Benckiser-Stiftung Experimente mit Social Impact Bonds finanzieren. Die Benckiser-Stiftung hält einen Teil des Vermögens der Reimann-Dynastie zusammen, die mit Produkten wie Calgon und Kukident reich geworden ist. Auch hier ist die amerikanische Prägung unverkennbar. Stefan Shaw war früher Strategieberater bei der Boston Consulting Group und will jetzt als Geschäftsführer der Juvat gGmbH, einem Ableger der Benckiser-Stiftung, die ersten Geschäfte mit Social Impact Bonds machen. Ihm zur Seite steht Peter Harf, der an der Harvard Busi-

---

[150] Hermann Ploppa: Im Strudel der Gefängnisindustrie, 27. 12. 2007, http:// www.heise.de/tp/artikel/26/26902/1.html

ness School studiert und dann bei der Boston Consulting Group gearbeitet hat, bevor er 1981 bei Benckiser eingestiegen ist.

Alter Kalter Krieg in neuen Schläuchen

Wir kehren zurück zur Außen- und Sicherheitspolitik.

Im Jahre 2004 gründete die transatlantische Community eine neue Lobbygruppe, nämlich die Atlantische Initiative (AI). Die Motive zu ihrer Gründung werden auf der Webseite der Gesellschaft für Wehr- und Sicherheitspolitik absolut treffend erläutert:

„Das deutsch-amerikanische Verhältnis war schon einmal besser. Genauso wie die europäisch-atlantischen Beziehungen insgesamt unbelasteter waren. Die Weltmacht Amerika, die es trotz aller innenpolitischen und wirtschaftlichen Probleme immer noch ist, verlagert ihre Interessen weg von Europa in den asiatisch-pazifischen Raum. Deutschland und die Europäische Union müssen das zur Kenntnis nehmen. Sie werden es nicht verhindern können, sollten den Prozess aber aufmerksam verfolgen und innen- und außenpolitisch begleiten."[151]

In der Tat: nicht erst seit der Jahrtausendwende ist die Liebe der Deutschen zu den Eliten der USA stark am Schwinden. Gleichzeitig, das haben wir schon in diesem Buch gezeigt, ziehen sich die USA aus Europa zurück. Wie Brzeziński klar gemacht hat, muss der Schwund amerikanischer Präsenz und Dominanz durch ein sich selbst tragendes Bündnissystem von Vasallen ausgeglichen werden. Dazu genügt ein überschaubarer Kreis von Personen und Institutionen, die absolut koordiniert ein gesellschaftliches Klima schaffen, in dem die Vasallen ungehindert ihre Aufgaben erfüllen können.

Die Atlantische Initiative will nach außen hin den Eindruck erwecken, als habe eine neue Generation von Transatlantikern aus eigenem Antrieb die abgeschlaffte Bündnistreue zu den USA neu belebt. Tatsächlich jedoch genügt ein Blick in die Liste der aktiven Vereinsmitglieder und vor allem in den Beirat, um sofort zu erkennen: hier tummelt sich exakt dieselbe Transatlantik-Lobby, die wir schon lange kennen. Alle sind sie da: Heike MacKerron vom Ger-

---

[151] http://www.gfw-ev.de/gfw-bundesweit/neuigkeiten/atlantische-initiative.htm

man Marshall Fund of the US, Beate Lindemann von der Atlantik-Brücke, Eberhard Sandschneider von der Deutschen Gesellschaft für Auswärtige Politik, Jeffrey Gedmin, früher Aspen-Institut Berlin, Lars Zimmermann von der Stiftung Neue Verantwortung, Christoph Bertram, langjähriger Leiter der Stiftung Wissenschaft und Politik und Redakteur bei der Wochenzeitung *Die Zeit*; Christoph Schwegmann vom Bundesverteidigungsministerium, Rüdiger Sura von der Deutschen Bank, Philipp Mißfelder, früher Junge Union, Vorstandsmitglied der Atlantik-Brücke und für kurze Zeit auch Koordinator der Bundesregierung für deutsch-amerikanische Beziehungen. Dazu Persönlichkeiten von Goldman Sachs, British Petrol, Carnegie Endowment. Nicht zu vergessen: der Vorsitzende der Grünen und Beta-Scharniernetzwerker Cem Özdemir.

Angeblich hat die Atlantische Initiative 7 000 Mitglieder. Der Anschein von Jugendlichkeit soll sich herstellen durch die Nutzung neuer Medien wie Twitter, Blogs und Foren. In den „Must Reads" fasst die Online-Redaktion für junge Transatlantiker wichtige Artikel zusammen. Auch die Mitglieder sollen fleißig Artikel schreiben, aus denen dann ein Substrat gefiltert wird, das an Entscheidungsträger in Politik und Medien verschickt wird. Extra-Foren sollen die Bindung der jungen Leute an die NATO herstellen: „Your Ideas, Your NATO". Im Jahre 2010 animierte die Atlantische Initiative zusammen mit der *Bild* die Öffentlichkeit, doch aufmunternde Feldpostbriefe an unsere Bundeswehr-Soldaten an der Front in Afghanistan zu schreiben, damit die sich nicht völlig isoliert und vergessen vorkommen.

Die Atlantische Initiative ist eindeutig eine von außen angestoßene Lobbygruppe. Denn die Anschubfinanzierung besorgten das Bundespresseamt und die Haniel-Stiftung. Mittlerweile wird die Initiative vom Auswärtigen Amt, der BMW-Stiftung Herbert Quandt, dem Deutschen Bundeswehrverband, von British Petrol sowie der Allianz Kulturstiftung finanziert. Gastbeiträge vom ehemaligen Außenminister Guido Westerwelle und von Thomas de Maiziére sollen den Verein aufwerten. Allerdings umweht die Atlantische Initiative kein Hauch von Jugendlichkeit; vielmehr ist der Muff des Kalten Krieges der Fünfzigerjahre wahrnehmbar. Archaische Russophobie kommt zum Ausdruck, wenn der frühere Maoist, Mitglied im Kuratorium des Aspen Institute und Europaparlamentarier der Grünen, Reinhard Bütikofer gegen den SPD-Politiker Gernot Erler ätzt und das dann von der AI beifällig retweeted wird: „Erler mit seiner verbohrten Putin-Versteherei muss doch Merkel und Steinmeier irgendwann mal peinlich werden!"

In der Tat: der Ton in der Transatlantikerszene ist seit der Ukraine-Krise rauer geworden. Martialische Töne gegen „die Russen" sind salonfähig. Der Druck des militärisch-industriellen Komplexes, die geeignete Atmosphäre der Kriegsbejahung zu schaffen, wächst.

Die Medienmacht der Transatlantiker

Wie die Interessen der Rüstungsindustrie und des NATO-Bündnisses in der öffentlichen Meinungsbildung durch die Medien orchestriert werden, war lange Zeit mangels finanzieller Unterstützung unerforscht geblieben.

Nun hat sich aber der Medienwissenschaftler Uwe Krüger von der Universität Leipzig getraut, seine Doktorarbeit genau dieser Frage zu widmen.[152] Krüger hat freiwillig auf eine protegierte Medienkarriere durch die transatlantischen Netzwerke verzichtet. Durch Krügers unerschrockene Forschung ist die Beobachtung der transatlantischen Netzwerke aus dem Generalverdacht paranoider Verschwörungstheorien in das Feld anerkannter Seriosität aufgerückt.

Wir konzentrieren uns auf die Befunde dieser Dissertation. In der öffentlichen Wahrnehmung gibt es bei den seriösen Zeitungen Unterschiede ihrer politischen Ausrichtung. *Zeit* und *Süddeutsche Zeitung* gelten eher als liberal bis linksliberal, während *Welt* und *Frankfurter Allgemeine Zeitung* eher rechts verortet werden. Betrachtet man allerdings die Berichterstattung und die Kommentare der Premium-Zeitungen, so sind hier keine nennenswerten Meinungsunterschiede erkennbar. Krüger hat sich vier Journalisten der vier Nobelblätter genauer angeschaut: Klaus-Dieter Frankenberger von der *Frankfurter Allgemeinen Zeitung*; Stefan Kornelius von

---

[152] Uwe Krüger: Meinungsmacht – Der Einfluss von Eliten auf Leitmedien und Alpha-Journalisten – eine kritische Netzwerkanalyse, Köln 2013

der *Süddeutschen Zeitung*; Michael Stürmer von der *Welt*; und schließlich Josef Joffe von der Wochenzeitung *Die Zeit*.

Im ersten Jahrzehnt des 21. Jahrhunderts wurde von Politik und Militär in Deutschland der Sicherheitsbegriff erweitert. Der Begriff Sicherheit umfasst nicht mehr nur die Verteidigung der Landesgrenzen. Sicherheit muss im Innern gewährleistet werden gegenüber Terroristen und protestierenden Bürgern.[153] Nach außen hin verteidigen die Streitkräfte jetzt nicht mehr ein begrenztes Territorium, sondern greifen überall auf der Welt mit punktuellen Aktionen ein, wo die Interessen von Handel und Wirtschaft der NATO-Länder bedroht sind. Die NATO operiert nicht länger nur in der Nordatlantik-Region, sondern verteidigt unsere Freiheit auch am Hindukusch, wie der mittlerweile verstorbene frühere Verteidigungsminister Peter Struck die neue Marschrichtung unter das Volk zu bringen wusste.

Krügers Befund: „Alle vier Journalisten verwenden und propagieren den erweiterten Sicherheitsbegriff, machen sich für mehr deutsches Engagement in der NATO und für die transatlantische Partnerschaft stark und fordern die Bundesregierung zu größeren Anstrengungen auf, um das skeptische Wahlvolk von einer robusten Außen- und Sicherheitspolitik zu überzeugen."[154]

Und wir begegnen tatsächlich jenem elitären Gleichklang, den wir bereits von amerikanischen Autoren wie Lippmann oder Murray Butler vernommen haben. Über zwei Drittel der deutschen Bevölkerung lehnt dagegen den erweiterten Sicherheitseinsatz der Bundeswehr in Afghanistan ab.

Die Ursache für eine solche mangelhafte Kriegsbegeisterung liegt nach Meinung unserer Premium-Journalisten in einem Mangel an Mut seitens der Eliten begründet. Denn dem gemeinen Volk fehlt die Einsicht in die Notwendigkeiten großer Weltpolitik. Die Bundesregierung ist zu feige, dem Volk reinen Wein einzuschenken oder aber sich über die Bedenken des Volkes hinwegzusetzen: „Aus innenpolitischer Angst fehlt es der Regierung … an Ehrlich-

---

[153] Für Bürgerkriegsübungen wird extra eine Geisterstadt namens „Schnöggersburg" errichtet, deren Bau den Steuerzahler 100 Millionen Euro kosten wird: http://lt-news.com/bundeswehr-ruestet-sich-fuer-aufstand/
[154] Krüger, a. a. O., S. 207

keit zum Einsatz", schwadroniert Stefan Kornelius und Klaus-Dieter Frankenberger stößt in dasselbe Horn: „Es ist beschämend, dass die Bundesregierung nicht den Mut und die Kraft aufbringt, vor den Wählern zu begründen, warum sie es für richtig hält, ... 250 Infanteriesoldaten zusätzlich zu entsenden. ... So zu tun, als seien Auslandseinsätze nur eine militärisch aufgezogene Entwicklungshilfe, ist Feigheit vor dem Bürger und schafft Illusionen. ..."
Und Josef Joffe donnert: „Ginge es allein um die Innenpolitik, könnte die Antwort nicht klarer sein: Lasst uns in Ruhe; weiten wir diesen unpopulären Einsatz aus, riskieren wir mit dem Leben unserer Soldaten auch das Überleben der Großen Koalition."[155]

Ein erstaunlicher Gleichklang. Und erinnert fatal an Wehrmachtstöne. Kämen diese kriegerischen Trompetenstöße nicht aus der transatlantischen Ecke, würden diese Worte glatt als Beleg für die typisch deutsche Kriegslüsternheit und für typisch teutonischen Untertanengeist gewertet. Der Gleichklang kommt nicht von ungefähr. Denn Frankenberger, Joffe, Kornelius und Stürmer tummeln sich alle zusammen in denselben transatlantischen Gruppen, die wir jetzt schon ganz gut kennen.

Stefan Kornelius von der angeblich so linksliberalen *Süddeutschen Zeitung* ist unter anderem aktiv in: Bundesakademie für Sicherheitspolitik, Deutsche Atlantische Gesellschaft, DGAP, Körber-Stiftung und Münchner Sicherheitskonferenz. Zudem hat er vor dem American Institute for Contemporary German Studies (AICGS) die deutsche Lage erläutert. Kollege Klaus-Dieter Frankenberger von der *Frankfurter Allgemeinen Zeitung* betätigt sich bei: Atlantische Initiative, Bundesakademie für Sicherheitspolitik, Institut für Europäische Politik, Münchner Sicherheitskonferenz und Trilateral Commission; außerdem wirkte er als Referent beim American Council on Germany. Michael Stürmer von der *Welt* war zwischen 1988 und 1998 Vorsitzender der Stiftung Wissenschaft und Politik.

Der absolute Beta-Scharniernetzwerker ist, folgt man den Darlegungen der erwähnten Studie von Uwe Krüger, allerdings der *Zeit*-Herausgeber Josef Joffe: Alfred Herrhausen Gesellschaft, American Academy in Berlin, American Council on Germany,

---

[155] Alle Zitate nach Krüger, a. a. O., S. 184f.

American Institute for Contemporary German Studies, Aspen Institute, Atlantik-Brücke, Bilderberger, Council on Public Policy, Goldman Sachs Foundation, HypoVereinsbank, International Institute for Strategic Studies, Münchner Sicherheitskonferenz, Open University of Israel, The American Interest, Trilateral Commission, Weltwirtschaftsforum. Nicht nur Sie fragen sich: wie schafft der Mann das bloß alles und dann noch nebenbei eine Zeitung zu managen?

Diese Netzwerker können eindeutig keine unabhängigen Journalisten mehr sein. Sie sind so eingebunden in die Weltsicht einer abgehobenen Elite, die das Volk bestenfalls betrachtet wie ein störrisches Pferd, das man gegen seinen Willen zum Ausritt zwingen muss: „Den Meinungskampf an der Heimatfront darf die Politik nicht scheuen, wenn sie von dem überzeugt ist, was sie vorgibt. Die Skepsis der Bürger ist nicht unüberwindbar. ... Der Kampf um die ‚hearts and minds' muss auch bei uns geführt werden."[156] So das Credo von Klaus-Dieter Frankenberger. Die nicht in der Öffentlichkeit kommunizierte Kampflosung des transatlantischen Quartetts lautet: getrennt marschieren – vereint zuschlagen.

Aber diese vier Lobby-Journalisten sind nur die Spitze des Eisbergs. Wir haben bereits in vorangegangenen Kapiteln einige andere Namen von Journalisten gehört, die sich heimlich in der transatlantischen Szene tummeln. Es hat den Anschein, als wenn es heutzutage unmöglich ist, in der Hierarchie der einflussreichen Medien aufzusteigen, wenn man nicht zuvor Besucher einer der zahlreichen transatlantischen Clubs gewesen ist. Und dabei ist es vollkommen gleichgültig, ob diese Premium-Journalisten Mitglied in den transatlantischen Elitezirkeln sind: kein einziger dieser Netzwerkjournalisten hat uns, der demokratischen Öffentlichkeit, von seinen Besuchen bei den US-Lobbyisten berichtet. Und wenn doch mal, dann eher im Ton der absoluten Beiläufigkeit, gerade so, als hätte man einen Taubenzüchterverein besucht.

Viele Gesichter und Stimmen sind uns nur allzu vertraut, die sich bei den Transatlantikern gerne aufhalten, entweder als Festredner, als Mitglied oder als einfacher „Participant" (sich auf Deutsch auszudrücken und einfach „Teilnehmer" zu sagen, gilt bei

---

[156] a. a. O., S. 187

den Transatlantikern als absolut unfein): Theo Koll, Werner Sonne, Tom Buhrow, Gerd Ruge, Ulrich Wickert[157], Thomas Roth, Ulrich Wilhelm, Rolf Clement, Peter Frey, Elmar Theveßen, Michael Kolz, Matthias Naß, Claus Kleber und und und ... Immerhin zwei mediale Persönlichkeiten lassen sich aufzählen, die bislang nicht in transatlantischen Zirkeln zu Besuch waren: Peter Scholl-Latour[158] und die beliebte Tagesthemen-Moderatorin Caren Miosga.

Es ist eher selten, dass eine dröge Doktorarbeit ein Millionenpublikum erreicht. Jedoch beriet Uwe Krüger als Experte die Kabarettisten Max Uthoff und Claus von Wagner, die seit 2014 die Satiresendung *Die Anstalt* präsentieren. Die Sendung vom 30. April 2014 führte zu einem kleinen Skandal: Uthoff und von Wagner standen vor einer Tafel und erläuterten, wie der *Zeit*-Journalist Jochen Bittner bei einem Experten-Gipfeltreffen vom German Marshall Fund of the US und der Stiftung Wissenschaft und Politik eine neue, aggressive Militärdoktrin für Deutschland auszuarbeiten half; und dann habe Bittner zudem die forsche Rede des Bundespräsidenten Joachim Gauck auf der Münchner Sicherheitskonferenz von 2014 geschrieben, um sie dann auch noch wohlwollend, ohne Angabe seiner eigenen Ghostwriter-Rolle, in einem Artikel der *Zeit* zu besprechen.

Mit einem Schlag war einem richtig großen Publikum zur besten Sendezeit die Wahrheit über die Verstrickungen von Politik, Wirtschaft und Medien zugunsten transatlantischer Bindungen ungeschminkt vorgetragen worden. Schon am nächsten Tag haben unzählige Leser ihr Abonnement der Wochenzeitung *Die Zeit* gekündigt. Es blieb dem *Zeit*-Herausgeber Josef Joffe und seinem Redakteur Bittner nichts anderes übrig, als dem *ZDF* eine gerichtliche Unterlassungsverfügung ins Haus zu schicken.

Die Gauck-Rede hat jedoch nicht Bittner geschrieben, sondern Thomas Kleine-Brockhoff. Kleine-Brockhoff absolvierte eine typisch transatlantische Drehtür-Karriere. Er arbeitete zunächst als Washington-Korrespondent der *Zeit* und wurde dann politischer Studienleiter in der transatlantischen Lobbygruppe German Mars-

---

[157] https://www.atlantik-bruecke.org/eng/programs/young-leaders-program/german-american-young-leaders-conference-2010/?pic=7&gal=gal_0
[158] Als diese Zeilen geschrieben wurden, verstarb Peter Scholl-Latour.

hall Fund of the US. Um schließlich als Mitglied im Planungsstab von Bundespräsident Gauck anzuheuern und dessen Reden zu texten. In der Tat sind die Grundauffassungen des German Marshall Fund in den Reden des Bundespräsidenten gut vertreten.

Gauck wurde von den transatlantischen Netzwerken in Deutschland gegen Kanzlerin Angela Merkel in Stellung gebracht. Jochen Bittner und der Turbo-Transatlantiker Matthias Naß haben in der *Zeit*[159] diese Instrumentalisierung des Staatsoberhauptes für ihre Zwecke ganz offen dargelegt. Demzufolge hatte sich im November 2012 bereits ein handverlesener Kreis von 50 führenden deutschen transatlantischen Netzwerkern mit Regierungsvertretern in Arbeitsgruppen zusammengetan. Anlass war das traumatische Erlebnis, dass der frühere Außenminister Guido Westerwelle und die Kanzlerin nicht an dem militärischen Abenteuer in Libyen teilnehmen wollten.

Im September 2013 hatte die erlesene Diskussionsrunde einen Abschlussbericht[160] vorgelegt, der Maßstäbe für die künftige Außen- und Sicherheitspolitik setzen sollte. Auf der Münchner Sicherheitskonferenz 2014 wurden sodann Elemente aus diesem Thesenpapier von Gauck an exponierter Stelle vorgetragen. Der neue Außenminister Frank-Walter Steinmeier und Verteidigungsministerin Ursula von der Leyen sollten diesen Push durch ihre eigenen Redebeiträge auf der Konferenz noch einmal verstärken, um der soften Kanzlerin Dampf zu machen.

Nicht nur die Innen- und Sozialpolitik werden zunehmend privatisiert. Bei der deutschen Außenpolitik ist die Privatisierung ebenfalls weit vorangeschritten. Die Protagonisten kennen wir schon. In dem hier vorliegenden Thesenpapier beansprucht man ganz offen und ungeniert die Übergabe der politischen Richtlinienkompetenz vom Staat an private Lobbygruppen: „Außenministerien haben schon lange kein Monopol mehr über die Definition und Umsetzung der Außenpolitik. Sie werden sich entwickeln müssen zu Impulsgebern und Netzwerkmanagern, die Meinungs- und Ent-

---

[159] http://www.zeit.de/2014/07/deutsche-aussenpolitik-sicherheitskonferenz/komplettansicht
[160] http://www.swp-berlin.org/fileadmin/contents/products/projekt_papiere/Deut AussenSicherhpol_SWP_GMF_2013.pdf

scheidungsprozesse organisieren."¹⁶¹ In diesem forschen Ton wurde der Machtanspruch der neuen Herren noch nie vorgetragen.

Wenden wir uns nun den Kernaussagen des oft erwähnten, aber selten analysierten Papiers zu.

Deutschland profitiert von einer stabilen Sicherheitsarchitektur weltweit, so dass unsere Exportnation ungehindert Handel treiben kann. Diese Sicherheitsarchitektur wird von den USA angeleitet. Nun haben aber die USA viel vor in Fernost und im pazifischen Raum. Deswegen muss Deutschland jetzt die USA an den Rändern Europas als militärischer Beschützer ablösen.

Auch das ist nichts prinzipiell Neues. Schon seit den Sechzigerjahren des letzten Jahrhunderts musste Deutschland immer höhere Anteile der Kosten amerikanischer Besatzungstruppen übernehmen. Der Beitrag europäischer Länder an den Gesamtkosten der NATO ist enorm angestiegen. Und der transatlantische Meisterdenker Zbigniew Brzeziński hatte in seinem Buch *The Grand Chessboard* richtig erkannt, dass die USA in absehbarer Zeit an Macht verlieren werden und dass dann ein Netzwerk von Verbündeten geknüpft sein muss, das die amerikanische Weltordnung bereitwillig auf eigene Kosten am Leben erhält.¹⁶²

Das Thesenpapier vom September 2013 trägt diesen Überlegungen Rechnung. Die Welt der Nationen wird in einer Graphik aufgeteilt in drei Kategorien: „Mitstreiter", „Herausforderer" und „Störer". Eine vertikale Achse unterteilt diese Nationen nach den Kriterien „relevant" oder „irrelevant". „Mitstreiter" sind alle Nationen, die in die US-amerikanische Weltordnung fest eingebaut sind. „Herausforderer" sind Nationen, die die kapitalistischen Lektionen verinnerlicht haben, bei denen aber noch nicht ganz klar ist, ob sie der Pax Americana auf Dauer gefährlich werden könnten, also beispielsweise China, Indien, Brasilien.

„Störer" sind nun jene Nationen, die bislang störrisch die kapitalistische Medizin nicht geschluckt haben und sich auch bündnispolitisch nicht integrieren lassen, wie Iran, Kuba oder Venezuela. Herausforderer und Störer muss man entweder integrieren, oder,

---

[161] SWP und GMF: Neue Macht, Neue Verantwortung – Elemente einer deutschen Außen- und Sicherheitspolitik für eine Welt im Umbruch, Berlin 2013, S. 7
[162] Siehe das vierte Kapitel dieses Buches.

wie es so schön heißt: „einhegen". Also in Klarsprache: militärisch unterwerfen oder destabilisieren: „Da muss Deutschland bereit und imstande sein, zum Schutz dieser Güter, Normen und Gemeinschaftsinteressen im Rahmen völkerrechtsgemäßer kollektiver Maßnahmen auch militärische Gewalt anzuwenden oder zumindest glaubwürdig damit drohen zu können."[163]

Völkerrechtsgemäß? Es gibt am Runden Tisch darüber einen protokollierten Dissens: die eine Gruppe der Diskutanten meint, Deutschland dürfe nur mit einem UNO-Mandat unbotmäßige Störer züchtigen. Die andere Gruppe ist jedoch der Ansicht, dass die Bundeswehr unter bestimmten Umständen auch ohne UNO-Erlaubnis militärische Schläge gegen fremde Völker verabreichen dürfe.

Und man kommt aus dem Staunen nicht mehr heraus, wenn man die Teilnehmerliste betrachtet. Dass Omid Nouripour von den Grünen dabei ist, kann kaum noch verwundern. Aber dass mit Stefan Liebich jetzt auch ein Bundestagsabgeordneter der Partei Die Linke bei diesem aggressiven Konzept mitgewirkt hat, ist denn doch gewöhnungsbedürftig. Zudem sind hochrangige Politiker und Beamte aus den Bundesministerien anwesend. Warum erheben diese Herrschaften keinen Einspruch gegen ihre eigene Entmachtung als demokratisch legitimierte Exekutoren deutscher Außenpolitik? Warum sagen sie den anwesenden Vertretern von Roland Berger, den Banken und privat finanzierten transatlantischen Lobbygruppen nicht klipp und klar, wo die Grenzlinie zur illegalen Machtübernahme verläuft?

Wir sind jetzt in amerikanischen Verhältnissen angekommen. Es gibt auch bei uns keine klare Scheidung mehr zwischen öffentlichem und privatwirtschaftlichem Bereich. Auch wir haben jetzt die Unsitte des Drehtüreffekts. Wer Politiker wird, tut dies immer öfter nur, um mit seinen erworbenen Kontakten dann in die Wirtschaft zu gehen und richtig Geld zu verdienen. Und die Grenzen zwischen privaten Think Tanks, transatlantischen Geselligkeiten und regierungsamtlichen Tätigkeiten verschwimmen immer mehr.

Bei dem besagten Gipfeltreffen von General Marshall Fund sowie Stiftung Wissenschaft und Politik waren drei Mitglieder der

---

[163] a. a. O., S. 17

Bundesregierung anwesend. Arndt Burchard Ludwig Freiherr Freytag von Loringhoven – man trägt in dieser Saison wieder Hochadel! – war drei Jahre Vizepräsident des Bundesnachrichtendienstes, bevor er im Jahre 2010 zum stellvertretenden Leiter der Europaabteilung im Auswärtigen Amt aufstieg. Loringhoven war Referent bei der Körber-Stiftung und bei der transatlantisch-europäischen Lobbygruppe „A Soul for Europe". 2009 nahm er an der Münchner Sicherheitskonferenz teil, einer privaten Tagung von Politikern, Militärs und Rüstungsindustriellen aus aller Welt.

Bastian Giegerich wird in dem Thesenpapier dem Bundesministerium der Verteidigung zugeordnet. Leider konnte nicht ermittelt werden, welcher Tätigkeit er dort nachgeht. Giegerich ist entscheidend gefördert worden von den transatlantischen Netzwerken. Als Fulbright-Stipendiat studierte er in Maryland in den USA. Weitere Stationen: London School of Economics, Stipendiat des Young Leader-Programms der Dräger-Stiftung, in Zusammenarbeit mit der *Zeit*-Stiftung und dem American Council on Germany; Berater des Think Tank International Institute for Strategic Studies; Fellow bei der Stiftung Neue Verantwortung im Programm „EU Security Foresight 2030". In der Atlantic-Community.org, einem Ableger der Transatlantischen Initiative, veröffentlichte Giegerich einen Artikel im Mai 2007, in dem er Kanzlerin Merkel zu mehr Härte gegen Putin drängte und dazu aufforderte, den Einfluss Steinmeiers, dieses Relikts aus der russenfreundlichen Schröder-Ära, zurückzudrängen.[164] Im Juli 2012 nahm er an einer Tagung des German Marshall Fund of the US teil.

Jasper Wieck ist dem Auswärtigen Amt zugeordnet und als Leiter der politischen Abteilung der Ständigen Vertretung bei der NATO in Brüssel tätig. Von 1998 hat er für zwei Jahre das Nordamerikareferat des Auswärtigen Amtes geleitet. Immerhin machte Wieck sein Diplom nicht in Amerika, sondern am ehrwürdigen Institut d'Études Politiques in Paris. Wieck wurde mindestens zweimal bei der Atlantik-Brücke gesichtet, hat ein Referat bei der Deutschen Atlantischen Gesellschaft gehalten und saß beim politi-

---

[164] http://archive.atlantic-communty.org/index.php/Open_Think_Tank_Article/Merkel%27s_Russian_Moment_is_Now

schen Frühstück der Körber-Stiftung im September 2012 mit dem syrischen Oppositionsführer Abdelbaset Sieda zusammen.

Alles nichts Weltbewegendes. Aber wenn man sich so oft in der transatlantischen Szene begegnet, dann gehen öffentliche Angelegenheiten und private Interessenvertretungen immer mehr ineinander über – bis zur völligen Ununterscheidbarkeit. In Fachkreisen nennt man dieses Phänomen auch: „Korruption durch Nähe". Das Beunruhigende daran ist: die privaten Denkfabriken und Pressure Groups verfügen über die finanzielle Ausstattung, den Politikern und Ministerialbeamten die besten Kontakte und Entfaltungsmöglichkeiten zu bieten. Man könnte ja fast sagen: sie wären schön blöd, wenn sie diese Möglichkeiten der Fortbildung und Horizonterweiterung nicht nutzen würden.

In einer Demokratie gebührt allerdings der durch Wahlen legitimierten Regierung und nicht privaten Instanzen der Vorrang in Moderation, Gestaltung und Entscheidungsfindung unserer auswärtigen Politik.

Zusammenschweißen, was nicht zusammenwachsen will

"Wenn sie zusammenarbeiten, dann sind Amerika und Europa im Endeffekt auf der ganzen Welt allmächtig. ... gemeinsam befinden sie sich im Zentrum weltweiter Stabilität."
Zbigniew Brzeziński[165]

Churchill war geschockt. Gerade eben noch hatte sich Sir Winston Leonard Spencer-Churchill als einer der „Großen Drei" (zusammen mit Josef Stalin und Franklin D. Roosevelt) durch die Niederringung der Nazis in die Geschichtsbücher eingetragen. Und jetzt, am 5. Juli 1945, zwei Monate nach dem historischen Sieg über Hitler, wagte es das gemeine englische Volk, ihn bei den Unterhauswahlen zu entmachten und seinen Rivalen von der Labour Party, Clement Attlee, zum neuen Regierungschef zu wählen.

Die Briten hatten der Labour Party den Vorzug gegeben, weil diese massive Investitionen in Wohnungen und soziale Verbesserungen versprochen hatte; während Churchill weiter Krieg führen wollte gegen Japan. Die Wähler hatten richtig gehandelt. Denn wie geheime Dokumente, die 1998 der Öffentlichkeit zugänglich gemacht wurden, belegen, wollte Churchill mit den USA zusammen einen Angriffskrieg gegen die Sowjetunion noch im Sommer 1945 starten. Die Planung trug den Namen „Operation Unthinkable".[166] 100 000 deutsche Wehrmachtssoldaten sollten Engländer und Amerikaner bei ihrer Invasion unterstützen.

Doch Churchill wollte so schnell nicht von der großen Weltbühne abtreten. Er reiste als „Elder Statesman" durch die Welt, prägte den Begriff „Eiserner Vorhang" für die damals noch nicht sichtbare Demarkationslinie zwischen Kapitalismus und sowjetischem Einflussbereich. Churchill engagierte sich für ein geeintes Europa, mit Deutschland und Frankreich als Zentrum. Jenes Euro-

---

[165] Zbigniew Brzeziński: The Choice – Global Domination or Global Leadership, New York 2004, S. 96.
[166] Wikipedia-Artikel zu Operation Unthinkable:
http://de.wikipedia.org/wiki/Operation_Unthinkable (24.8.2014; 14:47 MESZ)

pa sollte von den Völkern gewollt werden. Deswegen initiierte Churchill in Großbritannien im Jahre 1947 das „United Europe Movement". In der niederländischen Hauptstadt Den Haag brachte der Europa-Kongress im Mai 1948 bereits Einigungsfreunde aus vielen europäischen Ländern zusammen. Und weil in den Eliten ja viel über Familienbande läuft, setzte Churchill seinen Schwiegersohn Duncan Sandys als Chef der neuen Bewegung ein.

Was die Aktivisten bis auf Churchill und Sandys nicht wussten: die ehrenwerte europäische Bewegung wurde von US-Geheimdiensten finanziert und gesteuert. Zunächst vom Office of Strategic Services (OSS), später vom CIA. Als Kulisse für die Geheimdienste fungierte die Tarnorganisation American Committee for a United Europe (ACUE).[167] Das geostrategische Interesse der USA-Eliten an einem geeinten Westeuropa ist nachvollziehbar. Denn Europa versank nach den Kriegswirren im unkontrollierbaren Chaos. Die US-Strategen glaubten, dass die Sowjets ihre Satellitenstaaten in Europa ganz gut im Griff hätten und dass das noch ungeordnete Westeuropa den Sowjets möglicherweise bald ohne große Anstrengungen in die Hände fallen könnte.

Der Kampf um die amerikanische Vorherrschaft über Westeuropa sollte auf drei Ebenen geführt werden: zum einen sollte eine Volksbewegung die geeignete Stimmung schaffen für einen europäischen Staatenbund unter amerikanischer Kontrolle. Zum anderen galt es, die Jugend für Europa zu gewinnen, sozusagen als Investition in die Zukunft. Und schließlich ging es darum, die europäischen Eliten an die Eliten der USA zu binden.

Eine Massenbewegung für ein geeintes Europa hatte es vor dem Krieg nicht gegeben. Jetzt gelang es, einen Verein mit Namen „Europäische Bewegung International" mit deutschem Ableger zu gründen. Daneben gibt es bis heute die Jungen Europäischen Föderalisten. Unbestreitbar entfachte die Europa-Idee bei einigen jungen Leuten durchaus Begeisterung. Der spätere Bundeskanzler Helmut Kohl hatte als junger Bursche mit Gesinnungsgenossen Schlagbäume an der französisch-deutschen Grenze nachts heimlich

---

[167] Zu diesen Hintergründen existiert eine wissenschaftliche Studie: http://www2.warwick.ac.uk/fac/soc/pais/people/aldrich/publications/oss_cia_united_europe_eec_eu.pdf

demontiert, um schon mal dem grenzenlosen Europa symbolisch vorzugreifen.

Als die FDJ in Ostberlin mit ihrem „Deutschlandtreffen der Jugend für Frieden und Völkerfreundschaft" im Jahre 1950 über 700 000 Menschen auf die Straße brachte, beschlossen die Amerikaner, mächtig aufzurüsten. Der amerikanische Hochkommissar für Westdeutschland, John McCloy, schickte seinen Öffentlichkeitsexperten Shepard Stone zum Geschäftsführer der Europäischen Bewegung, Józef Hieronim Retinger. Zusammen organisierten sie für ein junges Publikum über 2 000 Veranstaltungen, besonders in Deutschland. Die US-Armee half freundlicherweise bei der Durchführung der Jugendfestivals.

Józef Retinger ist so eine Art graue Eminenz der Westorientierung Europas. Er hatte bislang schon ein sehr abenteuerliches Leben hinter sich gebracht. An der Sorbonne in Paris machte er seinen Doktor in Literaturgeschichte, freundete sich in England mit seinem polnischen Landsmann Josef Conrad an, beriet den mexikanischen Präsidenten Plutarco Elias Calles, um schließlich bei der polnischen Exilregierung unter Wladyslaw Sikorski zu arbeiten. Retinger sprang mit dem Fallschirm über dem von den Nazis besetzten Polen ab und hatte in der Tasche eine Menge Geld für den polnischen Widerstand mitgebracht. Retinger war absolut uneitel und blieb stets im Hintergrund.

So auch jetzt. Als die Europäische Bewegung und ihre Jugendorganisation flügge wurden, widmete Retinger sich der nächsten Herausforderung: die westeuropäischen Eliten an die Eliten der USA heranzuführen. Das war durchaus schwieriger, als man heute glaubt. Denn in den USA tobte der republikanische Senator Joseph McCarthy in einem erbarmungslosen inquisitorischen Furor wie dereinst Savonarola in Florenz. Die USA wurden durchkämmt nach Kommunisten. Es gab Schauprozesse mit hysterischen schrillen Tönen und Denunziation. Eine düstere Atmosphäre lag bleischwer über dem Land. Zudem wurde das Ehepaar Ethel und Julius Rosenberg wegen dubioser Spionagevorwürfe auf dem elektrischen Stuhl hingerichtet. Ein Justizmord mit ungeniert antisemitischen Tönen, wie sie in den USA damals zum guten Ton gehörten. Jene Scheußlichkeiten hatten in Europa größte Empörung und Ekel gegen die USA erregt. Es war also nicht einfach, Begeisterung für die USA zu wecken.

Józef Retinger wagte sich an diese delikate Aufgabe. Auf europäischer Seite konnte Retinger Prinz Bernhard der Niederlande gewinnen. In den USA gewann Retinger die Unterstützung der Wall-Street-Größen Averell Harriman und David Rockefeller. Anscheinend mussten die Herrschaften doch ein wenig gebeten werden. Die amerikanischen Teilnehmer des geplanten Gipfeltreffens europäischer und überseeischer Eliten rekrutierte nämlich C.D. Jackson, der unter Präsident Eisenhower Koordinator für psychologische Kriegsführung war. Als sich dann 1954 die Reichen und Mächtigen im niederländischen Hotel de Bilderberg trafen, besorgte die CIA die Finanzierung. Später kam die Ford Foundation für die Spesen der Bilderberger-Konferenzen auf.

Seit 1954 treffen sich die Großen der USA und Europas einmal im Jahr an unterschiedlichen Orten, natürlich in den besten Etablissements, um ihre bisweilen divergierenden Interessen aufeinander abzustimmen. Ein Drittel der Teilnehmer kommt aus Amerika, die anderen zwei Drittel aus Europa. Es gibt nicht wenige Beobachter, die behaupten, die Bilderberger-Konferenz von 1956 habe die Grundzüge des Vertrages von Rom ein Jahr später festgelegt.[168] 1957 beschlossen nämlich Frankreich, Deutschland, Italien, Luxemburg, Belgien und die Niederlande die Gründung der Europäischen Wirtschaftsgemeinschaft sowie die Gründung des Nuklearpaktes Euratom für die sogenannte friedliche Nutzung der Kernenergie, außerdem die Ausweitung der Montanunion, also der gemeinsamen Ausbeutung und Veredlung von Kohle und Erzen über die Grenzen von Frankreich und Deutschland hinaus.

So entstand also die europäische Einigung aus geostrategischen Erwägungen der USA, eingefädelt durch verdeckte Operationen der Geheimdienste. So schwärmten zwar immer wieder Politiker und Medienleute von der europäischen Einigung. Diese Einigung blieb aber den Menschen draußen im Lande eigentümlich fremd. Man mokierte sich zwar gerne über europäische Erlasse für den vorschriftsgemäßen Krümmungsgrad der Banane, aber Europa

---

[168] http://www.globalresearch.ca/the-true-story-of-the-bilderberg-group-and-what-they-may-be-planning-now/13808

störte nicht weiter. Der Einigungsprozess durch Hinzunahme immer neuer Beitrittsländer und die Umwandlung der EWG in die EG – Europäische Gemeinschaft – änderte über Jahrzehnte daran auch nicht allzu viel. Das böse Wort von der „Eurosklerose" machte die Runde.

Erst unter der Ratspräsidentschaft des französischen Sozialisten Jacques Delors zwischen 1985 und 1995 wurde ein europäischer Binnenmarkt geschaffen und eine gemeinsame Währung angebahnt. Mit dem Vertrag von Maastricht 1992 sind alle europäischen Institutionen nun unter das einheitliche Dach der neu geschaffenen Europäischen Union gekommen.

Der neue Schwung im europäischen Binnenmarkt steht im Zusammenhang mit dem Auftritt neuer Akteure in der europäischen Arena.

Allgemein bekannt ist das Phänomen des Lobbyismus. Die Ministerialbeamten und EU-Kommissare werden in Brüssel von etwa 30 000 Lobbyisten belagert, ähnlich viele Interessenvertreter der Privatwirtschaft bearbeiten die Europa-Parlamentarier in Straßburg. Wie Pharmavertreter beim Arzt, so sitzen die Lobbyisten in den Wartezimmern – den Lobbys – der Büros öffentlicher Entscheidungsträger. Sie wollen beispielsweise erreichen, dass das Verbot eines Geschmacksverstärkers im Speiseeis nicht in Kraft gesetzt wird. Diese Art der Beeinflussung gibt es schon lange, und die Qualität der Politik hat unter dem Druck dieser kleinkarierten Partikularinteressen nicht unerheblich gelitten. Zu einem entscheidenden Systemwechsel hat dieses Übel allerdings bislang nicht geführt. Doch was sich jetzt abzeichnet, ist von ganz anderem Kaliber.

Wir haben es seit etwa zwanzig Jahren mit einer neuen Qualität der Einflussnahme auf den öffentlichen Sektor zu tun. Die heutigen Akteure wollen nicht allein begrenzte Manipulationen von Verordnungen erreichen. Die heutigen Akteure wollen den Charakter der Welt, wie wir sie kennen, grundlegend umwälzen. Sie wollen riesige öffentliche Territorien annektieren. Sie haben eine Strategie und ein klar definiertes Ziel: die Erniedrigung von Nationalstaaten zu Bütteln der Konzerninteressen; die Funktionalisierung des Staatsapparates als gefügigen Garanten eines ungehinderten Kapitalflusses. Die Einigung Europas hat noch gar nicht richtig stattgefunden. Dennoch soll die Vereinigung der Wirtschaftsräume von Europa und Nordamerika so schnell wie möglich vollzogen werden. Das ist ein Vorgang, der mit dem Begriff Lobbyismus nicht mehr treffend beschrieben werden kann. Wie gesagt: es geht um viel, viel mehr.

Jeder kennt die Götter des Olymp. Doch kaum jemand weiß, dass auch die olympischen Götter von den mächtigen Schicksalsfrauen Klotho, Lachesis und Atropos gelenkt werden wie Marionetten. In gleicher Weise sind auch die Götter des nordischen Pantheons von den Nornen gesteuert, und die römischen Götter sind nur die Erfüllungsgehilfen der Parzen. Und genau wie bei diesen matriarchalischen Schicksalsgewalten ist auch bei den modernen Weltenlenkern Diskretion ein Teil des Erfolgs.

Haben Sie denn schon einmal vom Business Roundtable oder dem Transatlantic Business Council gehört? Oder vom Transatlantic Policy Network? Hinter diesen Namen steht die Potenz von Billionen von Euros oder Dollars. Hier geht es nicht um Chlorhühnchen oder Gen-Raps. Es geht um die weltweite Beschlagnahmung von Volksvermögen.

Auf US-amerikanischer Seite gibt es natürlich nach wie vor eine Unzahl traditioneller Interessenvertretungen von Industrie und Finanzdienstleistern. Zum Beispiel die U. S. Chamber of Commerce. Diese Gruppierung entspricht unserer Industrie- und Handelskammer. Sie ist sehr mächtig, aber sie vertritt alle Wirtschaftsunternehmen der USA von Goldman Sachs bis hinunter zur Autowerkstatt in den hinteren Appalachen. Ein derart umfassender Gesamtverband mit seiner Vielfalt an Partikularinteressen kann nicht flexibel genug agieren, um radikale Veränderungen der Weltordnung durchzusetzen. Die American Banker Association wiederum vertritt nur die Geldhäuser der USA. Allerdings gibt es seit 1972 den Business Roundtable (BRT).

Der Business Roundtable vertritt die Interessen einer aufstrebenden und immer aggressiver agierenden Zunft, nämlich der CEOs, der Chief Executive Officers.[169] Das sind die Strategie-Götter der Aktiengesellschaften. Die Männer und Frauen, die die

---

[169] http://businessroundtable.org/

Richtlinien der Konzernpolitik bestimmen, wobei sie das niedere Tagesgeschäft den unter ihnen stehenden COOs, den Chief Operating Officers überlassen. Die CEOs haben sich zum Leidwesen der Aktionäre immer mehr verselbständigt und betreiben oft eine Unternehmenspolitik, die ihre eigene Machstellung stärkt und die Eigentümer entmachtet. Fast könnte man meinen, James Burnham habe mit seiner Theorie von der Revolution der Manager doch noch Recht behalten. Dabei leiten die CEOs immer größere Stücke vom Firmenerlös in die eigene Tasche um. Schnell werden sie dabei selber zu Kapitalbesitzern und steigen möglicherweise in die Kaste der Superreichen auf.

Entsprechend aggressiv mischt sich die Kampforganisation der CEOs, der Business Roundtable, in die Politik ein. Wo immer ein US-Präsident oder der Kongress in Washington Anzeichen von Gemeinsinn und Vernunft erkennen lassen, eilt der Bussiness Roundtable herbei und hält die grüne Kelle mit dem roten Stoppzeichen hoch. So geschehen 1975, als ein Antitrustgesetz gegen eine zu große Machtfülle der Kartelle auf den Weg gebracht werden sollte. Ralph Naders Vorstoß zur Einrichtung einer Verbraucherschutzbehörde wurde genauso niedergerungen wie ein Gesetz, das es Unternehmern verbieten sollte, Gewerkschaftler in ihren Betrieben einzuschüchtern. Der BRT vertritt die genuinen Interessen der eigenen Zunft: Gesetzesinitiativen, die die CEOs persönlich in Haftung nehmen sollten für Fehlentscheidungen an der Spitze der Konzerne, wurden ebenso abgeschmettert wie Bill Clintons Versuch, exzessive CEO-Gehälter strafrechtlich zu belangen.

Natürlich ist der Business Roundtable nicht nur als Neinsager unterwegs: Steuersenkungen im Jahre 1985 gehen auf seine Initiative zurück. Oder er stärkte George Bush dem Zweiten den Rücken, damit der Präsident die privaten Krankenkassen und Pharmakonzerne mit Steuergeldern subventioniert. Für unser Thema besonders interessant: der Business Roundtable brachte 1993 das nordamerikanische Freihandelsabkommen NAFTA auf den Weg. Die Märkte von USA, Mexiko und Kanada sind geöffnet für einen gemeinsamen Markt. Das heißt aber nicht, dass die Mauer zwischen Mexiko und den USA geschleift worden wäre. Die Arbeiter der USA schuften jetzt zu mexikanischen Löhnen und die Mexikaner essen Junk Food aus den USA, während mexikanische Bauern arbeitslos werden.

Während der Business Roundtable die amerikanischen Märkte unter das Regime der USA bringt, kümmert sich der Transatlantic Business Council (TABC) um die Schaffung einer transatlantischen Freihandelszone.[170] Der TABC ist im Jahre 2013 hervorgegangen aus dem Transatlantic Business Dialogue (TABD) und dem European American Business Council (EABC). 1995 kamen der US-Handelsminister Ron Brown und die beiden EU-Kommissare Martin Bangemann und Leon Brittan zu dem Schluss, man könne doch eine bessere transatlantische Handelspolitik betreiben, wenn man die Unternehmer gleich bei der Planungsphase schon mit einbezieht.

Harmonie von Wirtschaft und Politik: das war für Martin Bangemann schon immer ein Anliegen. Als EU-Kommissar für Telekommunikation hatte er das Staatsmonopol für Telefondienstleistungen abgeschafft, um unmittelbar nach Beendigung seiner EU-Karriere bei dem privaten spanischen Unternehmen Telefonica anzuheuern und jetzt richtig viel Geld zu verdienen. Leon Brittan, Mitglied in der Trilateral Commission und Besucher bei den Bilderbergern 1998, arbeitet heute für TheCityUK, eine Lobbygruppe verschiedener Bankhäuser, unter anderem Goldman Sachs.[171]

Die drei „B"s: Brown, Bangemann und Brittan befragten 1 200 Unternehmer beiderseits des Atlantiks nach ihrer Meinung, und die fiel erwartungsgemäß positiv aus. Beim Gründungstreffen des TABD im November 1995 in Sevilla trafen sich EU-Beamte mit Unternehmern, um 70 „Empfehlungen" auszuarbeiten für das im Dezember 1995 nachfolgende Gipfeltreffen der Spitzenpolitiker beiderseits des Atlantiks. Das TABD-Treffen wurde übrigens von Goldman Sachs und Xerox finanziert. Im Dezember 1995 trafen sich in Madrid US-Präsident Clinton und für die EU Ratspräsident Felipe Gonzalez sowie Kommissionspräsident Jacques Santer. Er-

---

[170] http://www.transatlanticbusiness.org/
[171] No10 Adviser Lord Brittan Linked with Lobbying Group. The Guardian 10. 7. 2012,
http://www.theguardian.com/business/2012/jul/10/brittan-cameron-increase-skilled-foreigners (21. 8. 2014; 20:20 MESZ)

wartungsgemäß wurden die Empfehlungen des TABD-Treffens eins zu eins umgesetzt in die „New Transatlantic Agenda", die man getrost als die Keimzelle von TTIP bezeichnen kann.

Als Tätigkeitsbereiche der TABC werden auf deren Webseite definiert: Werbung für einen barrierefreien transatlantischen Markt; regelmäßiger Austausch von Wirtschaft und Politik; und die Bereitstellung einer Plattform für Unternehmen aus den USA und der EU, um vereint Handels- und Investitionshemmnisse in dritten Ländern zu beseitigen. Verschiedene Arbeitsgruppen sollen diesen Zielen zuarbeiten. Die Arbeitsgruppe Energie und Klima erforscht die Möglichkeiten, Rohstoffe in der Arktis zu erschließen und kümmert sich um „unkonventionelle Rohstoffe", beispielsweise Brennstoffe, die durch Fracking oder aus Teersand gewonnen werden. Andere Arbeitsgruppen befassen sich damit, wie man die Interessen der TABC-Mitglieder in den Bereichen geistiges Eigentum, Kapitalmarkt oder Informations- und Kommunikationstechnologie am besten in der Politik und in der Öffentlichkeit vertritt.

Die beiden Vorsitzenden des TABC verkörpern den Drehtüreffekt sehr anschaulich. Auf europäischer Seite sitzt Hugo Paemen, früher hoher Diplomat der Europäischen Union. Unter anderem fungierte Paemen als Chefunterhändler der Uruguay-Runde und war offizieller Sprecher der ersten EU-Kommission unter Jacques Delors. Jetzt verdient Paemen richtig Geld als „Senior Advisor" der weltweit agierenden Wirtschaftskanzlei Hogan Lovells.

Sein amerikanischer Vorstandskollege Stuart Eizenstat war Staatssekretär im Handelsministerium und stellvertretender Finanzminister unter Präsident Clinton. Auch er ein Senior Advisor, also jemand, der in jahrzehntelanger Arbeit im öffentlichen Dienst Verbindungen und Insiderkenntnisse aufgebaut hat, die er nun gewinnbringend bei der Anwaltskanzlei Covington and Burling einzusetzen weiß. Covington and Burling vertritt so illustre Firmen wie Halliburton (wegen der Vergabe von Staatsaufträgen im Irak), Philip Morris (wegen Risiken des Passivrauchens), Southern Peru Copper Corporation (Abwehr von Klagen der Peruaner wegen Umweltverschmutzung und Gesundheitsgefahren) oder auch Xe Services (früher bekannt als Blackwater).

Der frühere Vizepräsident der USA, Al Gore, lobte denn auch bei einer Veranstaltung den damals noch als TABD firmierenden Lobbyverein im Jahre 1998 für das geschmeidige Zusammenwirken mit der Regierung: „Ich weiß, dass Sie stolz sind auf die Tatsache, dass von den 129 Empfehlungen, die der TABD in den letzten drei Jahren gegeben hat, bereits über 50% als Gesetze eingebracht sind. Ich wünschte, wir hätten dieselbe Erfolgsquote auch mit dem Kongress!"[172]

Mitglieder sind nur Unternehmen, keine Einzelpersonen. Aus Deutschland sind unter anderem dabei: Audi, Deutsche Bank, Deutsche Telekom, BASF oder auch SAP.

Vergleichsweise traditionell kommt dagegen Businesseurope daher. Hier handelt es sich um den Dachverband der europäischen Unternehmerverbände. 41 Mitgliedsverbände aus 35 Ländern Europas sind dabei. Aus Deutschland sind BDI und BDA vertreten. Hier wird klassische Verbandsarbeit geleistet. Über 1 200 hauptamtliche Fachleute analysieren in 60 Arbeitsgruppen Gesetzentwürfe der Europäischen Union.

Immer wieder meldet sich Businesseurope auch mal bei der größeren Öffentlichkeit zu Wort: so forderte der Unternehmerverband in seinem „Energiepolitischen Appell" von 2010 längere Laufzeiten für Atomkraftwerke. Beim Trommeln für TTIP verlässt man sich dann doch eher auf den TABC und hat nur kurze Presseerklärungen veröffentlicht, in denen die Unternehmer ihre Begeisterung für die transatlantische Freihandelszone bekunden.[173] Deutsche Unternehmer sind bei Businesseurope traditionell gut aufgestellt: Jürgen Strube war Präsident von 2003 bis 2005. Strube war CEO von BASF und saß zudem im Aufsichtsrat der Bertelsmann AG. Von 2009 bis 2013 stand Jürgen Thumann dem Verband vor. Er war zuvor Präsident des BDI.

Weniger ist manchmal mehr. Der European Round Table of Industrialists (ERT) versammelt lediglich 50 CEOs aus der Elite der europäischen Geschäftswelt. Doch diese 50 Topmanager üben eine ungeheure Macht aus. 17 Wirtschaftsführer und die beiden EU-

---

[172] http://clinton4.nara.gov/WH/EOP/OVP/speeches/tabd.html (21. 8. 2014, 21:50 MESZ)
[173] http://www.businesseurope.eu/content/default.asp?PageID=867

Kommissare Etienne Davignon[174] sowie Francois Xavier Ortoli krempelten im Jahre 1983 die Ärmel hoch und gründeten den ERT, um die wahrgenommene „Eurosklerose" zu therapieren. Genau wie Bertelsmann-Chef Reinhard Mohn waren auch diese Gründer von dem Glauben durchdrungen, dass man die EU nicht anders zu führen habe wie einen großen Konzern. Nun treffen sich die handverlesenen Topmanager zweimal im Jahr, und zwar immer in dem Land, dessen Regierung gerade den Vorsitz in der EU führt. Die im ERT vertretenen Firmen repräsentieren einen Jahresumsatz von 1,3 Billionen Euro und beschäftigen 6,8 Millionen Mitarbeiter.

Wenn der ERT Empfehlungen an die Europa-Regierung herunterreicht, kann davon ausgegangen werden, dass die Empfehlungen bald in die Tat umgesetzt werden. Die Fehmarnbelt-Überquerung ist eine Kopfgeburt der CEO-Artusrunde, oder auch der technologische Blinddarm der Magnetschwebebahn. Immer wieder werden den EU-Lenkern umfangreiche Denkschriften auf den Schreibtisch gelegt, die dann bitte umzusetzen sind, wie 1991 „Reshaping Europe", für die der Chef des niederländischen Elektrokonzerns Wisse Dekker, Jerome Monod vom Umweltkonzern Lyonnaise des Eaux und der schwedische Volvo-Chef Pehr Gyllenhammar verantwortlich zeichneten.[175]

Der ERT rühmt sich selber, die Lissabon-Agenda aus dem Jahre 2000 für die dort anwesenden 27 Staatenlenker der EU erdacht und ausformuliert zu haben.[176] Die Lissabon-Agenda sollte Europa bis zum Jahr 2010 zur potentesten und innovativsten Wirtschaftszone in der Welt machen. Der ERT ist mit dem bislang Erreichten nicht so ganz zufrieden. Das große Zauberwort heißt Wettbewerbsfähigkeit im globalen Wirtschaftsleben. Folglich ist im Rat der Europäischen Union ein Rat für Wettbewerbsfähigkeit eingerichtet worden.

---

[174] Davignon ist regelmäßiger Teilnehmer der Bilderberg-Konferenzen und Mitglied in der Trilateral Commission,
http://de.wikipedia.org/wiki/%C3%89tienne_Davignon
(22. 8. 2014,14:21 MESZ)
[175] European Round Table: Reshaping Europe,
http://www.ert.eu/sites/default/ files/0128.pdf
[176] http://www.ert.eu/about

Die Nichtregierungsorganisation Corporate Europe Observatory in Brüssel hat aufgezeigt, wie die Vorgaben des ERT ihr Echo finden in den Beschlüssen der EU. Der damalige ERT-Präsident und CEO des schwedischen Telekommunikationsunternehmens Ericsson, Leif Johansson, forderte von der EU: „Jede Klima- oder Energiepolitik muss so angepasst werden, dass sie das Ziel, den Zuwachs beim Anteil der Industrie am Bruttosozialprodukt auf 20 Prozent im Jahre 2020 zu fördern, respektiert." Übersetzt aus der verklausulierten Sprache der Eliten – dann, wenn die Öffentlichkeit mithören kann – in die normale Klarsprache bedeutet das: „Wenn der Umweltschutz dem Wirtschaftswachstum im Weg ist, muss er zurückstehen." Entsprechend betont der Rat für Wettbewerb der EU in einem Papier „…die Notwendigkeit für ein Gleichgewicht in den EU-Politikbereichen Industrie, Energie und Klima."[177]

Und jedes Jahr wird der Euro-Administration mit einem aktuellen „Benchmarking Report" gesagt, wie es um die Politik in Europa bestellt ist. Die diversen Arbeitsgruppen des ERT formulieren Forderungen: das Vorsorgeprinzip, also dass man lieber eine Innovation nicht einführt, wenn man sich nicht vollkommen sicher ist, dass sie keinen Schaden anrichtet, soll zugunsten des amerikanischen Evidenzprinzips zurückgefahren werden. Evidenzprinzip heißt: eine Innovation wird nur dann nicht eingeführt, wenn hundertprozentig wissenschaftlich erwiesen ist, dass sie Schaden anrichtet.

Dieser Beweis lässt sich aber oft erst erbringen im Großversuch. Das kostet Geld. Viel Geld, das die Umweltschutzorganisationen nicht haben. Weitere Forderungen der ERT-Arbeitsgruppen: Die Gesetze und Regeln sollen Investitionen aktiv unterstützen. Eine „Global Regulatory Benchmark" soll die Deregulierungen auf weltweiter Ebene bewerten nach Kriterien der Unternehmer. Der ERT äußert sich nicht explizit zum Freihandelsabkommen TTIP. Das ist auch gar nicht nötig. Denn die Forderungen und Vorgaben des ERT an die EU sind weitgehend identisch mit den Inhalten von TTIP.

---

[177] Webseite CEO:
http://corporateeurope.org/lobbycracy/2014/03/permanent-liaison-how-ert-and-businesseurope-set-agenda-eu-summit (22. 8. 2014; 10:00 MESZ)

Locker, inspirierend, unverzichtbar: Das transatlantische Politikernetzwerk

„Informal, Inspirational, Indispensable" – so heißt das Motto des Transatlantic Policy Network (TPN), Gott weiß warum. Natürlich müssen politische „Domestiken" der Konzernherren die Ideen der Artus-Runde den Menschen draußen im Lande vermitteln und in den politischen Gremien und den Büros der Exekutive entsprechend Druck machen für die Vereinigung von Europa und Nordamerika. Das TPN vereinigt Europa-Politiker in diesem Geist:

„Absoluten Vorrang hat beim TPN, die USA und die Europäische Union zu ermuntern, einem Transatlantischen Freihandelsabkommen (TTIP) zuzustimmen. Der TPN hat diese Angelegenheit für den Fortschritt in Richtung Freihandel und einer engen politischen Partnerschaft seit über zwanzig Jahren vertreten, mit besonderem Augenmerk auf die Erschaffung eines transatlantischen Marktes bis zum Jahr 2020."[178]

Das Politikernetzwerk TPN gibt es seit 1992. Der europäische Gründervater ist Peter Sutherland. Sutherland ist ein irischer Politiker und war in den Achtzigerjahren EU-Kommissar für Wettbewerb. Bevor die Welthandelsorganisation GATT in der WTO aufging, war er deren letzter Präsident. Sutherland ist der Inbegriff des Netzwerkers und Drehtürmannes: er fungiert bei der Trilateral Commission als deren europäischer Ehrenpräsident. Bei den Bilderbergern ist er gewesen. Den European Round Table hat er mit aufgebaut. Seit 1995 hat er den Vorsitz bei Goldman Sachs International, ist zudem im Vorstand von British Petrol, beim schweizerischen Energie- und Automatisierungskonzern Asea Brown Boveri sowie bei der Royal Bank of Scotland.

Der amerikanische Gründervater heißt Robert Schwarz Strauss, seines Zeichens Wirtschaftsanwalt, Wahlkampfmanager bei Jimmy Carter, US-Botschafter in der Sowjetunion und Russland. Geld verdiente er dann beim Fotokopiererhersteller Xerox und dem Nahrungsmittelkonzern Archer Daniels Midland. Als Ehrenpräsident des EPN fungiert jetzt Robert Bennett, ein ehemaliger republikanischer Senator im Mormonenstaat Utah, der vor kurzem von der

---

[178] http://www.tpnonline.org/

Tea Party aus dem Amt gejagt wurde. Bennett ist auch Mitglied im Board des German Marshall Fund of the US.

Zu den zentralen Ereignissen, bei denen sich die Freunde der transatlantischen Freihandelszone persönlich begegnen können, gehört die Transatlantic Week, die einmal im Jahr für mehrere Tage in Washington stattfindet. Veranstalter sind neben TPN auch AT&T, die Bertelsmann-Stiftung, der Autokonzern Daimler, die European Internet Foundation, Oracle, Sciencebusiness, UPS und die US-Handelskammer. Hier geht es so geheimnisvoll zu wie bei der Atlantik-Brücke. Nur die beteiligte European Internet Foundation veröffentlicht kurze Berichte über jene Runden Tische, die das Thema Internet und Cybersecurity betreffen.[179] Was unsere Europaabgeordneten sonst noch in den Hallen der US-Handelskammer mit ihren Kollegen aus dem Kongress und mit Wirtschaftsbossen machen, geht uns einfaches Volk nichts an.

Über die Outreach Roundtables wissen wir nur, dass sie irgendwann in Washington und Brüssel stattfinden. In informeller Runde schälen sich Einsichten heraus, die dann von den Politikern des TPN zu Empfehlungen für die Regierungen destilliert werden. In den Political and Educational Exchanges trifft man sich spontan auf Zuruf, um sich abzusprechen. Hier entstehen, so sagt TPN, dauerhafte Freundschaften.

Das TPN kooperiert mit Aspen Institute, Chatham House, German Marshall Fund oft the US, Council on Foreign Relations, dem Carnegie Endowment sowie der marktradikalen Denkfabrik Brussels European and Global Economic Laboratory (BRUEGEL).

Uns gemeinen Leuten bleibt also, wie bei so vielen dieser Turbo-Netzwerke, nur die Möglichkeit zu schauen und zu staunen, wer sich im TPN bewegt. Es gibt einen operativen Vorstand. Dem steht die ungarische Europaabgeordnete Edit Herczog vor. Frau Herczog hat Leitungsaufgaben bei Unilever Ungarn und bei Imperial Chemical Industries ausgefüllt, bevor sie beschloss, Politikerin zu werden. Seit 2004 ist sie für die sozialistische Fraktion im Europaparlament.

---

[179] https://www.eifonline.org/events/188-transatlantic-week-in-washington-d-c.html

Ihr Stellvertreter ist Lobbybeobachtern wohl bekannt: Elmar Brok. Der 1946 in Verl bei Gütersloh geborene Brok arbeitet seit 1980 als Europaabgeordneter der CDU für den Wahlkreis Ostwestfalen-Lippe. Mittlerweile ist Brok Vorsitzender im Ausschuss für Auswärtige Beziehungen im Europa-Parlament. Weiterhin gehört er dem Vorstand der konservativen Fraktion EVD-ED im Parlament an. Er ist führendes Mitglied in den transatlantischen Lobbys Transatlantic Policy Network und Deutsche Gesellschaft für Auswärtige Beziehungen. Zudem gehört er der „Delegation für die Beziehungen zu den Vereinigten Staaten" an.

Brok war auch in jenem Konvent, der unter Vorsitz von Valéry Giscard d'Estaing den Entwurf für die Verfassung der Europäischen Union ausgearbeitet hat. Auf Broks energisches Betreiben wurde in dem Entwurf unter Artikel II-14 (Recht auf Bildung) die Möglichkeit der Regierungen, Studiengebühren zu erheben, festgeschrieben. Ist das Broks späte Rache, weil er selber zwar kostspielig studiert, aber nie einen Studienabschluss hinbekommen hat? Die Gründe sind handfester: Brok ist nebenbei nämlich noch eingetragener Lobbyist für Bertelsmann als Senior Vice President Media Development in Brüssel. Und wir lernten ja schon, dass Bertelsmanns Centrum für Hochschulentwicklung die Unis durch Studiengebühren langfristig renditefähig für die Börse machen will. ...

Dann gibt es die Parlamentariergruppe des TPN. Dort sitzen Europaabgeordnete diverser Fraktionen und Länder. Allerdings sind Mitglieder der konservativen Fraktionen ebenso überrepräsentiert wie auch deutsche Abgeordnete. Einen unübersehbaren grünen Farbtupfer steuert der frühere Bundesvorsitzende von Bündnis90/DieGrünen, Reinhard Bütikofer bei. Bütikofer bringt seine transatlantischen Überzeugungen im Parlamentsausschuss für Industrie, Forschung und Energie ein. Stellvertretungsweise ist er auch im Auswärtigen Ausschuss aktiv.

Ebenfalls für manche überraschend ist, den SPD-Politiker und Umweltaktivisten Jo Leinen in dieser USA-Lobbygruppe zu entdecken. War doch Jo Leinen früher Redner bei Großdemonstrationen für den Frieden und dann zehn Jahre Umweltminister des Saarlandes unter Ministerpräsident Oskar Lafontaine. Auch heute noch engagiert Leinen sich bei EUROSOLAR für regenerative Energie.

Sein Zugang zur transatlantischen Szene ergab sich vermutlich durch die Mitgliedschaft in der Europäischen Bewegung, deren internationaler Organisation er seit 2011 als Präsident vorsteht.

Etwas klarer ist die Beziehung zwischen beruflichem Werdegang und transatlantischem Engagement schon bei dem CDU-Abgeordneten Daniel Caspary. Der Diplom-Volkswirt arbeitete beim Bankhaus J. P. Morgan, bevor er bei der MVV Energie eintrat. Bei letzterem Unternehmen handelt es sich um ein teilprivatisiertes kommunales Unternehmen auf Expansionskurs, das Beteiligungen an anderen privatisierten kommunalen Unternehmen hält. So ist Caspary auch Direktor des European Energy Forum, zudem Mitglied in der European Internet Foundation und Veranstalter des Diskussionsforums „Friends of TTIP".

Alexander Graf Lambsdorff entwickelt sich zu einem Beta-Scharniernetzwerker der Transatlantiker. Der Neffe des „Markgrafen" Otto Graf Lambsdorff studierte dank eines Fulbright-Stipendiums an der Georgetown Universität in Washington, machte eine Diplomatenausbildung und arbeitete in verschiedenen Positionen im Auswärtigen Amt. Als die Falken in Berlin empört waren über Außenminister Westerwelles Weigerung, sich am militärischen Libyen-Abenteuer zu beteiligen, wurde Lambsdorff in der FDP als Nachfolger Westerwelles gehandelt. Seit 2014 ist Lambsdorff nun stellvertretender Präsident des Europäischen Parlaments.

Auch Jan Christian Ehler ist für die CDU im Europäischen Parlament. Ehler fungierte in den Neunzigerjahren als Geschäftsführer der Aigner-Unternehmensgruppe aus der Immobilienbranche in München. Im Europaparlament arbeitet er im Ausschuss für Industrie, Forschung und Energie sowie im Unterausschuss für Sicherheit und Verteidigung. Zudem ist er Vorsitzender des Transatlantic Legislators' Dialogue (TLD).[180] Denn das Europaparlament hat seinerseits diese Organisation als Ergänzung zum TPN eingerichtet. Auch beim TLD treffen sich Abgeordnete Europas und der USA, um die Annäherung und Vereinigung der beiden Großräume voranzubringen.

Graf Lambsdorff und Jan Christian Ehler haben zusammen mit der ehemaligen Europa-Abgeordneten Erika Mann von der SPD im

---

[180] http://www.europarl.europa.eu/intcoop/tld/default_en.htm

Jahre 2007 die German European Security Association (GESA) gegründet. Dieser Verein will zivile Sicherheitstechnik mit der Politik zusammenführen: „Die GESA unterstützt und fördert die zivile Sicherheitsarchitektur und -forschung für Deutschland und Europa in ihrer inhaltlichen und strukturellen Entwicklung zum Schutz des demokratischen Gesellschafts- und Wertesystems."[181] Dem Verein gehören allerlei Großunternehmen an, die mit Sicherheitstechnik vermutlich gut verdienen. Der österreichische Europaabgeordnete Martin Ehrenhauser wirft den GESA-Machern Lobbyismus für die Sicherheitsindustrie vor.[182]

Erika Mann gehörte in ihrer Zeit als Europaabgeordnete ebenfalls dem TPN an. Sie ist als Begründerin der European Internet Foundation weiterhin Teilnehmerin der Transatlantic Week in Washington. Heute bearbeitet sie die Eurobürokratie in Brüssel als Lobbyistin für Facebook.

Ein Council on Foreign Relations für uns Europäer?

Nun wird sich vielleicht der eine oder andere Leser im Verlauf der Lektüre dieses Buches gefragt haben: wenn die Amerikaner so perfekt vernetzt sind und über so viele gut aufgestellte Denkfabriken verfügen, warum sollte es eigentlich nicht möglich sein, auch Denkfabriken mit einer original europäischen Sichtweise zu gründen? Die energisch die Interessen Europas auch gegenüber den USA vertritt? Nun, seit dem Jahre 2007 gibt es den European Council on Foreign Relations (ECFR).[183] Einer der Gründer dieser Denkfabrik ist der ehemalige grüne Außenminister Joschka Fischer.

Der ECFR betont seine Unabhängigkeit von der EU, und auch mit dem New Yorker Council on Foreign Relations haben die Europäischen Vordenker nach eigenen Angaben nichts zu tun. Arbeitsgruppen befassen sich mit den Ländern außerhalb Europas, zum Beispiel mit dem Mittleren Osten, mit den osteuropäischen Ländern, mit einem erweiterten Europa. Schaut man sich die veröf-

---

[181] https://gesa-network.de/ziele.html (22. 8. 2014; 16:30 MESZ)
[182] http://www.ehrenhauser.at/assets/eos_gesa_studie.pdf (22. 8. 2014; 16:40 MESZ)
[183] http://www.ecfr.eu/

fentlichten Artikel einmal an, so unterscheiden diese sich in ihrer Weltsicht keinen Deut von den transatlantischen Publikationen, die wir in diesem Buch bereits vorgestellt haben. Schaut man dann noch in die Kurzbeschreibungen über die Autoren der Artikel, so erkennt man schnell: sie haben alle transatlantischen Kaderschmieden von German Marshall Fund bis SWP und DGAP durchlaufen.

Dieser Eindruck verstärkt sich, wenn man die Namen der Sponsoren liest: der absolut dominante Spender ist der Währungsspekulant George Soros. Zweifelsohne ein intelligenter Milliardär, der schon öfter als Querdenker in Erscheinung getreten ist. Am Primat des US-finanzkapitalistischen Systems wird aber auch Soros nichts ändern wollen, und die Rolle seiner diversen Stiftungen in der Ukraine ist äußerst umstritten. Auch die anderen Spender kennen wir schon von den transatlantischen Netzwerken: Stiftung Mercator, Robert Bosch Stiftung, Friedrich-Ebert-Stiftung. Aber auch undurchschaubare Einrichtungen wie die bulgarische Communitas Foundation eines Svetoslav Bojilov, von dessen Firma Venture Equity Bulgaria nur zu erfahren ist, dass sie in der Schweiz Geld angelegt hat.

Im Board, also im Vorstand, finden wir alte Bekannte wieder: Javier Solana, der in den Neunzigerjahren Generalsekretär der NATO war. Oder Alexander Graf Lambsdorff. Und die Liste der deutschen Mitglieder liest sich wie ein Who's Who der deutschen Transatlantikerszene: Roland Berger, Cem Özdemir, Wolfgang Ischinger, Ruprecht Polenz, Michael Stürmer, um nur eine kleine Auswahl zu präsentieren.

Wir sehen: Der European Council on Foreign Relations ist keine Keimzelle europäischer Eigenständigkeit gegen die Vereinnahmungen der USA. Vielmehr ist der europäische Think Tank eine Art von konfessioneller Abart innerhalb der „Religion" der US-Hegemonie: musste in den Fünfzigerjahren ein Dutzend Freunde der USA in Europa noch massiv mit Geld und Logistik amerikanischer Geheimdienste auf die Beine gebracht werden, so schwoll ihre Schar in den Siebzigerjahren auf einige Hundert an.

Dank intensiver Nachwuchsförderung und veränderter Rahmenbedingungen ist jetzt eine Generation von ein paar tausend Drehtürmenschen herangewachsen, die den Transatlantizismus mit der Muttermilch aufgesogen hat. Die gar nicht mehr weiß, dass es andere Gesellschafts- und Lebensmodelle gibt. Aber innerhalb des Paradigmas der alternativlosen US-Hegemonie wollen sie ihren eigenen Stil entwickeln. Sozusagen den europäischen Dialekt der US-Vorherrschaft.

Das erinnert an die Phase der Reformation in der Geschichte des Christentums: nachdem das Christentum lange Zeit auf einige wenige Kleriker beschränkt war, nahmen die Menschen der frühen Neuzeit das Christentum endlich als ihre eigene Sache an und wollten es dafür im Gegenzug auch neu definieren. Wir erleben gerade die Phase der „Reformation" im Transatlantizismus.

Wir haben jetzt den Ursprung der europäischen Vereinigung als eine Veranstaltung von oben nach unten begriffen: der Anstoß zur europäischen Einigung kam von den Eliten der USA. Diese betrieben das Projekt nicht aus Nächstenliebe, sondern um Westeuropa geopolitisch und geostrategisch dem eigenen Einflussbereich einzuverleiben.

Sicher waren die Netzwerke des US-Kapitals selber ein wenig überrascht, wie schnell und durchgreifend sich die Durchdringung europäischer und asiatischer Staaten vollzog. Innerhalb weniger Jahrzehnte waren die meisten Nationen in ein Abhängigkeitssystem zu den US-Konzernen geraten und die kulturelle Hegemonie der USA vollzog sich rasant. Die Soft Power flankierte erfolgreich militärische und ökonomische Eroberungen. Brzeziński erkannte, dass diese unzähligen neuen Filialen des US-Systems den proportionalen Anteil der USA am globalen Wirtschaftsgeschehen zwangsläufig schrumpfen lassen. Und dass entsprechend die Bindungen zu und zwischen den Filialen straffer gezurrt werden müssen.

Diese Arbeit verrichten die unzähligen Organisationen, die in diesem Buch akribisch beschrieben worden sind. Ihre fein gesponnene Vernetzung durch persönliche und materielle Bindungen, dazu der Drehtüreffekt und das Interlocking Directorate, zusammen mit der Kontrolle über Politik und Medien, machen es möglich, dass ein paar tausend Individuen eine Nation von achtzig Millionen Deutschen quasi als Hütehunde für die amerikanischen Herren in Schach halten.

Das ist nicht neu. Schon die Engländer hielten mit ihrer „Indirect Rule", der indirekten Herrschaft, mit 30 000 Kolonialsoldaten achtzig Millionen Inder unter Kontrolle, indem sie die örtlichen Maharadschas für sich gewannen.

Innerhalb dieses zeitlichen Prozesses der Anbindung vollzog sich eine enorme Machterweiterung der Konzerne und Banken, die mit ihrer Macht die Nationalstaaten herausfordern. Als Konsequenz entwickelte der Council on Foreign Relations die Interdependenztheorie: Konzerne und Nichtregierungsorganisationen durchdringen die Zellhaut der Staaten und agieren weltweit. Der Staat, so verordnete der CFR, sei nur noch ein Spieler von vielen am runden Tisch der Macht. Umso wichtiger werden für die Machtentfaltung der Konzerne die diskreten Netzwerke.

In letzter Zeit scheint den Machern hinter den Kulissen allerdings die Geduld abhandengekommen zu sein. Beharrlich hatte man früher die eigene Machterweiterung Häppchen für Häppchen vorangebracht. Jetzt geht es aber plötzlich sehr hektisch voran. Das Projekt Europäische Vereinigung ist organisatorisch noch nicht annähernd vollendet. Ganz zu schweigen von irgendeiner Akzeptanz in der Bevölkerung. Und da soll bereits die nächste Zwangsvereinigung stattfinden: nämlich die Hochzeit Europas mit den USA.

Es gab schon einen Anlauf Mitte der Neunzigerjahre mit dem Multilateralen Abkommen über Investitionen (MAI). Dieser Versuch kam viel zu früh, wurde aufgedeckt und dann aufgrund der absoluten Ablehnung durch die Bevölkerung wieder zurückgezogen. Doch aufgeschoben ist nicht aufgehoben. Seit dem EU-USA-Gipfel im irischen Dorf Dromoland im Jahre 2004, der in der Öffentlichkeit weitgehend unbemerkt blieb, und dem nachfolgenden Gipfel in Washington 2005 war unmissverständlich klar, dass die Regierungen und Konzernlenker beider Machtblöcke unverrückbar entschlossen sind, die beiden Wirtschaftsräume zu einer großen Zone nach den Wünschen der Konzerne zusammen zu schweißen.

Unter Obamas Amtsvorgänger George Bush wurde dann im April 2007 eine Arbeitsgruppe eingerichtet, die die Eckpunkte der zukünftigen Wirtschaftsgemeinschaft festklopfen sollte: der so genannte Transatlantische Wirtschaftsrat. Vorsitzender des Wirtschaftsrats war auf amerikanischer Seite ein Unternehmerfunktionär und auf europäischer Seite der EU-Kommissar für Handel Günter Verheugen. Zudem befasst sich eine so genannte High Level Working Group mit den Details eines transatlantischen Wirtschaftsraums.

Das Delikate an diesen Aktivitäten zu Nutz und Frommen einer amerikanisch-europäischen Wirtschaftsunion besteht nun darin, dass die Diskussionen in den Arbeitsgruppen streng geheim gehalten werden. Unglaublich, aber wahr: wir einfachen Leute dürfen nicht wissen, was über unsere gemeinsame Zukunft verhandelt wird!

Die niederländische Bürgerrechtsgruppe Corporate Europe Observatory beobachtet, ähnlich wie Lobbycontrol in Deutschland, die Einmischungen in die Politik durch Lobbyisten der Wirtschaft. Die Corporate Europe Observatory – zu Deutsch also in etwa: Beobachtungsstelle für Konzerne in Europa – hat die EU offiziell befragt, wer die Autoren der High Level Working Group sind.[184]

Die Europäische Kommission antwortete kurz und knapp: „Leider sind wir nicht in der Lage, Sie mit den entsprechenden Informationen zu versorgen." Dabei gibt es ganz klare Vorschriften zur Transparenz von Expertengruppen in EU-Gremien. Auf Nachfrage schickte die Kommission den niederländischen Lobbywächtern wenigstens eine anonymisierte Statistik zu, welcher Art die Gruppen sind, die der High Level Working Group Anregungen liefern. Daraus geht hervor, dass über zwei Drittel aller Inputs für die Arbeitsgruppe von Konzernen und deren Interessenverbänden stammten. Sieben Prozent stammten von Gewerkschaften, knapp drei Prozent von Regierungsstellen und Behörden, aber nicht ein einziger Beitrag von Verbraucherorganisationen.

Auch den Inhalt von Verträgen zwischen der EU und anderen Ländern dürfen wir nicht erfahren. Die Lobbywächter von Corporate Europe Observatory hatten gegen Geheimniskrämerei bei einem bilateralen Vertrag, den die EU mit Indien geschlossen hatte, vor dem Europäischen Gerichtshof geklagt. Hier war im Vorfeld deutlich geworden, dass Wirtschaftslobbyisten einen privilegierten Zugang zu den Fachgruppen hatten, während Bürgergruppen ausgeschlossen waren. Am 7. Juni 2013 gab die Achte Kammer des

---

[184] http://corporateeurope.org/blog/who-scripting-eu-us-trade-deal

Europäischen Gerichtshofes in Luxemburg bekannt, dass der privilegierte Zugang von Wirtschaftslobbyisten zu Geheimverhandlungen für Freihandelsabkommen nicht gegen EU-Recht verstoße. Diese zutiefst undemokratische Geheimhaltung von die Allgemeinheit betreffenden Angelegenheiten hatte das Europa-Parlament in Straßburg im Jahre 2001 als Richtlinie 1049 abgesegnet.

Dieses Urteil des Europäischen Gerichtshofs wird nun als Präzedenz für die anstehenden Verhandlungen zwischen USA und EU angesehen. So werden auch weiterhin die Lobbyisten der Unternehmer in den USA und in Europa völlig ungeniert bei den europäischen und amerikanischen Bürokraten ein- und ausgehen und ihnen diktieren, was Gesetz zu werden hat.

Bundeskanzlerin Angela Merkel zitierte im März 2013 den französischen Staatspräsidenten Francois Hollande und den Präsidenten der Europäischen Kommission, José Manuel Barroso, ins Berliner Kanzleramt. Ebenfalls zugegen: 15 Topmanager aus dem European Round Table. Es wurde flink eine deutsch-französische Working Group on Competitiveness, eine Arbeitsgruppe zur Verbesserung der Wettbewerbsfähigkeit, ins Leben gerufen. Auf deutscher Seite der Chef: der Siemens-Direktor Gerhard Cromme. Wohlgemerkt: diese Arbeitsgruppe ist ein Vorhaben der deutschen und der französischen Regierung. Treibende Kraft für diese Veranstaltung war die deutsche Bundeskanzlerin Angela Merkel. Dazu passend hatte der European Round Table bereits eine Wunschliste formuliert. Die findet sich jetzt in den regierungsamtlichen Verlautbarungen der offiziellen Arbeitsgruppe für effektiven Wettbewerb leicht modifiziert wieder.

Das Regierungspapier fordert beispielsweise: die Europäische Union „soll davon absehen, neue Gesetzesvorschläge einzubringen, die für Investitionen schädlich sind." Und stramm neoliberal fordert die Arbeitsgruppe von Hollande und Merkel: „Die Wirksamkeit öffentlicher Ausgaben muss zu jeder Zeit strenger Überprüfung unterliegen. Das Angebot an öffentlichen Dienstleistungen muss dem Wettbewerb durch Initiativen und Vorschläge aus dem Privatsektor ausgesetzt werden."

Und im selben Sinne äußert sich das Regierungspapier über öffentliche Ausgaben: „Es muss ein erstrangiges Ziel werden, öffentliche Ausgaben in Frankreich und in Deutschland zu verringern: öffentliche Ausgaben und öffentliche Regulierungen müssen solche Investitionen bevorzugen, die Wachstum erzeugen. Erweiterung der Öffentlich-Privaten Partnerschaften kann die Effizienz im Bereich der Verkehrsplanung beträchtlich vergrößern."[185]

Und dieser Geist durchweht auch die Transatlantische Freihandelszone. In den unverbindlichen Verlautbarungen für die Öffentlichkeit ist viel die Rede vom Schutz der Investoren, vom Schutz von Eigentumsrechten, von verschärftem Schutz des Urheberrechts. Nichts dagegen liest man davon, was der einfache Bürger zu profitieren hat von der schönen neuen transatlantischen Welt. Kein Wort von Verbraucherschutz, Arbeiterrechten, Umweltschutzstandards, angemessener und preiswerter Gesundheitsversorgung. Woher sollte das auch kommen? Es findet sich in den geheimen Gremien weit und breit kein Vertreter von Gewerkschaften, Verbraucher- und Umweltgruppen.

Die Ungeduld der Konzernlenker treibt immer extremere Blüten. Durch den Nebel der Geheimverhandlungen schimmert ein besonders skandalöser Mechanismus. Es gibt nämlich bereits eine Art von Blaupause für TTIP: zwischen der EU und Kanada besteht seit 2009 ein Freihandelsabkommen mit Namen „Comprehensive Economic and Trade Agreement", kurz: CETA. In dieses Vertragswerk ist das sog. Investor-State Dispute Settlement (ISDS) eingebaut.

ISDS bedeutet: parallel zur herkömmlichen Rechtsprechung wird eine Schiedsstelle eingerichtet. Hier können Konzerne an der demokratisch legitimierten Rechtsprechung vorbei ganze Staaten auf Schadenersatz verklagen. Wenn ein Staat ein Gesetz erlässt, das geplante Investitionen eines Konzerns verhindert, klagt der Konzern über jene Schiedsstelle den Staat an. Es gibt diesen dubiosen Mechanismus bereits als weltumspannendes Netz von bilateralen Verträgen zum Investorenschutz, ohne dass die Öffentlichkeit davon etwas mitbekommen hat. Unter dem Dach der Weltbank organisiert das Internationale Zentrum zur Beilegung von Investiti-

---

[185] Franco-German Working Group: Competitiveness and Growth, http://www.rapportbeffacromme.eu/beffa-cromme_en_corr.pdf (link is external) (25. 7. 2013; 14:37) Diese Seite ist mittlerweile nicht mehr im Netz abrufbar.

onsstreitigkeiten geheime Schlichtungsverfahren von Konzernen gegen Nationalstaaten.

Das Fernsehmagazin *Monitor* der *ARD* berichtete darüber.[186] Demzufolge klagte der schwedische Energiekonzern Vattenfall gegen die Hansestadt Hamburg, weil die Hamburger Bürgerschaft beschlossen hatte, ein Kohlekraftwerk der Firma Vattenfall stillzulegen. Vattenfall hatte die Schiedsstelle angerufen und erhielt umgehend Recht. Hamburg musste das Kohlekraftwerk am Netz lassen. Ermuntert durch diesen Teilerfolg, will Vattenfall nunmehr die Bundesrepublik Deutschland auf 3,7 Milliarden Euro Schadensersatz verklagen, falls sie tatsächlich aus der Atomkraft vollständig aussteigen sollte.

Das Investor-State Dispute Settlement dient in undemokratischer Einseitigkeit ausschließlich den Interessen der multinationalen Konzerne, die durch ihre finanzielle Potenz bereits Nationalstaaten in vielen Bereichen hoffnungslos überlegen sind. ISDS macht Konzernen das Leben noch leichter, wie ISDS-Schiedsrichter Klaus Sachs offen bekennt: „Nicht jeder US-Investor findet es attraktiv, vor einem Gericht in Palermo oder Bukarest klagen zu müssen. Umgekehrt ist es für europäische Unternehmen oft sehr teuer und langwierig, in den USA zu prozessieren. Bei Schiedsgerichten geht es deutlich schneller."[187]

Was ist uns wichtiger: Umweltschutz und Gesundheitsvorsorge oder irgendeine ominöse „Attraktivität für Investoren"? Beim ISDS dürfen nur Konzerne gegen Staaten klagen. Das ist skandalös einseitig, man muss es noch einmal betonen. Es ist übrigens durchaus möglich, der Aushebelung demokratisch legitimierter nationaler Rechtsprechung durch die konzernfreundlichen Schiedsgerichte wieder zu entkommen. Venezuela, Ecuador und Bolivien haben die Knebelverträge bereits erfolgreich wieder aufgekündigt.

Aus einer genuin europäischen Interessenlage heraus kann man zu diesen Entwicklungen folgendes feststellen:

---

[186] www.wdr.de/tv/monitor/sendungen/2013/0606/recht.php5
[187] Freihandelsabkommen – Wir brauchen Waffengleich heit von Staat und Konzernen, Der Spiegel 26. 3. 2014:
http://www.spiegel.de/wirtschaft/soziales/freihandel-jurist-klaus-sachs-ueber-umstrittene-schiedsgerichte-a-958300.html (abgerufen am 23. 9. 2014; 9:45)

Erstens ist die Europäische Union selber noch weit entfernt von irgendeiner wirklichen Vereinigung und einer gemeinsamen Stimme. Wenn sich ein solcher zerbrechlicher Apparat einem Staatswesen wie den USA öffnet, das seit 150 Jahren vereinigt ist, kann der europäische „Partner" eigentlich nur auf der ganzen Linie verlieren und zum Anhängsel der USA werden. Es gibt wenig Zweifel, dass die USA genau das bezwecken.

Europa hat im Augenblick noch eine große Anziehungskraft für andere Machtblöcke wie Russland, China oder Indien. Wenn sich Europa mit den USA unwiderruflich vereinigt, wird Europa diese Optionen verlieren und zur Geisel und zum Kampfinstrument der USA werden. Der Militärraum der NATO bekäme sein Unterfutter durch den Wirtschaftsraum des TTIP. Das Wort von der „Wirtschafts-NATO" macht schon die Runde. Verlautbarungen der Befürworter des TTIP zielen genau in diese Richtung. Das neue Bündnis wäre eindeutig gegen den Rest der Welt gerichtet.

Es ist erstaunlich, dass die neoliberalen Netzwerke aus Politik, Wissenschaft und Wirtschaft noch nicht zufrieden sind mit der Demontage des öffentlichen Raums und der Nationalstaaten, die sie bislang vollbracht haben. Zusätzlich werden noch administrative Werkzeuge wie die Schiedsstellen für die Konzerne eingerichtet, um der Demokratie endgültig das Genick zu brechen.

Es droht eine neofeudale Entrechtung und Enteignung der Bürger. Die Regelungen des TTIP werden die Macht der Konzerne und Kartelle in eine omnipräsente Allmacht verwandeln. Gesetze zum Schutz von Investitionen, verschärfte Urheberrechte für Konzerne, Verbot von Gesetzen, die Umweltverschmutzung und Umweltmanipulationen verhindern sollen: all das wird Wirklichkeit, wenn TTIP durchgesetzt wird.

Die Nationalstaaten werden zu einem Rumpfapparat, schwach genug, um von den Konzernen und Kartellen als deren Interesseninstrument missbraucht zu werden. Der schon jetzt totalen Überwachung und Kontrolle aller Bürger sind dann keine Grenzen mehr gesetzt.

Die Hektik und die Anmaßung, mit der die Annexion Europas augenblicklich vorangetrieben wird, offenbart Züge von Leichtsinn seitens ihrer Verursacher. Allzu sehr leben die abgehobenen Eliten in ihrem selbstreferentiellen Orbit. Das ist auch die Chance für die Demokratie. Oder kann man es volkstümlicher in diese Worte fassen: Hochmut kommt vor dem Fall?

Es hängt von der demokratischen Öffentlichkeit ab, ob die Bedrohung angemessen erkannt wird. Will man lediglich dieser neofeudalen Unterwerfung ein wenig Sand ins Getriebe schütten? Oder wird ein konsistenter Gegenentwurf zur gar nicht so schönen neuen Konzernwelt in gemeinsamer Kraftanstrengung zustande gebracht?

Wie die Chancen für Gegenwehr und für eine humane, friedfertige und demokratische Weiterentwicklung unserer Welt stehen, soll im nächsten, dem letzten Kapitel dieses Buches erörtert werden.

Was tun? Deutschland instandbesetzen!

„Das Einzige was wir zu fürchten haben, ist die Furcht selber."
Franklin D. Roosevelt[188]

Die Aufgabe dieses Buches ist es nicht, vor lauter deprimierenden Enthüllungen Verzweiflung und Ohnmachtsgefühle zu wecken. Ganz im Gegenteil: Wenn wir wissen, wen wir vor uns haben, ist der erste Schritt zum Besseren bereits vollzogen. Wir sind oft durch Angst und Furcht, durch Ohnmachtsgefühle und Selbstzweifel gelähmt. Angst verhindert, klar zu sehen, was sich da vor uns aufbaut und was wir zu tun haben.

Schauen wir doch einmal ganz kühl, was sich auf der Gegenseite tut. Die Eliten sind weltfremd geworden. Das ist eine logische Folge der auseinanderklaffenden Schere zwischen arm und reich. Früher waren die Eliten viel näher an der Wirklichkeit. Da hat der Außenminister in der Mittagspause an der nächsten Bockwurstbude in Bonn mit gewöhnlichen Menschen seinen Hotdog gemalmt. Und Bundeskanzler Adenauer ließ sich auf einer Pontonfähre, umgeben von lauter gewöhnlichen Menschen mit Fahrrädern, über den Rhein schippern. Frau Dönhoff musste sich das Geld für ihren Amerika-Trip noch mühsam einsammeln. Da weiß man noch in etwa, wie die gewöhnlichen Menschen ticken.

Ganz anders die Elitemenschen von heute. Der Airbus-Chef und ehemalige Atlantik-Brücken-Vorsitzende Thomas Enders attackierte in einer Rede im Jahr 2006 die Deutschen, weil sie ihre Altersvorsorge immer noch durch gesetzliche Rentenkassen abstützen, statt an der Börse zu spekulieren.[189] Anderes Beispiel: Ende der

---

[188] Antrittsrede von Präsident Franklin Delano Roosevelt am 4. 3. 1933. Der Satz im Zusammenhang lautet: „Lassen Sie mich meine tiefe Überzeugung betonen, dass das Einzige, was wir zu fürchten haben, die Furcht selber ist – ein namenloser, unvernünftiger Terror, der dringend benötigte Energien lähmt, damit Rückzug in Fortschritt umgewandelt werden kann." http://www.bartleby.com/124/pres49.html

[189] Thomas Enders in seiner Karl-Heinz-Beckurts-Gedächtnisrede in Hannover am 25. 4. 2006, https://www.atlantik-bruecke.org/service/dokumente/dr-thomas-enders-globalisierung-innovation-und-die-risikoscheue-gesellschaft.pdf

Neunzigerjahre erlebte Thailand durch eine perfide Spekulanten-Attacke an der Börse eine entsetzliche Volksverarmung. Dann kam US-Außenministerin Madeleine Albright zu Besuch nach Thailand und hielt ihren Gastgebern Moralpredigten, sie sollten nicht so viel mit Drogen handeln und ihre Kinder nicht in die Prostitution schicken.[190]

Solche Selbstentblößungen von Weltfremdheit erinnern an den Satz der unglückseligen französischen Königin Marie Antoinette: wenn die Leute hungern und kein Brot essen können, dann sollen sie doch Kuchen essen. Während aber die Unaufgeklärtheit der Königin eher Mitleid erregt, schlägt die Ignoranz der modernen Eliten rasch in Zynismus und Menschenverachtung um.

Die transatlantischen Elitemenschen und ihre Vollstrecker werden von der Bevölkerung gefürchtet. Sie scheinen jede ihrer fürchterlichen Ideen durchsetzen zu können, und seien diese noch so verrückt. Dabei fallen wir oft auf Tricks der psychologischen Kriegsführung herein. Es handelt sich bei diesen Eliten um einen ganz kleinen überschaubaren Kreis von einigen Tausend Personen. Sie plustern sich auf gegenüber dem Volk wie dereinst die Mongolen. Die Mongolen rückten bevorzugt im Dunkel der Nacht vor. Jeder mongolische Soldat bekam mindestens zwei Fackeln in die Hand gedrückt; dadurch überschätzten die verängstigten Bürger auf den Zinnen der belagerten Stadt die Anzahl ihrer Gegner beträchtlich und sie spielten mit dem Gedanken, zu kapitulieren.

Die transatlantischen Netzwerke steigern ihre Wirkung durch den Drehtüreffekt, durch das Interlocking Directorate und durch die Taktik der Geheimhaltung. Die ahnungslosen, unbeteiligten Zuschauer dieser Aufführung zweifeln an ihrem eigenen Verstand. Denn da erscheinen in den Medien Personen unterschiedlicher politischer Couleur, die sich über Kleinigkeiten ganz herrlich in die Haare kriegen können, die aber in grundlegenden Fragen einer Meinung sind. Es ist gelungen, die Hegemonie transatlantischer und marktradikaler Grundpositionen auch über die eigenen Netzwerke hinaus fest zu verankern.

Der bekannte Buchautor Richard David Precht zum Beispiel bezeichnet den gerade ausgeschiedenen NATO-Generalsekretär

---

[190] Klein, a. a. O., S. 378

Anders Fogh Rasmussen wegen dessen Kriegsrhetorik als „Knalltüte". Wir atmen erleichtert auf, denn uns wird angesichts der Aggressivität des Westens angst und bange. Dann sagt Precht, er sei gegen Sanktionen gegen Russland, weil diese nichts brächten. Das könne man an Kuba sehen. Kuba werde seit über fünfzig Jahren sanktioniert, und das „Regime" bestünde immer noch. Ja, warum soll man denn Kuba kaputt machen? Warum hat man diesen Staat nicht sein Wirtschaftsmodell ungestört ausprobieren lassen? Man könnte ja auch der Meinung sein: Kuba ist immer noch ein Leuchtturm an sozialer Gerechtigkeit in der Karibik. Dazu braucht man sich nur das grenzenlose Elend in dem „freien" kapitalistischen Inselstaat Haiti in unmittelbarer Nachbarschaft anzuschauen. Diese Argumentation war in der bundesdeutschen Meinungs-Monokultur wohl noch nicht zu vernehmen.

Oder Peter Scholl-Latour, dessen Geißelungen der US-Außenpolitik so manchen kritischen Geist ein wenig mit der Medien-Monotonie zu versöhnen wussten. Derselbe „Gaullist" und Nicht-Transatlantiker Scholl-Latour pries eine Transatlantikerin wie Kanzlerin Merkel als „große Politikerin". Wie das? Merkel ist doch eindeutig ein Teil des Problems? Die vermeintlich kritischen Stimmen im bundesdeutschen Medienwald sind in den entscheidenden Fragen von Politik und Wirtschaft vollkommen einig mit ihren transatlantischen Kontrahenten. Das Volk ist der Hase. Der Igel und seine Frau sagen immer wieder zum Hasen: „Ich bin schon da!" Irgendwann gibt der Hase auf.

Dennoch: die Kluft zwischen Regierenden und Regierten wird immer größer. Das Spiel mit verteilten Rollen funktioniert nicht mehr so reibungslos wie früher. Das zeigte sich in der Ukraine-Krise ganz deutlich. Während sich die Medien unterschiedlichster Couleur unisono im Hass gegen Russland überschlugen, blieben die Leser der Premium-Zeitungen ganz ruhig und sachlich. Und kündigten einfach das Abonnement ihrer bislang so heiß geliebten Premium-Zeitung. Sie durchschauten plötzlich, dass die angeblich so ausgewogenen Artikel in Wirklichkeit nichts anderes sind als Public-Relations-Texte des militärisch-industriellen Komplexes. Kostenlose Werbeblätter fischt man sowieso zuhauf aus dem Briefkasten. Warum soll man denn für Rüstungswerbung auch noch bezahlen?

Eine andere Bruchstelle zwischen Regierenden und Regierten ist die Ungeduld, mit der jetzt die Nationalstaaten von den Konzernen und Banken auf den Kehrichthaufen der Geschichte geworfen werden sollen. Die Eile und die Geheimniskrämerei rund um die Verkuppelung von USA und Europa kann man nur als Teil eines Putsches bezeichnen. Frühere Generationen von Transatlantikern gingen da behutsamer und langsamer zu Werke. Die Zwangsverheiratung kann so nicht funktionieren.

Das ist unsere Chance. Dass die zwei Welten so dramatisch auseinander gedriftet sind, birgt die Möglichkeit, die Regierenden in ihrem vergoldeten Space Shuttle alleine abfliegen zu lassen. Ohne uns. Die Regierenden haben den Vertrag mit den Regierten schon lange aufgekündigt. Schon seit Thatcher und Reagan.

Das Preis-Leistungsverhältnis stimmt nicht mehr. Nur: die Regierten wollen es immer noch nicht wahr haben. Das können Regierung und Wirtschaftslenker doch nicht mit uns machen?! Doch! Sie können das und sie tun, was sie können.

Die Antwort auf diesen einseitigen Vertragsbruch darf nicht sinnlose Zerstörung sein. Was sich in den Vorstädten der Enteigneten und Entmündigten in dieser Hinsicht tut oder was sich am Rande von Fußballspielen zeigt, ist ein unverkennbarer Indikator für den Gegendruck, der sich in der Flasche anstaut. Die Kosten dieser Entladungen sind bereits zynisch als Kollateralschäden der Enteignung in die soziale Gesamtrechnung eingepreist.

Dennoch gibt es genug Stoff für die positive Vision einer besseren Gesellschaft. Der Gegenentwurf zu dieser kranken, abgewirtschafteten perversen Zumutung, die uns die Eliten Tag für Tag, Stunde für Stunde ins Gesicht schleudern, bedeutet die Rückkehr zum natürlichen Gleichgewicht, das sich ganz von selbst einstellt, wenn die mit unserem gestohlenen Geld gedopten Kräfte der Zerstörung gebremst werden.

Was muss für die Verwirklichung der Vision getan werden?

Die transatlantischen und neoliberalen Netzwerke müssen in ihrer ganzen Ausbreitung gründlich erforscht werden. Dieses Buch soll dazu ein erster bescheidener und notgedrungen unzulänglicher Versuch sein.

Aufklärung über unsere eigene Geschichte: Das Rad muss nicht neu erfunden werden. Die Gesellschaften in Mitteleuropa und Skandinavien sind immer noch reich an solidarischen Wirtschaftsformen. Die Dreiteilung der Wirtschaft in Genossenschaften, öffentlich-rechtlich-staatliche Bereiche und freie Wirtschaft (wirklich frei, nicht in Kartellen gefesselt) muss reaktiviert und massiv ausgebaut werden.

Wissenstransfer: Es gibt unzählige zukunftweisende Projekte in Deutschland. Was fehlt: die Erkenntnisse aus einem Projekt in andere Regionen zu kommunizieren, zu schauen, was lässt sich verallgemeinern.

Mediale Vermittlung: Viele gute Ideen versanden, weil keine journalistisch befähigten Menschen dafür bezahlt werden, der Öffentlichkeit mitzuteilen, was sich an interessanten Innovationen zum Nutzen der Allgemeinheit entwickelt hat.

Bleibt die Frage, wie man diese Aufgaben anpackt. Das Potential der Arbeit für eine bessere Welt ist allemal vorhanden. Wir erfuhren ja schon, dass sich in Deutschland 23 Millionen Menschen in der einen oder anderen Weise ehrenamtlich für das Gemeinwohl engagieren. Wir haben kaum Geld; aber diese unendlich wertvolle Ressource der Hilfsbereitschaft. Diese Kraftpotentiale können wir nutzen. Wir müssen verhindern, dass das Beste im Menschen, seine Nächstenliebe nämlich, von skrupellosen Marktradikalen für die Zerstörung von Arbeitsplätzen missbraucht wird.

Trotzdem: ohne Geld wird sich vieles nicht machen lassen. Es gab mit viel Schwung eine Bertelsmann-kritische Konferenz, die einmal im Jahr tagte.[191] Es gab einen sehr beeindruckenden Kongress für Solidarische Ökonomie, der 2006 in Berlin veranstaltet wurde und der alle zwei Jahre abgehalten werden sollte.[192] All diese guten Ansätze sind leider irgendwie im Sande verlaufen. Das liegt meistens daran, dass ein ganz kleiner Kreis von Leuten, oft sogar nur eine einzige Person, solche guten Initiativen ehrenamtlich bis zur Selbstausbeutung betreibt und irgendwann erschöpft

---

[191] Das letzte Lebenszeichen der Bertelsmann-Kritiker datiert von 2009: http://www.bertelsmannkritik.de/index.htm
[192] Die gute Nachricht: im Oktober 2015 soll es wieder einen Kongress Solidarische Ökonomie geben. http://www.solidarische-oekonomie.de/

oder enttäuscht aufhört oder schlichtweg beruflichen Verpflichtungen nachkommen muss. Kontinuierliche Arbeit muss bezahlt werden, damit auch eine zuverlässige Leistung verlangt werden kann.

Da bleibt nur der Weg, es der anderen Seite nachzumachen und Stiftungen steuerbegünstigt aufzubauen. Die Bewegungsakademie in Verden an der Aller sammelt viele kleine Beträge ein, nicht nur große Beträge. Kleinvieh macht auch Mist. Es gibt ja zudem das Modell des Crowdfunding.

Trotz der Kommerzialisierung der Hochschulen gibt es nach wie vor viele Professoren und Studenten, die gerne an sozialen Innovationen forschen möchten. Das energieautarke Dorf Jühnde wird wissenschaftlich begleitet von der Universität Göttingen. Es fehlt jetzt eine Stiftung, die diese Pioniererfahrungen verallgemeinert und an andere interessierte Gemeinden in Deutschland weitergibt. Das könnten wirklich gemeinnützige Stiftungen leisten.

Die Gebetsmühle beinahe aller Ökonomen – auch der Keynesianer – sowie der meisten Medienorgane leiert wie folgt: unsere Wirtschaft braucht Wachstum. Um jeden Preis. Denn jeder Organismus, der nicht mehr wächst, stirbt ab, so wird gesagt. Es gab bis jetzt nur vereinzelte Bemühungen zur Erarbeitung von Konzepten einer Wirtschaft ohne zwanghaftes Wachstum. Zusammenhängende globale Alternativmodelle zum Wachstumsdogma blieben auf Expertenzirkel beschränkt. Dabei ist nicht zu übersehen: die Ressourcen sind begrenzt. Wir wachsen uns zu Tode.

Doch jetzt keimt in Europa eine sogenannte Degrowth-Bewegung heran, die das Wachstumsdiktat nicht mehr länger hinnimmt. Es gibt noch keinen wirklich mitreißenden deutschen Ausdruck dafür, momentan wird es als Postwachstum bezeichnet. Gemeint ist: wir arbeiten an Wirtschaftsformen, die nicht zwingend auf Wachstum angewiesen sind. Die Genossenschaft ist eine solche Wirtschaftsform ohne Wachstumszwang. Oder auch das Teilen von Gütern und Dienstleistungen, ohne dass man gleich zahlendes Mitglied eines Vereins sein muss. Wenn wir Open-Source-Software (OSS) wie Linux verwenden, sind wir bereits im Degrowth-Zusammenhang. Zu der Degrowth-Konferenz in Leipzig im Jahre 2014 kamen 3 000 Teilnehmer aus den unterschiedlichsten Ländern. Die Liste der unterstützenden Gruppen ist beeindruckend und vermittelt einen Vorgeschmack auf die zukünftigen Netzwerke für eine lebenswerte neue Welt.[193]

Die Bewegung „Transition Town" bringt Impulse in Städte und Gemeinden, giftige fossile Energien durch regenerative Energien auszutauschen. Die kommunale Infrastruktur soll entsprechend umgebaut und ein umweltbewusster Lebensstil erprobt werden.[194] Regionalisierung statt Globalisierung heißt das Motto. Wir müssen ja auch nicht unbedingt Kiwis essen, die aus Neuseeland 12 000 Kilometer nach Deutschland geflogen werden.

Gegen das Übel der Wegwerfgesellschaft gibt es in immer mehr Orten so genannte Repair Cafés. Dort kann man mit seinem kaputten Radio hingehen und dann unter Anleitung erfahrener Handwerker lernen, wie man sein Elektrogerät wieder repariert. An anderen Orten wird mit Regionalgeld experimentiert. Es gibt unzählige gute Ideen für eine wirklich nachhaltige Wirtschaft. Was fehlt, ist die Übermittlung dieses wertvollen Wissens an die Allgemeinheit.

Und, ich sage es noch mal: das Rad muss nicht neu erfunden werden. Seien wir stolz auf unsere dreigeteilte Wirtschaft in Deutschland, mit der wir so gut durch die letzten Wirtschafts- und Finanzkrisen gekommen sind! Unsere Genossenschaften und öffentlich-rechtlichen Wirtschaftsbetriebe sind keine langweiligen Gummibaumkulturen. Sie sind das Beste, was wir in Deutschland haben.

Wenn Sie Mitglied in einer Genossenschaftsbank sind: besuchen Sie die Genossenschaftsversammlungen! Vermitteln Sie den Verwaltern der solidarischen Banken das Gefühl, dass sie beobachtet werden und dass sie sich nicht einfach von marktradikalen Ideologen einwickeln lassen dürfen! Erinnern Sie die Sparkassenfunktionäre daran, für wen sie eigentlich arbeiten sollen! Nerven Sie marktradikal inspirierte Sparkassendirektoren mit klugen Fragen! Schaffen Sie Öffentlichkeit!

Genossenschaften sind das Modell der Zukunft und der perfekte Ausweg aus der Profitgier, wie am Anfang dieses Buches bereits dargelegt wurde. Das Ziel der Genossenschaft ist Zufriedenheit.

---

[193] http://leipzig.degrowth.org/de/
[194] Seite der Dachorganisation der Transition Town-Bewegung: http://www.transition-initiativen.de/

Zufriedenheit der Mitarbeiter, Zufriedenheit der Kunden, Zufriedenheit der Genossenschafter. Genossenschaften sind kein Randphänomen. Weltweit arbeiten bereits jetzt 800 Millionen Menschen zu ihrer größten Zufriedenheit in Genossenschaften. Die Schweiz ist ein Genossenschaftsstaat, das sagt schon der Name: Eid-Genossenschaft. Warum sind die Superreichen so gerne in der Schweiz? Weil es sich dort entspannt ohne Angst leben lässt. Die Superreichen können durch Bern spazieren, ohne zu befürchten, dass gleich ein Enteigneter sie ausraubt.

Wursteln Sie nicht länger alleine vor sich hin! Bilden Sie mit vier oder fünf anderen Freunden oder Bekannten oder Nachbarn eine „subversive" Zelle und sprechen Sie sich mal darüber aus, was Sie bedrückt, und versuchen dann gemeinsam zu verstehen, was eigentlich abgeht um Sie herum!

Schmeißen Sie jetzt gleich Ihren Fernsehapparat aus dem Fenster! Sie verpassen schier gar nichts. Dort ist zu viel Hass, Verblödung, Aufforderung zu Gewalt, besonders in den amerikanischen „Krimi"-Serien und ihren deutschen Nachahmern. Jeder Werbespot sagt Ihnen nur, dass sie angeblich minderwertig sind, dass Ihnen etwas fehlt. Eine einzige Aufforderung zu Neid und Habgier. Das brauchen Sie nicht. Sie werden sehen: nach einer Woche ohne Fernsehen geht es Ihnen richtig gut. Ich lebe seit über dreißig Jahren ohne Fernsehen.

Befreit von der Gehirnwäsche werden Sie dann die ganze Armseligkeit des marktradikalen Geplärres durchschauen. „Das Leben ist kein Ponyhof", hörte ich einmal eine marktradikale Brillenschlange schwadronieren. Da kann ich nur sagen: Doch! Das Leben muss ein Ponyhof sein, sonst ist es nicht wert, gelebt zu werden! Wir arbeiten, um zu leben, und nicht umgekehrt: wir leben nicht, um uns zu verbrennen für die ergaunerten Profite von Steuerflüchtlingen.

Literaturverzeichnis

Brzeziński, Zbigniew: The Grand Chessboard – American Politics and Its Geostrategic Imperatives. New York 1997.
Brzeziński, Zbigniew: The Choice – Global Domination or Global Leadership. New York 2004.
Camps, Miriam: The Management of Interdependence – A Preliminary View. New York 1974.
Chernow, Ron: Die Warburgs. Hamburg 1994.
Chernow, Ron: The House of Morgan. New York 2010
Coolidge, Archibald Cary: The United States as a World Power. New York 1912.
Greiner, Bernd: Die Morgenthau-Legende. Hamburg 1995.
Grose, Peter: Continuing the Inquiry – The Council on Foreign Relations from 1921 to 1996, New York 2006.
Hoffmann, Josef: Der Weg der Sparkassenpolitik, Stuttgart 1966.
Isaacson, Walter/Thomas, Evan: The Wise Men, New York 1986.
Jürgs, Michael: Die Treuhändler – Wie Helden und Halunken die DDR verkauften, München und Leipzig 1997.
Kissinger, Henry: A World restored – Metternich, Castlereagh and the Problems of Peace. Boston 1954.
Kissinger, Henry: Nuclear Weapons and Foreign Policy. New York 1957.
Klein, Naomi: Die Schockstrategie. Frankfurt a. M. 2009.
Kühnhardt, Ludger: Atlantik-Brücke – Fünfzig Jahre deutsch-amerikanische Partnerschaft 1952–2002. München 2002.
Krüger, Uwe: Meinungsmacht. Der Einfluss von Eliten auf Leitmedien und Alpha Journalisten – eine kritische Netzwerkanalyse. Köln 2013.
Krysmansky, Hans-Jürgen: Wem gehört die EU? Berlin und Brüssel 2006.
Lippmann, Walter. Die Gesellschaft freier Menschen. Bern 1946.
Lippman, Walter: Public Opinion. New York 1922.
Micklethwait, John/Wooldridge, Adrian: The Right Nation – Conservative Power in America. New York 2004.
Nye, Joseph S.: Das Paradox der amerikanischen Macht. Warum die einzige Supermacht Verbündete braucht. Hamburg 2003.
Ploppa, Hermann: Hitlers Amerikanische Lehrer. Sterup 2008.
Rees, David. Harry: Dexter White – A Study in Paradox. New York 1973.
Sarkisyanz Manuel: Arnold Begstraesser. Heidelberg 2004.
Saunders Frances Stonor: Wer die Zeche zahlt. Berlin 2001.
Schuler, Thomas: Bertelsmannrepublik. Frankfurt a. M. 2010.
Schwartz, Thomas Alan: Die Atlantik-Brücke. Frankfurt a. M. und Berlin 1992.
Wala, Michael: Winning the Peace – amerikanische Aussenpolitik und der Council on Foreign Relations 1945–1950. Stuttgart 1990.
Zunker, Albrecht: Stiftung Wissenschaft und Politik. Berlin 2007.

Register

Academic Scholarship Program 115
Acheson, Dean 67
Adenauer, Konrad 94, 95, 103, 106
American Academy Berlin 152
American Committee for a United Europe 161
American Council on Germany 89, 106, 116, 117, 152, 158
American Federation of Labor 33, 88
American Institute for Contemporary German Studies 152, 153
Amerongen, Otto Wolf von 76, 81, 82, 123
Armstrong, Hamilton Fish 65
Arvato 138
Ashoka 141
Aspen Institute 114, 115, 145, 149
Aspen-Institut Berlin 12, 106, 114, 115, 116, 149
Atlantic Treaty Association 109
Atlantik-Brücke 10, 12, 27, 28, 76, 80, 81, 82, 87, 89, 90, 91, 92, 94, 96, 98, 105, 106, 107, 109, 111, 116, 117, 118, 146, 149, 153, 158, 173, 186
Atlantische Deklaration 105
Atlantische Initiative 11, 148, 149, 150, 152

Bahr, Egon 90, 97
Bangemann, Martin 167
Barroso, José Manuel 102, 181
Benchmarking Deutschland 132
Benckiser-Stiftung 147
Bennett, Robert 172, 173
Bergedorfer Gesprächskreise 110, 111
Berger, Roland 157, 177
Bergstraesser, Arnold 91, 92, 115
Bernays, Edward 39, 40
Bertelsmann 14, 121, 126, 127, 128, 129, 130, 131, 132, 133, 134, 137, 138, 139, 141, 145, 169, 170, 173, 174, 190
Die Beweger 139
Bilderberger 12, 75, 81, 96, 153, 163, 167, 172
Bismarck, Otto von 18, 19
Bittner, Jochen 154, 155
Boston Consulting 140, 147, 148
Bowman, Isaiah 66
Brandt, Willy 89, 94, 95, 96, 97, 99, 100, 102, 103, 104, 105, 116
Brauer, Max 88
Brentano, Heinrich von 90, 94
Breuel, Birgit 123
Brittan, Leon 167
Brok, Elmar 174
Brookings Institution 70
Brown, Ron 167
Brussels European and Global Economic Laboratory 173
Brzeziński, Zbigniew 43, 64, 74, 76, 78, 103, 117, 119, 121, 148, 156, 178
Bürgergesellschaft 129, 139
Bürgerkonvent 143
Bütikofer, Reinhard 150, 174
Bundesverband der Deutschen Arbeitgeberverbände 169
Bundesverband der Deutschen Industrie 169
Burnham, James 42, 43, 166
Bush, George W. 102, 114, 166, 179
Business Roundtable 11, 165, 166, 167
Businesseurope 169
Butler, Nicholas Murray 60, 61, 151

Camps, Miriam 73
Carnegie Institution 35, 45
Caspary, Daniel 175
Central Intelligence Agency 84, 161, 163
Centrum für Hochschulentwicklung 128, 174

Centrum für Krankenhausmanagement 129
Chatham House 58, 87, 173
Chief Executive Officer 165, 166, 169, 170, 171
Churchill, Winston 99, 160, 161
Clay, Lucius 94
Clement, Rolf 109, 154
Clinton, Bill 166, 167, 168
Communitas Foundation 177
Comprehensive Economic and Trade Agreement 182
Congress for Cultural Freedom 84
Coolidge, Archibald Cary 37, 58
Corporate Europe Observatory 171, 180
Council on Foreign Relations 59, 63, 64, 65, 66, 67, 68, 69, 71, 72, 73, 74, 75, 78, 79, 81, 87, 90, 99, 104, 111, 117, 173, 176, 179
Cromme, Gerhard 181

Davignon, Etienne 170
DDR 14, 31, 57, 98, 101, 121, 122, 123, 124
Degrowth 191
Dekker, Wisse 170
Delors, Jaques 129, 164, 168
Democracity 39
Deutsche Atlantische Gesellschaft 106, 107, 108, 109, 152
Deutsche Gesellschaft für Auswärtige Politik 90, 91, 92, 106, 116, 152, 177
Deutschland packt's an 143
Diekmann, Kai 10
Dönhoff, Marion Gräfin 87, 88, 186
Draghi, Mario 29, 30
Drehtüreffekt 62, 82, 157, 168, 178, 187
Du bist Deutschland 145
Duhnkrack, Thomas 27
Dulles, Allen 67
Dulles, John Foster 68, 103
DZ Bank 27, 28

Ehler, Jan Christian 175

Eisenhower, Dwight D. 53, 68, 83, 163
Eizenstat, Stuart 168
Enders, Thomas 186
Erblastentilgungsfonds 123
Erhard, Ludwig 49, 50, 51, 53, 95, 103
Erler, Fritz 90, 94
Erler, Gernot 150
Eucken, Walter 49
Europa Union 82
Europäische Bewegung 161, 162
Europäische Union 148, 167, 172, 180, 181, 182, 184
European American Business Council 167
European Council on Foreign Relations 176, 177
European Internet Foundation 173, 175, 176
European Round Table of Industrialists 169, 172, 181

Fischer, Joschka 131, 132, 133, 143, 176
Flexible Antwort 69, 97
Flexible Response 69
Ford, Henry 41
Ford Foundation 63, 84, 89, 115, 163
Forum Demographischer Wandel 129
Frankenberger, Klaus-Dieter 150, 152, 153
Frey, Peter 113, 154
Friedman, Milton 49, 51, 53, 54, 55, 126
Friends of TTIP 175

Gauck, Joachim 10, 139, 154, 155
Gaulle, Charles de 94, 95, 103
Gaullisten 13, 93
Gedmin, Jeffrey 114, 116, 149
Genossenschaften 12, 15, 16, 17, 18, 22, 25, 26, 27, 28, 29, 30, 31, 32, 34, 52, 56, 88, 122, 123, 125, 126, 190, 191, 192, 193
Genscher, Hans-Dietrich 105, 117
George, Lloyd 57

German American Business Council 116
German European Business Association 176
German Marshall Fund of the US 11, 100, 101, 102, 116, 125, 143, 149, 154, 158, 173, 177
Goldman Sachs 30, 147, 149, 153, 165, 167, 172
Gorbatschow, Michael 121, 122
Gore, Al 169
Governance 13, 56, 61, 69, 70, 75, 78, 79, 102, 119
Group of Thirty 30, 56
Guttenberg, Karl-Theodor 10, 28
Guttenberg, Karl-Theodor von und zu 10
Gyllenhammar, Pehr 170
Gymnicher Formel 104, 105

Hard Power 74
Harding, Warren Gamaliel 37, 59
Harriman, Averell 40, 41, 59, 67, 97, 163
Harte Macht 74
Hayek, Friedrich August von 46, 47, 48, 49, 51, 52, 53, 54, 55
Herczog, Edit 173
Herzog, Roman 130
Hoffmann, Josef 15, 22
Hollande, Francois 181
Hull, Cordell 65

Initiative Neue Soziale Marktwirtschaft 113, 143, 144
Inquiry 58, 66, 134
Interdependenz 73, 74, 97, 179
Interlockingt Directorate 62, 63, 82, 178, 187
Internationaler Währungsfonds 29, 30, 66
Investor-State-Dispute-Settlement 182, 183
Ischinger, Wolfgang 146, 177

J. P. Morgan 36, 40, 59, 175
Jaeger, Richard 107

Joffe, Josef 151, 152, 154
Johnson, Lyndon B. 53, 95

Kellner, Michael 112
Kennan, George 67
Kennedy, John F. 53, 63, 88, 94
Kennedy School of Government 115
Keynes, John Maynard 37, 42, 48, 53, 56, 71, 95, 124, 191
Kiesinger, Kurt Georg 89, 95, 96
Kirchhof, Paul 144
Kirsch, Wolfgang 28, 29
Kissinger, Henry A. 43, 64, 69, 70, 71, 76, 97, 104, 113, 129
Kitchener, Horatio Herbert 57
Klose, Ulrich 90
Köhler, Horst 124, 145
Körber, Kurt A. 110
Körber Policy Games 112
Körber-Stiftung 11, 106, 110, 112, 113, 115, 116, 139, 152, 158, 159
Kohl, Helmut 96, 101, 119, 121, 122, 124, 129, 130, 131, 132, 133, 161
Konsumkapitalismus 39, 41, 74
Kornelius, Stefan 56, 150, 152
KPMG International Cooperative 122
Krüger, Uwe 150, 151, 152, 154
Kühnhardt, Ludger 105, 117, 118

Lagarde, Christine 29, 30
Laissez-faire 37, 43, 46
Lambsdorff, Alexander Graf 175, 177
Lambsdorff, Otto Graf 18, 81, 175
Lamers, Karl 109
Lassalle, Ferdinand 17
Leinen, Jo 174
Leisler-Kiep, Walter 98
Lentz, Rüdiger 116
Lenz, Otto 106, 107
Leyen, Ursula von der 155
Liebich, Stefan 157
Lindemann, Beate 149
Lippmann, Walter 42, 43, 44, 45, 46, 47, 48, 49, 58, 61, 62, 68, 76, 151
Loringhoven, Arndt Burchard Ludwig Freytag von 158

197

Mallory, Walter 65
Mann, Erika 175, 176
Marx, Karl 33
Massachusetts Instute of Technology 70
Massive Retaliation 68
Massive Vergeltung 68, 69, 97
McCloy, John 40, 63, 67, 84, 85, 86, 87, 89, 103, 117, 162
McKinsey 122, 141, 147
Merkel, Angela 10, 21, 133, 143, 144, 150, 155, 158, 181, 188
Militärisch-industrieller Komplex 68
Mises, Ludwig Edler von 48, 52
Mohn, Reinhard 126, 127, 128, 129, 130, 170
Mont Pelerin Society 46, 49, 50, 55
Morgan, John Pierpont 40
Morgenthau, Henry 66
Müller-Armack, Alfred 49, 50, 51
Münchner Sicherheitskonferenz 102, 113, 146, 152, 153, 154, 155, 158
Multilaterales Abkommen über Investitionen 179
Munich Young Leaders 113
Mussolini, Benito 40, 63, 86

Naß, Matthias 154, 155
National Civic Federation 33, 34, 36
National Security Council 68
NATO 90, 93, 95, 106, 107, 108, 109, 118, 119, 149, 150, 151, 156, 158, 177, 184, 187
Neoliberalismus 13, 15, 16, 18, 19, 20, 21, 22, 25, 28, 31, 32, 36, 40, 43, 45, 47, 48, 49, 50, 51, 52, 53, 56, 58, 82, 143, 181, 184, 189
Neue Ostpolitik 96, 97
New Deal 37, 38, 41, 42, 44, 45, 53
Nixon, Richard 76, 104, 105, 118
Nouripour, Ava 109
Nouripour, Omid 11, 109, 157
Nye, Joseph S. 74, 78, 119

Obama, Barack 147, 179
Oetker, Arend 80, 81, 82, 90, 117
Özdemir, Cem 11, 113, 146, 149, 177

Office of Policy Coordination 84
Office of Strategic Services 161
Ordoliberalismus 50, 52
Ortoli, Francois Xavier 170
Otto Wolff von Amerongen-Stiftung 82

Paemen, Hugo 168
Pau, Petra 146
Perthes, Volker 110
Pöttering, Hans-Gert 117
Polenz, Ruprecht 11, 108, 177
Politische Frühstücke 112
Projekt 1980 72

Qualitätsmanagement 142

Raiffeisen, Friedrich-Wilhelm 17
RAND Corporation 70
Reagan, Ronald 56, 189
Retinger, Józef Hieronim 162, 163
Robert-Bosch-Stiftung 177
Rockefeller, David 28, 30, 40, 72, 74, 75, 76, 91, 117, 163
Rockefeller, John D. 33, 34
Rockefeller, Nelson 118, 147
Rockefeller Foundation 84, 110
Röpke, Wilhelm 46, 49, 50, 51, 52
Rösler, Philipp 146
Rohwedder, Detlev Carsten 82, 123
Roosevelt, Franklin Delano 13, 37, 38, 39, 40, 41, 42, 44, 53, 65, 66, 160
Roosevelt, Theodore 34
Ross, Edward Alsworth 60, 61
Rüstow, Alexander 46, 47, 49, 51, 52
Ruge, Gerd 89, 154

Sandys, Duncan 161
Sanfte Macht 74, 77, 78, 99, 100, 115
Sarkisyanz, Manuel 91
Scaife, Richard Mellon 53
Scharniernetzwerker 64, 69, 76, 80, 81, 91, 92, 110, 149, 152, 175
Scheel, Walter 89, 96, 104, 105, 116, 117, 118
Schiller, Karl 53, 89

Schmidt, Christian 108
Schmidt, Helmut 81, 89, 90, 95, 105, 118
Schmidt, Reinhard 30, 31
Scholl-Latour, Peter 11, 154, 188
Schröder, Gerhard 95, 114, 131, 132, 133, 143, 158
Schule & Co 127, 128
Schulze-Delitzsch, Hermann 17
Schwab Foundation for Social Entrepreneurship 140
Schwab, Klaus 140
Shepard-Stone-Stiftung 115
Sherman Antitrust Act 32, 33
Social Entrepreneurship 140
Social Impact Bonds 146, 147
Soft Power 74, 115, 141, 178
Sonne, Werner 109, 154
Soros, George 101, 177
Sozialunternehmertum 140, 141
Speidel, Hans 93
Stakeholder 73
Steinmeier, Frank-Walter 150, 155, 158
Stiftung Mercator 177
Stiftung Neue Verantwortung 11, 145, 146, 149, 158
Stiftung Wissenschaft und Politik 92, 93, 106, 110, 116, 143, 149, 152, 154, 157, 177
Stone, Shepard Arthur 84, 89, 115, 162
Strauß, Franz Josef 54, 98
Strauss, Robert Schwarz 172
Strube, Jürgen 169
Stürmer, Michael 93, 151, 152, 177
Sutherland, Peter 172

Thatcher, Margaret 15, 19, 56, 123, 189
Thinktank 58, 59, 65, 71, 72, 75, 79, 90, 92, 93, 157, 158, 177
Thumann, Jürgen 169
Transatlantic Business Council 165, 167, 168, 169

Transatlantic Business Dialogue 167, 168, 169
Transatlantic Legislators' Dialogue 175
Transatlantic Policy Network 165, 172, 173, 174, 175, 176
Transatlantic Week 173, 176
Transatlantiker 13, 56, 78, 90, 92, 93, 97, 98, 111, 114, 118, 119, 120, 131, 145, 148, 149, 150, 153, 154, 155, 175, 177, 189
Transatlantizismus 83
Treuhand 122, 123, 124
Trilateral Commission 28, 30, 75, 76, 80, 81, 152, 153, 167, 172
Truman, Harry 53, 66
TTIP 168, 169, 171, 172, 182, 184

U. S. Chamber of Commerce 165
Uthoff, Max 154

Vassiliadis, Michael 145, 146

Wagner, Claus von 154
Warburg, Erich 85, 86, 87, 89
Weizsäcker, Carl Friedrich von 94
Weizsäcker, Richard von 89, 111
Westerwelle, Guido 149, 155, 175
Wieck, Jasper 158
Wilhelm II. 18, 19
Working Group on Competiveness 181
Wulff, Christian 9, 10, 118

Young Leaders 117
Youth Atlantic Treaty Association 109
Yunus, Muhammad 141

Die Zeit 87, 141, 149, 151, 152, 154, 155, 158
Zimmermann, Lars 145, 149
Zur Lippe-Biesterfeld, Bernhard, Prinz der Niederlande 163

Danksagung

Bei der Abfassung dieses Buchs haben liebe Menschen mitgeholfen, indem sie meine Manuskripte kritisch gelesen und Verbesserungsvorschläge beigesteuert haben.

Jörg Pepmeyer hat sich die Zeit genommen, neben seiner Lehrtätigkeit meine Texte zu lesen. Als ehemaliger Kommunalpolitiker kann er die Vorgänge recht gut beurteilen und einschätzen. Immer wieder hat er mich zurückgeholt, wenn ich in meinem Bemühen um einen flotten journalistischen Stil über das Ziel hinausgeschossen bin. Herzlichen Dank dafür.

Jürgen Pallasch danke ich fürs Korrekturlesen und die gelegentliche Inspektion meines hart geprüften Laptops. Dank auch an meinen Laptop, dass er mich ertragen hat.

Henning Meumann danke ich für seine penible Textkritik und seine schnelle Bearbeitung.

Meinem lieben Bruder Christian Ploppa danke ich für die Betrachtung meiner Texte und die anregenden Gespräche sonntagnachmittags im Terrassencafé Gelting Mole.

Schließlich danke ich noch meiner Frau Stefanie für ihre Geduld und Liebe; für die ermutigenden Worte, wenn mich mal wieder Zweifel anfielen.

Sterup, im kalten August 2014